文
华
普
化

PUHUA BOOKS

我
们
一
起
解
决
问
题

助人专业
督导

第五版

［英］彼得·霍金斯（Peter Hawkins）
［爱尔兰］艾斯琳·麦克马洪（Aisling McMahon）◎著

侯志瑾　璩　泽◎译

人民邮电出版社
北　京

图书在版编目（CIP）数据

助人专业督导 / （英）彼得·霍金斯
(Peter Hawkins)，（爱尔兰）艾斯琳·麦克马洪
(Aisling McMahon) 著；侯志瑾，璩泽译. -- 北京：
人民邮电出版社，2022.5
ISBN 978-7-115-58899-9

Ⅰ. ①助… Ⅱ. ①彼… ②艾… ③侯… ④璩… Ⅲ.
①社会服务 Ⅳ. ①C916.2

中国版本图书馆CIP数据核字（2022）第057465号

内 容 提 要

助人专业工作者肩负着他人及社会的信任，当事人往往会对其敞开心扉，所以助人专业工作者需要不断精进自己的技能，格外保持谨慎。正因为如此，助人专业工作者很容易出现职业耗竭，产生倦怠感，所以做好自我关怀也同样重要。而督导是可以兼顾这两方面的专业行为，但是目前在国内，好督导很稀缺。

本书作者结合自身多年的督导实践与研究经验，从督导双方的专业成长过程谈起，再转向督导的不同面向，即个别督导、团体督导和机构中的团队督导，一直到建立整个机构的督导与专业成长文化为止，引领助人领域专业工作者由点到面、由线到面，扩展自己的视野。对于受督导者，本书可以促进其思考自己的助人动机、督导动机及职业成长；对于督导师，本书可以促进其从更宏观的角度、从更高的层次看待督导，让督导不因思路受限而困于一隅；对于组织机构，本书可以促进领导者从日常繁杂管理事务中抬头，看到管理的另一个抓手，在促进员工幸福感的同时提升组织效能。

本书适合诸如心理咨询与治疗、社会工作、教育、养老和社会福利等行业的助人专业工作者阅读。

◆ 著　［英］彼得·霍金斯（Peter Hawkins）
　　　［爱尔兰］艾斯琳·麦克马洪（Aisling McMahon）
　　译　　侯志瑾　璩　泽
　　责任编辑　柳小红
　　责任印制　彭志环
◆ 人民邮电出版社出版发行　　北京市丰台区成寿寺路 11 号
　邮编 100164　电子邮件 315@ptpress.com.cn
　网址 https://www.ptpress.com.cn
　三河市中晟雅豪印务有限公司印刷
◆ 开本：787×1092　1/16
　印张：19　　　　　　　　　　2022 年 5 月第 1 版
　字数：370 千字　　　　　　　2022 年 5 月河北第 1 次印刷
　　　著作权合同登记号　图字：01-2021-4508 号

定　价：99.00 元
读者服务热线：（010）81055656　印装质量热线：（010）81055316
反盗版热线：（010）81055315
广告经营许可证：京东市监广登字 20170147 号

专业督导的样貌与内涵

"咨询督导"是助人者在其职业道路上成长并最终成为成熟助人者至关重要的一环。助人者的整个专业成长过程极为漫长且难关重重。初学者从彷徨无知开始，不仅要接受专业课程的学习，以便熟悉助人的过程及技巧，掌握咨询理论的精髓，对相关的伦理与法律议题保持敏感；还要了解与助人相关的社会学、人类学、大脑神经科学和文化学知识，拓展对不同群体来访者的了解；还要完成兼职与全职实习过程，让理论与实践相结合；即使实习结束后，在亲身与不同困扰议题、不同背景与不同咨询需求的当事人互动时，还会面临很多不确定性。加之助人过程往往会触及助人者的过往经验和内在心理过程，因而带给助人者更大的挑战。督导在助人者这段学习和成长过程中具有十分重要的作用。具备胜任力的督导师可以协助助人者实现个人成长和专业成长，并帮助其逐渐形成个人的咨询风格，从而惠及更多当事人，最终逐步深化整个咨询专业。

本书现在已经是第五版，从 1989 年第一版问世至该版本，时间已逾 30 年。五个版本的作者略有变化，但是灵魂人物与内涵均为彼得·霍金斯及其于 1985 年所发展的七眼模型（Seven-Eyed Model），且每一版均与时俱进，推陈出新。七眼模型乃是跨理论取向的社会角色或过程模型，通过七只眼（当事人的情况、受督导者的干预、咨访关系、受督导者、督导关系与平行过程、督导师、督导师和来访者的想象关系，以及更宽广的背景）来理解整个督导过程。该版更融合心理治疗理论取向模型、发展性督导模型及社会角色/过程模型而发展出 CLEAR 督导模型。作者认为，结合 CLEAR 督导模型、统整性发展模型与七眼模型，将可以形成最完整的督导三维度模型，借以引导整个督导过程。

本书涵盖范围宽广，从个别督导、团体督导、团队督导到组织内的督导，可以跨越不同的专业领域，完整呈现咨询督导的样貌与内涵，经 30 多年而历久不衰。作者面对多年来其他学者对七眼模型之批评或建言，亦能坦然接受并积极响应，并在本书第十五章中简要整合了各种实证性研究资料，期望引领更多的实务工作者和研究者针对本书提出的模型与概念，进行更深入且完整的探讨。

笔者曾于 2003 年和几位翻译伙伴共同翻译了本书的第二版，当时即惊艳于本书的实用性与可读性，在翻译与校对的过程中受益良多，很高兴得知在侯志瑾教授及其学生的努力下，第五版的翻译本即将在人民邮电出版社推出。相信本书的出版将成为更多助人者、督导师及有志于成为督导师者之最佳指引。

王文秀　谨志

台湾新竹教育大学心理与咨商系　退休教授

北京师范大学心理学部临床与咨询项目　总督导

2022 年 2 月

英文版推荐序

我曾很荣幸地为2012年的第四版《助人专业督导》撰写前言。在那版前言中，我最后说："如果第一版《助人专业督导》是一辆独创、完善、持久且非常可靠的福特汽车，那么第四版《助人专业督导》绝对是一辆涡轮增压强、造型优美且同样可靠的保时捷汽车。"我想，从这里开始写我新版的前言是个不错的选择。这本书现在仍旧是一辆涡轮增压强、造型优美且同样可靠的保时捷汽车，并且2020年版明显为这辆汽车增加了全新的现代附加功能。但这样说仍有点不合适。当我阅读新版本的内容时，我意识到，它不仅仅是在以前的版本上增加了额外的内容——它不是保时捷的服务或重新喷漆的功能，更像是一种革命性的变化，是一种全新的督导思维模式，是在一个新的、难以应对的世界中重新制定督导议程。与以往的几版一样，它要求读者更广泛地思考，更深入地行动，在不断扩大的圈子中反思，并专注于当代世界环境对我们的要求。我们需要把自己打造成适应新发展的新形象。

因此，如果本书第一版（早在1989年出版）是一座小型、建造精良且耐用的小屋，随后的版本则增加了全新的房间和楼层，以及可以更好地欣赏外部景色的更多扩展建筑，那么这个版本绝对是一座宏伟的督导大厦。在这里，有些熟悉的旧房间已经打扫和整理过了；有些墙壁被打通，以创造新的、更大的和装饰良好的空间，同时还增加了许多新房间，以便更好地欣赏以前看不到的光影交错和外部景观。翻新后的督导大厦设有督导各个方面的房间：无论受督导者的内在世界、团队督导或同辈督导小组、督导的组织维度，还是外部世界、督导的发展与培训等。这里有安静的反思室、学习的教室、提出和深入探究研究项目的研究室、团体和公司的组织室，以及与新伙伴结识和对话的跨文化室。一开始，1989年的早期建筑由两位建筑师（即本书第一版的作者彼得和罗宾）建造，他们奠定了坚实和可靠的基础。后来扩建时聘请了其他建筑师（即本书第二版、第三版与第四版中新加入的作者朱迪、琼和尼克），他们增加了新的空间、房间和装饰。如今这座督导大厦还聘请了一位新的高级建筑师（即本书第五版中新加入的作者艾斯琳），她的工作是帮助重组大厦，特别是建造一个新的图书馆（或阅览室），以容纳督导领域的最佳研究。她做得很棒，关于督导研究的最后一章是本书的绝佳之处。

这座老建筑的灵魂依旧，最初的真实情况仍然真实。在整个版本中，本书一直提供一些非常独特的内容，它大胆地跨越专业界限，并提出了一种通用的督导模式，其适用于多种背景和职业环境。它被社会工作者、心理治疗师、护士、行为教练、牧师和心理学家等使用——他们都发现这种方法足够有效和灵活，可以将这种方法应用于他们的工作中。为什么呢？本书的什么部分可以让来自不同职业的多样化专业人员都可以认同其提供的督导模式呢？这就是后来被称为"七眼督导模型"的督导模式，这一模式最初由彼得于 1985 年开发。自 1989 年以来，几乎所有值得一试的督导出版物都应用了七眼督导师的原话。很难想象一段严谨的督导培训不将七眼督导模型作为实践的基础。这本书已经成为并仍然是督导培训的主要教科书之一，几乎总是在必读书单之中。它依旧结合了研究、当前文献、技能和实践，这些都是原创、写得很好且非常有用的内容。

本书第一版出版已经 31 年了，现在仍然是一本具有里程碑意义的教科书。自 1989 年以来，世界一直在前进，督导也是如此。第五版和早期版本不仅跟上了世界的发展，还跟上了许多职业的变化、适应和洞见，以及督导理论和研究的新进展。正如第二版增加了关于多样性的新篇章一样，第三版和第四版继续发展了现有的主题并增加了新的主题。

现在，第五版已经出版在即，它也延续了这一有价值的传统，即大幅拓展视野。第十四章要求 11 个不同行业的 14 名执业者说明督导对他们而言意味着什么，以及如何将其融入他们的工作和生活中。第十五章概述了以往的督导研究，并展望了未来的可支持性。《助人专业督导》的五个版本一直具有一个特点：专注于未来，并预测督导如何成为将当前诸多需求与未来新出现的需求相结合的反思手段。第五版同样延续了这一中心主题，书中最后一页的最后一句话说得特别好：

在资源捉襟见肘、从气候危机到流行病的挑战不断增加、规模和复杂性不断增加的情况下，如果人类要保持和发展照顾社会最脆弱成员的能力，督导实践将变得越来越重要。

我希望你喜欢在督导大厦的许多房间里闲逛。

迈克尔·卡罗尔（Michael Carroll）

2019 年 10 月

第五版前言

欢迎你阅读第五版《助人专业督导》。我们欢迎那些可能首次作为督导师或受督导者的新读者进入督导领域。我们还欢迎阅读过英文或翻译成其他语言的早期版本的人回来。

这本书首次撰写于1988年并于1989年首次出版，在那一时期督导领域还十分年轻，并且几乎没有什么参考的图书和专门针对督导师的培训课程。20世纪90年代，督导图书和培训大幅增加，特别是在社会工作、心理学、心理咨询与治疗领域。21世纪初，督导扩展到许多其他职业中，特别是教练，护理，医疗专业，职业咨询、物理治疗和言语治疗等联合医疗职业，替代医疗行业，监狱工作人员，法律，神职人员及教育教学活动中。在开放大学出版社的帮助下，我们编辑了一系列名为"督导环境"的图书，其中包含一系列专注于不同职业的图书。

自本书第四版以来，对督导的许多不同方面的研究激增，这有助于为督导培训和实践提供信息。这些研究主要包括以下这些部分：（1）表明督导对受督导者能力和信心的影响；（2）强调督导关系的重要性；（3）强调不充分的及有伤害性的督导形式；（4）阐明良好的督导实践模式。我们意识到，为了使本书与如此多的督导培训内容保持相关性并处于核心地位，它需要更新研究进展，加入最新的文献、世界各地各种督导实践和政策中发生的事情，以及迅速变化的世界环境。

罗宾·肖赫特（Robin Shohet）和我继续在世界上的许多地方举办督导研讨会，但我们都把工作的重点转移到了新的领域：罗宾致力于研究爱和恐惧如何从根本上影响人们的生活和工作方式，而我则是将重心放在领导力、领导力的发展及系统教练和团队教练的研究上。因此，我们决定是时候带来一些新的声音了，我们选择了一位联合作者与我们合作，她仍旧在快速增长和不断变化的督导、督导研究、政策和实践领域的中心。我很高兴可以找到艾斯琳·麦克马洪，她不仅在爱尔兰教授许多不同职业领域的督导，而且非常积极地研究督导，包括最近对七眼督导模型的研究，该模型自1989年以来一直都是本书的核心。她不仅引领了关于督导研究的全新篇章，还与我一起阅读了整本书，确保所有章都融入了最新的思想、写作、研究和实践。

朱迪·赖德（Judy Ryde）、罗宾·肖赫特和琼·威尔莫特（Joan Wilmot）与前几版一样，继续为本版撰稿。罗宾和琼刚刚发表了一篇关于他们参与督导的非常引人入胜的半自传式文章（Shohet and Shohet，2020）。朱迪特别浏览了跨文化督导和处理伦理难题与困境的各章，并与艾斯琳一起进行了各章的更新。此外，我们还邀请了不同专业和来自不同国家的知名督导作家来讲述他们在特定领域发生的事情。我们感谢他们所有人的慷慨和富有洞察力的贡献，这些贡献构成了全新的一章，即"跨行业督导的发展"。

不可避免的是，我们不得不重新编辑前几版的部分内容，以确保本书拥有可读性和适宜的长度。我们试图只排除那些不太相关的研究，或者那些后续文献进一步推进了这些想法的领域。在这样的情况下，我们只参考最新的研究成果。

对我们所有人而言，督导和督导教学是我们生活的重要组成部分，只要我们继续与人合作，它就一直这样。我们希望我们从发展自己和他人中获得的爱、激情及快乐能够通过我们新版书中的理论、模型和故事得以传播。

彼得·霍金斯

2019 年 10 月

我想在彼得的前言中添加几句话，以表达我对于在呈现给你的新版《助人专业督导》一书中所做的贡献的高兴之情。除了在自己的督导实践和教学中高度重视彼得的七眼模型以外，我还强烈主张终身督导的必要性。在我们作为助人专业人士的宝贵、有意义、引人入胜但有明确要求且复杂的工作中，督导在保持复原力和创造力方面的重要性怎么强调都不为过。

在过去的 10~15 年里，关于督导的文献和研究蓬勃发展，因此我们无法将其全部内容都纳入本书中。本版的主要目标是保留彼得、罗宾、朱迪与琼在前几版中提供的重要见解和知识，同时引入新的文献，提供我们认为将增强你作为督导师、受督导者、督导培训师、督导研究人员与雇佣者对助人专业人士的理解和实践。

最后，就个人而言，我想把我关于本书的工作献给我的父亲帕迪·麦克马洪（Paddy McMahon），他在本书撰写的过程中（平和地）去世了，他相信书面文字是一种有效的影响、指导和激励方式。

艾斯琳·麦克马洪

2019 年 10 月

目录

第一部分
受督导者的视角

第二部分
督导师视角和督导过程

第六章　督导中的七眼模型　//　087

第七章　应对差异：跨文化督导　//　116

第八章　　伦理与法律问题：督导中面临的挑战和复杂情景　// 135

第九章　　督导师的培训与发展　// 158

第三部分
团体督导、同辈团体督导和团队督导

第四部分
组织内的督导

第五部分
督导的发展

第十五章　我们从"督导"中学到了什么——基于研究证据的回顾　// 263

第十六章　结论：以开放的思想和心态工作　// 279

导论："恰到好处"的督导和时代的挑战

导论

无论你是应对学生的大量需求，还是处理他人因各种原因（或者受到创伤、深陷抑郁、生存面临绝望、罹患精神疾病，或者来自混乱或支离破碎的家庭，或者身患疾病或濒临死亡，或者触犯法律成为罪犯，或者无家可归，或者挣扎在贫困线上）产生的情绪困扰，你都是助人专业领域的一员，本书旨在支持你在大约长达50年的职业生涯中学习、发展和从事高质量的工作。

随着在不同国家与越来越多不同类型的助人专业人员合作，我们越来越认识到，一位专业人员的高质量工作无法单独维持。我们不能仅依赖于我们在最初培训中所获得的知识，因为现实是，个人、家庭、社区和助人组织机构对专业人员的需求不断变化，对专业人员最佳实践的期望不断变化，相关知识也不断更新。因此，我们需要不断学习，不仅要学习新的知识和技能，还要发展我们的个人能力，因为我们自身是在助人工作中使用的最重要的资源。我们还需要得到持续性的支持，并对与各种人群的情感需求保持开放的态度。我们需要对同事坦诚相待，并持续关注我们每个人是如何在工作中陷入错觉、妄想和共谋的，我们还要发展我们应对复杂和竞争需求的伦理能力。高质量的工作无法单独维持。

本章的第一部分将介绍我们的思想基础，这是从第一版开始一直保持不变的内容。后半部分则讨论自第一版之后世界发生了怎样的巨大变化。因为当这个世界不可避免地变得更加动荡、混乱和相互关联时，人们对助人行业的需求越来越大，对助人质量的期望越来越高，而相关资源却十分不足。我们现在已经达到了"增长的极限"，经济危机、生态危机和人类危机共同对我们此前所知的生活造成了"巨大的破坏",给我们这个时代带来了巨大的挑战。

"恰到好处"的督导

儿科医生和精神分析学家唐纳德·温尼科特(Donald Winnicott)在其职业生涯晚期引入了"恰到好处的母亲"(1971:10)这一概念——母亲(今天的术语也叫养育者),当她的孩子把食物扔向她时,她不会将这种行为视为人身攻击而反应过度,也不会陷入自责和内疚的情绪状态,而是能从中理解孩子的表达,即自己暂时无法应对外部世界。温尼科特指出,任何一位母亲都很难做到"恰到好处",除非她自己也被孩子的父亲或另一位成年人所支持和抱持。这提供了"养育三角"(Nursing Triad),意味着即使在孩子需要表达消极情绪或愤怒情绪时,也可以被包容。

这一概念为督导提供了一个非常有用的类比,在督导中,"恰到好处"的专业助人者可以从督导关系中感受到被抱持的力量,从而能够承受来自当事人的负面攻击。我们经常看到非常称职的专业助人者由于深陷当事人的痛苦、疾病和抱怨的困扰中,对自己和自己的工作能力产生严重的怀疑。督导师的角色不仅仅是让受督导者安心,而且要在安全的督导关系设置下,让他们感受自己的情绪困扰,从而使受督导者绝处逢生,有所反思并从中得到学习。因此,督导师提供了一个容器,在助人三角中容纳受督导者所进行的工作。

在我们选择帮助他人时,我们的角色是关注其需求,而我们正在进入的关系,也不同于日常生活中的一般人际关系。有时,这样的关系看起来不值得,或许因为我们在与困难做斗争,或者因为当事人不懂心存感激,或者因为我们感到精疲力竭,似乎没有什么可以给予当事人。在压力来临时,有时我们会低头努力,"坚持下去",而未花时间进行反思。组织、团队和个人都可能会出于各种原因(包括外部压力和担心暴露自己不足的内部压力),而让自己保持这种态度。

在这种情况下,督导就显得非常重要。接受督导给我们提供了一个反省和反思的机会;同时也让我们找到方法,从而避免责怪当事人、同行、机构、社会,甚至是自己,它也让我们有机会寻找新的选择,从逆境中挖掘学习的机会,并寻求支持。我们相信,如果在一个人的职业生涯开始时就体验到良好的督导及其价值,那么接受良好督导的习惯将成为助人从业者工作、生活和持续发展的一个重要组成部分。

在过去的45年里,在助人专业领域中,众多咨询和治疗方法的使用大量增加。造成这种情况的部分原因是，人们放弃了包括机构制度在内的传统护理方法，转向对需要帮助和支持的人们增加"社区护理"，例如，更多地在家里照顾老年人，而不是住院护理。这一举措不仅造成对家庭成员和亲属的需求增加，而且对助人者的要求也大量增加。他们必须学习新的方法，以应对在工作中遇到的苦恼、干扰和疾病。与此同时，公众越来越接受一种观念，即大多数人在自己生活的某些阶段可以受益于某种形式的咨询、指导或专业支持与帮助。心理咨询、心理治疗及许多其他助人专业的治疗方法大量兴起，使人们认识到此类工作可以从督导中受益匪浅。

在第五章中，我们将督导工作定义如下：

> 督导是一种助人从业者和督导师的共同努力，助人从业者在督导师的帮助下，关注当事人和当事人 - 从业者关系，关注更广泛的系统和生态背景，从而提高助人从业者的工作质量，改变其与受助者的关系（以下简称"咨访关系"），不断发展他们的实践能力和更广泛的专业能力。

因此，督导师必须将教育者的发展性角色与为咨询师提供支持的支持性角色相结合，在大多数情况下，还要确保受督导者与其当事人、同事、机构和机构利益相关者的工作质量。这三种功能并不总能和平共存（见第五章），许多督导师可以暂缓尝试这种整合，只试着承担其中一种角色。一些督导师成为其受督导者的准咨询师或教练；另一些督导师则将督导变成两个人的案例讨论会，重点关注当事人的相关动态；还有一些督导师则可能有一份管理核查清单，他们用这份清单"核对"受督导者的当事人或进行工作量管理。本书的意图在于帮助督导师发展一种整合的督导风格。我们不仅提倡将发展性的、支持性的和质量性的功能相结合，而且提倡以关系为基础的督导取向。

有时，即使在最好的督导关系中，也会出现卡壳、踌躇不前甚至回避的情况。出于某种原因，恐惧和消极的情绪会悄然潜入（关系中），双方（督导师和受督导者）最好能够察觉到这些情绪的存在，并有方法可以化解或超越这些情绪。本书为督导师和受督导者而写，因为他们双方均对督导的质量承担一定的责任；双方共同构成一个系统，旨在确保督导工作的质量。作为承担督导关系共同责任的一部分，我们为这一进程提供了指导方针，特别是在初步形成督导师与受督导者工作关系的协议方面。这项协议非常重要，因为它构成了双方可以参考的界限和基准点。我们强调，这样的协议不是仅在工作关系的初期者每次会谈开始时需要关注的内容，而是需要不断重新回顾与审视的一个过程。

我们现在在扩展督导这一观点，提出督导是一个三角化的过程，该三角化的过程由督导师、受督导者和受督导者工作中出现的议程或课程共同创造。因此，我们并不会通过询问受督导者想谈论什么来开始督导，而会询问受督导者在他们的工作中出现了哪些挑战是需要我们一起探索和努力的。在新的督导关系开始时，我们不仅要让受督导者告诉我们，在他们的工作和生活中最重要的是什么，以便与他们发展一种深层的联结，当然也会问他们为谁工作及其工作内容。这有助于将受督导者工作的所有利益相关者都带入督导中，这样，我们也可以探索这些利益相关者中的个体都需要通过督导解决什么或实现什么。其中，利益相关者可能包括受督导者当前和未来的当事人、同事、他们工作的机构、资助者、协调者及他们的专业。

在进入督导关系前，我们相信，成为反思实践者及开展其他形式的自我督导是督导的开始。反思实践不仅需要反思我们目前的工作，还需要反思我们成为助人者的核心信念和动机，从而可以缓解我们在承担助人者角色时可能产生的分裂感受。助人者会认为自己没有合理的需要，他们的当事人才是生病、有需要且没有资源的。正如玛格丽特·里奥奇（Margaret Rioch）所说：如果学生（受督导者）不知道自己是可能的杀人犯、骗子和懦夫，他们就无法在治疗中处理当事人的这些潜在的部分（Rioch et al.,1976：3）。

我们的经验是，督导是自我关爱和对学习新经验保持开放的重要环节，也是助人者个人福祉、持续自我发展、自我觉察和对专业发展承诺不可或缺的一部分。然而，在一些助人职业中，在从业者获得相关资格后，督导工作就基本被忽略了。缺乏督导会出现厌烦、僵化和防御性的感受，这些感受很容易发生在需要我们付出很多的助人职业中。在极端情况下，厌烦和防御性会导致出现许多学者称之为"倦怠"的症状（见第二章）。督导可以打破情绪耗竭的恶性循环所导致的工作标准下降，从而缓解这一过程。倦怠还会产生内疚和能力不足的感觉，导致助人标准进一步下降。督导不仅可以防止压力和倦怠，还可以让受督导者不断学习和蓬勃发展。因此，通过在督导及其更广泛的系统中建立复原力，助人从业者可以有更多的时间在最佳的状态下工作。

督导，就像助人工作一样，并不是一个简单的过程，甚至比与当事人工作更复杂。尽管近年来研究和循证工作正在进行（见第十五章），但是到目前为止尚无有形的产品和可以严格评估其有效性的证据。在督导中，受督导者常常会与督导师讨论一位当事人的案例，而督导师看不到该当事人，受督导者会选择性地报告其与当事人的工作。此外，他们中的任何一方都可能受到来自他们共同工作的行业、机构或社会的各种压力，需要聚焦于各种不同的议题。因此，除了关注相关的当事人外，他们还必须注意他们之间的督导关系及他们都为之工作的整个系统。有一种危险就是，督导师和受督导者都会因为系统的复杂程度而惶恐，变得像一只多脚的蜈蚣，当被问到它应该先移动哪只脚时，完全失去了移动的能力。

处理和输出痛苦的"木桶理论"

在本书的前几版中，我们提出了处理和输出痛苦的"木桶理论"，说明督导如何提供一个容器，用来处理和理解在助人职业中可能引发的疾病、痛苦和不安。

就性质而言，所有助人机构都是输入他人的痛苦、不安、撕裂和需求。个体从业者如果与当事人的痛苦感同身受，他们就会经历同样的痛苦，有时他们自身也会感到不安和撕裂——这就会导致"替代性创伤"（Pearlman and Saakvitne，1995；Ryde，2009）。他们在多大程度上能够容纳和修道取决于他们情绪容器（或木桶）的大小；他们的人格特点、情感成熟度和专业发展；他们目前在工作和家庭中所承受的压力程度；更重要的是，他们所接受督导的质量和规律性。

没有在此水平上容纳的那些内容将导致助人者功能下降，并可能导致团队分裂。这是因为，那些受到压力的人经常会对其同事冲动行事。他们对行政人员表现得烦躁不安，对管理者发脾气，难以与同事展开合作。冲突可能发展为谁该为什么负责，也会因为值班轮换问题发生争执。团队的会议开始得越来越晚，变得越来越难以控制。

在关于团队的第十一章中，我们写到需要团队成员评估他们个人及作为团队整体是如何运作的，良好的团队督导会提升团队容纳压力、紧张和不安的能力。团队无法容纳的内容可能会进一步溢出到其他部门或机构中。沟通渠道往往最先受到影响，随着投射的增加，影响不仅会从团队到管理层并波及其他团队，还会影响机构的其他部分。团队要么成为一位可辨识的"患者"，要么成为机构的替罪羊（见第十三章）。

机构需要良好的、有规律的组织发展，需要时间让其反思自身的健康和运作。特别是在资源削减的时候，这一点至关重要，却常常被忽视。其结果可能是诸如高级管理者和服务主管停止合作，开始为争夺日益减少的资源而相互争斗，而基层员工则退回到自己团队的领地中。

机构不容纳、不处理和不理解的东西会越过整个组织的边界，在不同职业和组织之间发挥作用。这不仅对所有的助人专业人员来说代价高昂，而且很难让督导发挥作用。即便如此，某些形式的外部咨询督导还是非常有帮助的。

同样重要的是要认识到，压力不仅从当事人通过一线工作者流入更广泛的组织系统，尚未解决的社会、经济和生态问题与挑战也给助人机构带来压力，机构如果不加以处理和整合，就会给一线工作者及其当事人带来压力。这方面的一个例子是，许多人希望缴纳较低的税，但同时要求更高质量的医疗和社会保健服务，这便要求助人机构用更少的资源实现更高质量的服务。领导层的工作实际上就是督导，即协调许多经常相互冲突的利益相关者的需求，意识到组织内部上下流动的压力过程，并尽量减少未经处理的压力传递。

本书关注机构内部和外部多水平之间的动态过程。第一部分涉及个体专业人员在工作中学习、发展和不断维持自己的需要。第二部分概述督导的关键过程、模式和工具，以及如何培训和持续发展督导师。第三部分探讨团体和整个团队中的督导。第四部分探讨我们如何关注机构的动态变化和文化问题。最后，我们新增了第五部分。在世界各地不同专业同事的帮助下，我们调查了督导的现状，回顾了关于督导的相关研究、这些研究对督导实践的启发，以及未来需要在哪些方面开展进一步的研究。

督导面临的新挑战

彼得写过这个部分，即在 21 世纪具有挑战性的背景下建立督导。如上所述，关于督导的基本立场，我们是在 35 年前第一次写关于督导的文章时就已经发展起来的。今天，它仍然是我们工作和培训的基础。督导不仅关注受督导者与当事人工作的质量，而且关注对受督导者的支持及其发展。我们相信，督导是所有助人职业的必要条件，不仅是在培训或刚获得助人资格时，而且是整个助人职业生涯的必要条件。所有这些条件都是必要的，但不再是充分的。

我们需要认识到，在过去的 35 年里，世界发生了根本性的变化。20 世纪 80 年代中期，当我们开始撰写本书第一版时，人们相信，经济会持续增长，助人职业的资源自然也会不断地增加，所有人的生活质量也会不断地提高。虽然一些有智慧、有勇气且有远见的学者已经对迫在眉睫的生态危机发出了警告——例如，蕾切尔·卡森（Rachel Carson）所著的、于 1962 年出版的《寂静的春天》（The Silent Spring）一书，以及其他警告（Bateson，1972），但是我们仍然假装还有漫长的路要走，并寄希望于人类的智慧和科学能够找到避免生态危机的方法。随着我们进入 21 世纪的第三个十年，这种否认已经不可持续，因为如今我们已经在经历"气候危机"的影响。伊甸园项目的创始人蒂姆·斯米特（Tim Smit，2009）断言，未来 30 年将是整个人类历史上最激动人心的时期，因为在那个时候，我们要么会发现"人类是真正的智人"，要么我们会加入化石记录。托马斯·弗里德曼（Thomas Friedman，2008）曾在经济危机中期时的《纽约时报》上写道：

> 如果 2008 年的危机代表了比大萧条更根本的东西，如果经济危机告诉我们，我们在过去 50 年中创造的整个增长模式在经济上和生态上是不可持续的，2008 年就是我们碰壁的时候，大自然母亲和市场同时说："不要再这样了"。

经济学家肯尼思·博尔丁（Kenneth Boulding）（Quoted in Gilding，2011：64）更进一步写道："相信指数增长可以在有限世界中永远持续下去的人，要么是疯子，要么是经济学家。"

我们不能将经济危机或生态危机归咎于经济学家、银行家、政府或监管机构。这都是我们对增长的依赖所造成的，在可预见的未来，我们都将生活在生态与经济危机相交织的时代，直到我们对我们的期望、生活和生活方式做出必要的巨大改变。那么，这对助人职业意味着什么呢？在未来几十年里，有四个无可争议的关键力量正在形成，并且将持续塑造助人职业的背景：

- 更大的需求；
- 对服务质量的更高期望；
- 更少的资源；
- 大分裂。

更大的需求

世界人口仍呈指数级增长。当我（彼得）在 1950 年出生时，全球人口仅为 24 亿，而到 2019 年，全球人口已经达到 77 亿，增长了两倍多，而且增长还在继续。一些人评论说，发展中国家的出生率一直在下降，但在这些国家，预期寿命的指数式增长仍然让全球人口增速居高不下，70 岁以上的人是助人职业的最大使用者。尽管有政治言论认为，移民人数仍将持续增长，但是世界上贫穷的人会越来越多地发现自己的生活水平与富人的生活水平之间的差距，生态危机不成比例地在世界最贫穷的地区造成了严重的困难。

对服务质量的更高期望

不仅有更多的人提供帮助，而且当事人和服务用户对服务质量的期望也成倍增加。托马斯·弗里德曼（2008）写道：世界不仅变得 "热闹" 和 "拥挤"，而且变得 "扁平"。他这些话的意思是，我们都知道其他人在得到些什么。在世界人口达到 70 亿之前，世界上的手机数量就已经达到了这一数字。即使是世界上经济最贫穷的地区，也可以通过手机上网，所以我们都通过新的方式相互联系。这对助人职业有两大影响：（1）职业的专有知识现在是普及且可自由获得的，因此当事人可以比许多领域的专业人员更了解情况；（2）当事人能够知道在本国的不同地区或世界的不同地区什么是能够帮助他人的。越来越多的人要求我们提供最好的服务，当助人服务出错时，媒体和互联网会让大众都知道。

更少的资源

许多人仍然认为，目前的经济低迷只是暂时性的倒退，而繁荣是可以预见的，经济是可持续增长的。然而，大量科学证据表明，这是一种危险的集体性否认。科学家说，按照目前的运行方式，需要超过 1.7 个地球才能维持人类的日常生活（Lu，2017）。这意味着我们每年使用地球上可用资源的 170%，换言之，我们正以一种不可持续的方式年复一年地侵蚀基础资源。世界人口增长和消费的经济预测显示，到 2050 年，我们每年将会使用地球上可用资源的 500%~700%（Gilding，2011：51）。本质上，我们的财富和繁荣来自我们所生活的世界，然而，我们正严重透支和侵蚀着本钱。

与此同时，经济增长正在向南和向东转移。在那些超支严重的发达国家，日益增长的需求导致资源的减少是不可避免的。我们需要学会适应这样的生活。

大分裂

保罗·吉尔丁（Paul Gilding）在其所著的《大分裂》（*The Great Disruption*，2011）一书中雄辩地指出，在多个方面，世界都面临着前所未有的变革和挑战。气候变化已经成为现实，而且变化的速度比 20 世纪那些忧心忡忡的生态学家所警告的快得多。全球变暖导致气候改变，包括更多的洪水、干旱、热浪和寒冷气候；大多数地区都受到不同的、难以预测的影响。当增长达到极限时，经济波动将是不可避免的后果。我们将会看到：基本食品、能源和原材料价格涨幅持续快于居民收入的增长，每个国家将无法单独应对政治挑战，我们也没有能够应对这些挑战的全球治理结构。

这将不可避免地导致人类的混乱、不安、痛苦和疾病增加，而弱势群体将比大多数人更能感受到这些影响。这将给我们的学校、医院、监狱和养老院，以及街头和工作场所带来巨大的压力。助人从业者将工作在第一线，同时他们必须适应更少的资源和对工作的更高要求。

在霍金斯和赖德（Hawkins and Ryde）于 2020 年所著图书中，霍金斯提出了以下问题："当人类这个物种变得越来越富有、身体越来越健康、寿命越来越长时，为什么精神疾病和自杀却越来越普遍，幸福感也并未得到提高？"对此，他提出了四个主要因素：

- 心理超负荷；
- 生态破坏带来的有意识的和无意识的痛苦；
- 我们用于处理经验、形成意义感和个人主体性的心理容器的破碎；
- 人类中心主义和生活在我们称为"渴望更多"的时代：这是一个追求快乐但永不满足的成瘾社会。

下面我们将对这四个因素进行更详细的探讨。

心理超负荷

与之前的时代相比，我们现在与更多的人建立联系，承担更多样化的角色，接触更多的数据和信息。我们不断获得大量的感官输入和体验，但处理它们的时间和空间却减少了。今天，我们可以即时获得的信息比 100 年前出生的人一生能获得的信息还要多。"我们还没有来得及将眼前的数据转化为信息、将信息转化为知识、将知识转化为智慧，下一波数据就又蜂拥而至"（Hawkins and Ryde，2020：39）。

罗杰·博恩（Roger Bohn）已经证明，人们每天被相当于 34 千兆字节（GB）的信息淹没，而这足以使一台普通电脑在一周之内超载。如果将移动电话、互联网、电子邮件、电视、广播、报纸、书籍和社交媒体等都考虑在内，西方社会中的每个人每天都会接触约 105 000 个单词，换言之，他们即使不吃不喝不睡觉，每秒都要接触 23 个单词（Bohn and Short，2012）。我们无法处理所有这些数据、图像或声音，它们是不连贯的、无组织的、不协调的——这就好像我们不断地吃不同口味的生食，然后奇怪自己为什么会消化不良。

看手机屏幕也很容易上瘾。据报道，英国人平均每年查看手机 1 万次，他们经常在吃饭、开会甚至在睡觉时查看手机（Barr，2017）。苏珊·格林菲尔德（Susan Greenfield，2011）展示了屏幕使用时间如何改变人类大脑的性质、我们的身份认同和社会互动。我们知道的更多，但可以预测的更少，因为生活环境变化得更快，且相互关联的复杂性比以往任何时候都多。我们在大学里学习的知识很快过时，超过了我们学习并掌握它们的速度；我们现在不得不接受这一点，在工作和生活中，我们将承担许多不同的角色，而且，我们必须多次重新培训和重塑自己。

生态灾难之痛

气候变化已经导致世界许多地区出现了极端天气模式，冰川融化已经导致海平面上升。开发自然资源造成的生态灾难包括砍伐森林，因狩猎和栖息地丧失而导致许多物种灭绝，以及为了保证和维持人类的生活方式而过度开采碳资源（煤炭、天然气、石油）和矿物质。

随着温度、海平面和物种灭绝率的不断上升，这些影响现已不容忽视。彼得和朱迪（Peter and Judy）在他们的著作《整合性心理治疗的理论和实践：一种关系的、系统的、生态的方法》（*Integrative Psychotherapy in Theory and Practice: A Relational, Systemic and Ecological Approach*）中（Hawkins and Ryde，2020：41-2）描述了具体的影响：

我们共同的地球家园受到了破坏，这对我们每个人的精神和情感生活产生了巨大的、日益严重的影响：有些人能够意识到，更多人意识不到这些潜移默化的影响。这会引起下列直接或间接的感受：悲伤和丧失；为自己参与破坏环境而自责；为自己、社区和（或）子孙后代感到担忧；或者对个人认为比自己在破坏环境一事上负有更大责任的人感到愤怒。它可以通过当事人的梦、他们对当前事件的反应，甚至可以通过无法命名或定位的情绪呈现出来。无论怎样，广袤的生态系统及在其中发生的一切都会进入治疗关系中——主动的或被动的、觉知的或未觉知的。

传统上，大自然一直是身体和精神疗愈的主要场所和源泉。然而，随着人类前所未有的城市化进程，以及由此带来的许多自然生态的破坏或人工化，这些资源可以覆盖的人口比例越来越少。很多人失去了与其他动植物的联结，也失去了远离人类噪声和干扰、享受原生态美景的便利条件。许多人已经失去了与本源的健康生活的联结：生活中充斥着塑料包装、人工化、嘈杂和拥挤。

碎片化

我们都明白，人类不仅参与生活，而且创造生活，这是很自然的事情，"通过创造连接过去、现在和未来的叙事，内部和外部的经验，将个人意义与群体、社区和文化意义相结合，以此将生活及生活体验转变为生活的意义。这些赋予了情节性体验的连续性和整合感（Hawkins and Ryde，2020：43）。"重要的是，督导师将这种理解带到他们与受督导者的工作中，反过来，受督导者也将这种理解带到他们与当事人的工作中，许多当事人都因为找不到生命的意义而生病。

正如霍金斯和赖德（2020：43）所说："尽管个人可以被视为自己生活的创造者和自己叙事的撰写者，但是这些叙事和意义总是以与他人对话的方式共同创造出来的。也就是说，这些叙事和意义与他人有关，无论其他个人，还是我们和他人所属的集体群体；并且被他们出生和生活在其中的文化所渗透——他们的故事由这些文化的语言、习俗、道德和信仰体系所塑造。"督导师、受督导者和当事人之间的督导关系确实如此：在这种关系中，意义可以显现并得到验证。

近年来，我们用以构建自己身份认同和意义的材料变得更加支离破碎：家庭持续时间更加短暂；我们的社群经常分布于世界各地，与我们通过电子设备进行联结。在过去，孩子们更多是在一个可以扎根的地方长大；甚至在 50 多年前，世界上还有 2/3 的人口生活在农村，种植作物、照看动物，与周围的生态环境紧密相连。传统上，文化有集体的节律和共同的信仰，为日、周、季和年提供了共同的意义和形式。

就像印刷术极大地增加了人们直接接触书籍的机会一样，互联网也使大众获得信息变得更加容易。个人较少受到家庭、社区或同辈群体所持信仰的约束，也较少受偏见的束缚，如果愿意，他们可以离开自己生长的地方。然而，因为我们所处的时代呈指数级变化，许多个人和社会团体似乎很难找到积极的认同感。这可能涉及精神疾病的增加，尤其是在年轻人之中；许多社区中人与人之间越来越疏离，人们对政治领导人和"专家"的不信任与日俱增。最近民族主义和右翼议题的增加，部分也是一种对碎片化和社会身份丧失带来的反应。

我们现在正处于所谓的"第四次工业革命"时期。2016 年，世界经济论坛（World Economic Forum）的创始人兼执行主席克劳斯·施瓦布（Klaus Schwab，2016a：1）写道：

> 我们正处在一场技术革命的前夜，这场革命将从根本上改变我们的生活、工作和相互联系的方式。就其规模、范围和复杂性而言，这一转变将与人类以往经历过的任何事情都不同。我们还不知道它将如何展开，但有一点很明确：对它的反应必须是综合而全面的，涉及全球政体所有利益相关者：从公共和私营部门到学术界和民间社会。

施瓦布接着说："第四次工业革命……以技术融合为特点，这种融合模糊了物理、数字和生物领域的界限"（2016a：1；see also Schwab，2016b）。他展示了数字世界、人工智能、虚拟现实技术将如何通过混合现实、机器人和生物技术而得以"呈现"，由此带来的变革不仅发生在工作中，也存在于人类的沟通、社会组织和个人的自我意识中，并以迄今令人难以想象的方式和加速度进行。

"人类中心主义"的来临和"渴望更多"的时代

目的感是人类幸福的核心，因为它为生命赋予意义。然而，在过去的 50 年里，"自由人文主义"已经成为全球主导观点，因为"与古拉格劳改营相比，超市被证明有着更强大的力量"（Harari，2015：265）。但自由人文主义有自己的弱点。因为资本市场仰赖于增长，而增长仰赖于消费主义的不断增加。艾伦·德宁（Alan Durning，1992：69）写道：

> 我们巨大的生产力经济……要求我们把消费作为生活方式，把购买和使用商品变成仪式，在消费中寻求精神满足和自我满足……我们以越来越快的速度消费、消耗、损耗、更换和丢弃我们需要的东西。

营销专家和公关专家都试图说服人们，要想获得成功和满足，他们需要获得"更多"：更多的食物、饮料、衣服、汽车、旅行、假期、书籍、电影、电子产品、电脑，以及各种各样的财物。在富裕的西方国家，对于"更多"的追求，开始从获得更多的物质转向获得更多可以夸耀的体验——从"你拥有什么，你就是什么"到"你经历什么，你就是什么"。许多"体验"的消费者，把他们的目的感集中在"健康的身体""良好的人际关系""更多践行正念"或"一种扩大与开明的意识"上。相应地，也有营销广告商和富有蛊惑力的销售人员专注于此。

"渴望更多"的时代也是"脖子酸痛"的时代，因为每个人都在仰望那些比自己拥有更多的人。消费主义需要明显的不平等，以及富有魅力的名人，以增加大众对于"更多"的渴望。

> 相当多的美国人相信，只要他们拥有双倍的财富，他们就会拥有《独立宣言》所描述的那种幸福。年收入 1.5 万美元的人确信，如果自己的年收入为 3 万美元，自己的痛苦就能减轻；年薪 100 万美元的人认为，如果自己的年收入为 200 万美元，一切都会好起来的……没有人觉得自己拥有的够多了。（Lewi Lapham，Quoted in Durning，1992：70）

哈拉里（Harari，2015：218）阐述了"现代性"如何"鼓励人们想要更多，并废除了古老的约束贪婪的戒律"。

消费者上瘾的天性会导致你一旦对什么上瘾，你就需要越来越多的这种东西，以满足你的习惯性需求。"更多"不再带来快乐或幸福，而是带来对"还要更多"的渴望。"更多"的时代带来了严重的不平等和对地球资源消费的指数级增长，而这超过了可持续发展的水平。现在，世界人口比 70 年前增加了两倍，他们都被鼓励消费更多，因此，我们迫切需要找到新的个人和集体的意义感。哈拉里（Harari，2015）写道：自由人文主义在解决了饥荒、瘟疫和战争之后，将转向其他人类中心主义的渴望，即通过增强的技术，成为不朽的、神一样的人。相反，我们需要的是一种对个人和集体意义的新认识，以及人类意识的重大范式转变：从"人类中心主义"转向"谦卑"，从"环境为人类需要而服务"的假设转向"环境是我们的一部分"。没有这种转变，我们就没有健康或可持续的生活。所有助人行业的从业者都需要意识到，他们面对的不仅是一个寻求帮助的个体，而且每个人都来自家庭、社区和更广的文化，也拥有自己的信仰体系和思维方式。

人类物种和我们的世界所需要的是在督导中发现的对经验的反思，让其成为个体疾病和人类集体疾病的解药：非二元的、关系型的督导，将个体视为在其所属的与多种系统的动态关系中共同建构自己和世界，从而帮助治愈人类与"超越人类的世界"之间的分裂（Abrams，1996）。

我们现在生活在梅西和约翰斯通（Macy and Johnstone，2012）所描述的"大变革"时代；埃尔金顿和蔡茨（Elkington and Zeitz，2014）将其描述为人类系统要么崩溃，要么有所突破的时代；彼得·迪亚曼迪斯（Peter Diamandis）则充满乐观主义精神，他将这一时期视为"可以重塑世界"（Diamandis and Kotler，2014：27）。在这个时代，人类不仅需要以前所未有的速度发展自己的意识，而且在这个由人类主宰的时代（the Anthropocene Age）（St. Fleur，2016），我们需要为我们对生态系统中的许多其他物种和生态的进化与灭绝所产生的影响承担责任。此时，不仅是助人行业的工作者，而且是我们所有人，都需要倾听我们和我们周围都发生了什么，重新审视我们根深蒂固的假设和信念，不断重塑和创新我们工作的每个行业和组织。

早在 1958 年，卡尔·荣格（Carl Jung，1977）在接受约翰·弗里曼（John Freeman）的电视采访时，就极富先见之明地说：

> 唯一存在的真正危险是人类自己。这是最大的危险，可惜我们没有意识到。我们对人类一无所知，我们了解得太少。我们应该研究人类的心灵，因为我们是一切即将发生的邪恶的源头。

我们应该如何应对这些挑战

几年前，彼得在一个发达国家教师会议上发表演讲。这些教师往往抱怨，对他们的要求太多了（班级需要更大，学生的考试成绩需要不断提高，孩子和家长对他们的尊重却越来越少，诸如此类），而资源却没有任何增加。彼得决定挑战他们这种被剥夺的感觉，他向他们展示了一些人口统计学、经济学和科学的预测。他总结说："在一个越来越混乱和不安的世界里，年复一年，你被要求用更少的资源做更多高质量的事情，这似乎不可避免。"问题是，我们能一起做些什么，以便应对这一挑战呢？

今天的挑战，从新冠肺炎大流行到气候危机，再到全球不平等，都已经超出了个人的领导能力或应对机制。我们需要在这个问题上共同努力，这意味着我们需要以前所未有的程度进行合作。督导、团队合作和员工支持比以往任何时候都重要，但需要比以往更快地发展和进化。我们不能像本书第一版出版时那样督导、带领或运营团队。当时，彼得经常问受督导者，他们想从督导和团队中得到什么；经常问团体，他们想从团体咨询师那里得到什么。现在，当彼得督导个人时，他会问对方："需要你解决问题的世界是什么样的？哪些领域是你需要努力应对的？"当他与团队合作时，他会问他们："你们需要集体面对且尚未找到应对方法的世界是什么样的？"在签署协议书时，受督导者需要从外向内看、从未来反观现在，而不是从个人需求或上周的问题出发。

我们现在需要的是人的意识、思维方式、行为方式和关系方式（包括人与人之间的关联方式、人与人类以外世界的关联方式）的重大转变。助人行业的督导需要在此发挥作用。这一点在最近的新冠肺炎大流行中得到了很好的证明：督导师、心理咨询师和教练自愿为一线健康和护理人员提供无偿支持。助人专业人员需要不断提高自身和集体的反应能力；督导服务不仅是为了保证受督导者这个月与当事人工作的质量，而且是为了发展人的能力，从而应对未来不断增加的需求。在第二章中，我们提出了我们认为都需要发展的七种基本能力，从而帮助助人从业者能够充分应对我们这个时代的巨大挑战。

结论

在《助人专业的督导》一书的第一版中，我们以温尼科特和其他许多人的工作为基础，展示了在与当事人开展深度情感工作时，我们无法独自面对挑战。我们看到，我们需要不断学习和发展我们的能力，我们自己也需要得到安慰和支持。31 年后，本书已更新到第五版，但从根本上而言，我们面临的挑战变得更大了。有观点认为，督导对所有助人专业人员都是必要的，而不仅仅是那些正在受训的新人或刚刚入行的人——对此的争论可休矣。我们可以继续讨论一个更大的问题：在一个需求更多、质量要求更高、资源更少、"大分裂"后果难以避免的时代，身处其中，我们应当如何支持个人、团队和组织。

在我小的时候，孩子们会问祖父母（当然，是在祖父母还在世的情况下）："你在世界大战中做了什么？"我们的孙辈也会问我们："在大分裂时代，你们做了什么？"我们欠他们一个回答。我们当然会因面前的任务而感到害怕，但我们不能胆怯，因为还有许多事情要做。我们希望本书的第五版能够支持我们一步步地崛起，去迎接我们所处这个时代的挑战。

第一部分

受督导者的视角

导论

在所有与人打交道的职业中，良好实践的核心是不断学习、反思和发展工作能力。在我们的职业生涯中，我们发现最投入、最充实和最有效的从业者是那些致力于不断学习和发展自己及周围人的实践者。

在助人行业的工作中，反思实践的重要性日益得到承认。例如，在临床心理学中，反思 - 科学家 - 实践者的培训和实践模式最近取代了自该专业开始以来就一直存在的科学家 - 实践者模式（British Psychological Society，2016）。反思性实践理论借鉴了科尔布（Kolb，1984）关于体验式学习的著作、梅齐罗夫（Mezirow，1991）关于转化学习（transformational learning）的著作（Torbert，2004；Hawkins and Smith，2013，2018），以及里森和布拉德伯里（Reason and Bradbury，2008）关于行动研究的著作。然而，唐纳德·肖恩（Donald Schön，1983）是最早提倡反思性实践的作者之一。他认为，反思性实践是专业实践的一个定义性特征。他将反思实践定义为对行动进行反思，从而使持续的学习得以实现的能力——事实上，肖恩认为，反思对于将经验转化为学习至关重要。本章描述了七种关键能力，我们认为这些能力是助人行业良好实践的核心，它们构成督导的基础，也受到督导的支持：

- 学习与反学习；

- 反思；

- 具体化学习；

- 建立关系；
- 合作；
- 维持复原力；
- 了解自己更深层的动机。

这些能力与马尔科姆·帕莱特（Malcolm Parlett，2015）所提出的能力相似，他的工作激发了我们的思维。他描述了整体智力的五个维度，这些维度是良好生活的艺术所需要的，即反应、相互联系、自我认识、具体化（Embodying）和实验。我们使用能力这一术语是因为我们将其视为可以不断发展的人的素质。

反思实践者的七种能力

学习与反学习

传统上，学习被视为行动之前要做的事情。学习是你进入独立生活之前在学校里进行的。学习是为"那些正在接受培训的人"准备的，这样他们才被认可进行全面的实践。学习第一，实践第二。在过去的 50 年里，这种思维方式已经发生了根本性的变化，但在某些职业中，这样的思维方式仍然存在。

改革的先驱者之一是雷吉·雷文斯（Reg Revans），他是"行动学习"的创始人。20 世纪 40 年代，他在煤矿行业工作，后来在卫生服务部门工作。他对管理者从理论上学到的内容和他们在实践中遇到的问题之间的差距感到震惊。他还意识到，随着变化的不断加快，我们在培训中学到的很多东西与我们几年后的工作并不相关。他写下了富有挑战性的公式：

$$L \geqslant EC$$

这意味着，学习必须等于或大于环境的变化。如果一个组织学习的速度不能比它所处世界的变化更快，那么这个组织将不复存在——这是一种组织生存的达尔文法则。对个体而言亦是如此。只有我们的学习速度比我们工作和生活的环境变化得更快，我们才能在工作中保持持续性发展和成长，这对我们自己和我们的当事人都是有益的。

大部分专业和机构已认识到持续性职业发展的重要性，而有些机构因为认识到我们工作中最重要的工具是我们的整体自我，所以更是把持续性扩展至个人及职业发展方面。此外，还有一个重要的转变，即认识到培训和个人及职业发展不仅发生在培训班或

培训活动中，而且需要嵌入工作场所中（Hawkins，1986，2012，2017a）。将职业发展的
70：10：20 的原则铭记于心是很有助益的：职业发展的 70% 发生在工作中，10% 通过参
加课程获得，20% 通过督导或教练获得，这样，我们可以将从经验中学到的东西与从更
正规的培训中学到的东西联系起来（Hawkins，2012，2017a）。

　　科尔布（Kolb，1984）的体验性学习周期的描述对如何理解成年人的学习产生了巨
大的影响。基于朱治（Juch，1983）和霍金斯（1991）的后期工作，我们使用的是科尔
布学习周期的简化版本。学习发生在学习周期的四个关键节点，以及整个周期的连接中
（见图 2-1）。

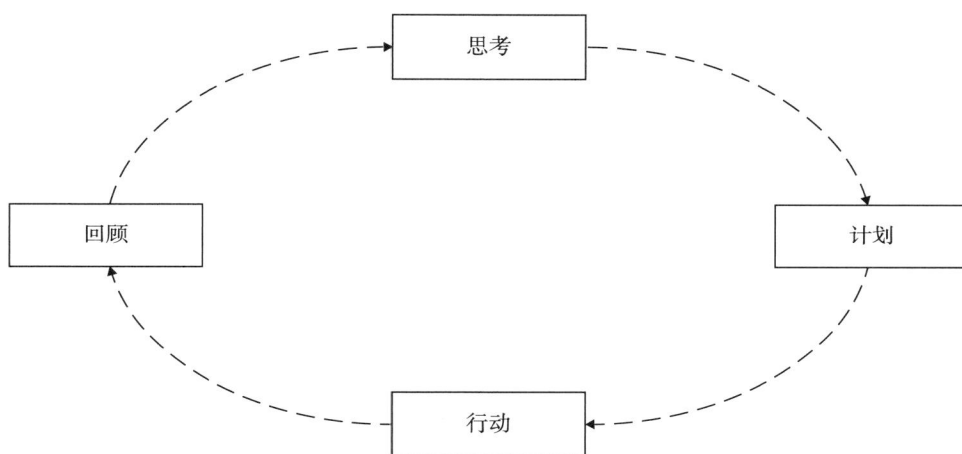

图 2-1　行动学习循环

　　我们具有不同的学习风格，这影响了我们在学习周期中从哪个节点开始是最自如的。
有些人更喜欢从实际行动开始，然后反思什么是有效的。另一些人喜欢先学习理论，然
后再研究如何将其应用到行动中。阅读本书时，有些读者会特别喜欢模型，并觉得这些
模型开辟了该领域的新思路。另一些人会发现故事和简短的案例最有启发性。对有些人
而言，采纳建议并自己加以练习是最有帮助的。还有些人是当开始和别人谈论本书的相
关内容时会学得最好。一个人偏好的学习方式通常也与其主导感觉模式有关，例如，我
们可以通过阅读（视觉）、听和说（听觉）或身体力行（动感）这些不同的方式来更好地
学习。

　　霍尼和芒福德（Honey and Mumford，1992）在科尔布学习周期的基础上描述了四种
不同的学习风格（并开发了一个有用的问卷，用以识别个体所偏好的学习风格）：行动
型风格（通过实验新想法来学习）、反思型风格（通过观察和思考来学习）、理论型风格
（通过思想和概念来学习）和实用型风格（通过将思想应用于实践来学习）。我们利用这
些学习风格开发了我们自己的学习捷径模型，以帮助专业人员更好地意识到他们的学习

为什么会陷入停滞的状态（见图 2-2）。我们确定的有限学习风格主要有以下五种。

1. **消防员，也称强迫实用主义者**。这是"计划 - 行动 - 计划 - 行动"陷阱，这种人的座右铭是："如果你的计划不起作用，那么就计划做不同的事情。"学习停留在试错阶段，而不加以反思。正如范奥金（van Ooijen，2003：114）所写的："仅仅获得经验而不对这些经验进行反思并从中学习是不够的。我们做事常常出于习惯，而当受到挑战时我们会说，因为'我们一直都是这样做的'。"

2. **事后解剖者**。这是"行动 - 反思 - 行动 - 反思"陷阱，这种人的座右铭是："反思哪里出了问题，然后改正它。"这里的学习仅限于纠正错误。

3. **静思的理论家**。这是"反思 - 理论 - 反思 - 理论"陷阱，这种人的座右铭是："用哲学思考事情可以如何变得更好，但绝不要冒险去检验你的理论。"

4. **分析的麻痹者**。这是"分析 - 计划 - 然后再分析更多"陷阱，这种人的座右铭是："做之前好好想想，计划好怎么做，再多想想。"由于害怕犯错或冒险，因此学习受到限制。

5. **集权主义者**。这是"理论 - 行动"陷阱，这种人的座右铭是："私下解决问题，然后强加给他们。"

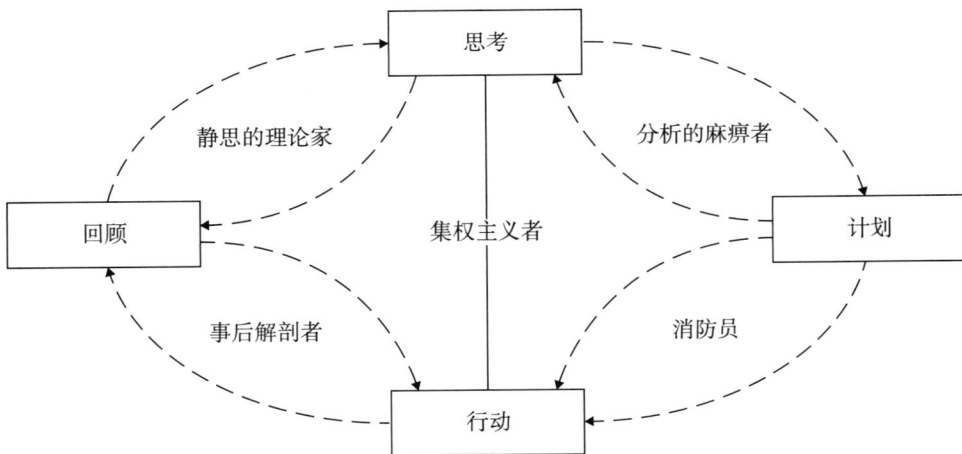

图 2-2　学习循环的短路

以下问题可能有助于你跟督导师的思考与讨论。

- 我偏好的学习风格是什么？
- 我最好的学习经历是什么？
- 我典型的学习捷径是什么？
- 我怎样才能更好地与我的督导师合作，以提升我正在进行的学习？

同样重要的是要认识到，在当今的职业生涯中，大多数工作者会不止一次地改变角色，甚至整体职业生涯也会发生变化。例如，一名护士可能会经重新培训后成为一名心理治疗师，然后成为一名培训师，然后成为一位慈善机构的领导者。作为人类，我们是有习惯的生物，我们倾向于将在一个角色或一种环境中对我们起作用的东西应用到我们的下一个角色和下一种环境中。我们的经验越丰富，我们的发展就越需要逐渐将重心从学习转移到反学习。反学习包括认识到我们的习惯模式和平时没注意到的做事方式，然后打破它们，为开始新的方法提供空间。反学习不仅仅是改变我们既定的做事方式，还包括改变我们感知、思考和存在的方式。

学习是通过新的感知、新的理解和新的意义建构而产生的，在当前的行为、思维模式、信念或情感受到不同现实的挑战时，反学习则是一种令人挫败的体验。人类不断地寻找可证实的数据，但为了帮助我们反学习，我们需要提供和创造否定的体验（see Hawkins，2017b，2019b）。微软公司创始人比尔·盖茨（Bill Gates）说："成功是一名糟糕的老师。"在我们的一生中，我们都需要督导师和同事来挑战我们的思维、反应和行为，鼓励我们放下过去那些成功的经验，这样我们就能不受阻碍地适应新的挑战和角色。

反思

在关于反思实践的著作中，肖恩（1983）区分了对于行动的反思和行动中的反思。前者是指任何一种活动，它支持从业人员仔细思考他们已经完成的工作，更好地理解他们与当事人或同事的互动，理解工作引发或带给他们的是什么，以及他们本可以如何更好地处理工作。这反过来又支持了行动中的反思，即实践者独立思考并参与工作的能力，同时也有一部分人在见证互动，理解互动并告知他们如何进行互动。发展在会谈中进行反思的能力是一项非常宝贵的专业技能，在这种情况下，一个人既能充分参与现场的人际关系，又能在内心退后一步，关注可能发生的行为模式——发生在自己身上的、发生在与自己共事的其他人身上的、发生在自己与他人之间的关系中的，以及在更广泛的系统环境中的。

从行动到反思

成为反思性实践者的第一步，就是在经常排得满满当当的工作日程中创造空间，让我们反思我们的行动和关系。如果没有思考的空间，工作就会习惯于某种固定的模式，助人从业者就更可能是反应性的，而不是以深思熟虑的方式做出回应。反思能力的发展有点像发展情感认知肌肉，我们可以利用它改变我们反思的视角和框架——从在那里（外部的）到在这里（内部的），再到空间之间（关系的）及更广泛的环境（系统的）。

反思还涉及另一组滤镜：在反思的每个视角或框架（外部的、内部的、关系的和系统的）中都有几个可能的反思层次，主要包括以下几点。

1. **注意现象**。这需要一个重要的原则，即运用所有的感官去看、听和感觉等，而不是判断或解释，或者对所发生的事情做出情感上的反应。

2. **识别出将现象的不同方面联系起来的模式**。这就要求我们观察各种现象的点的连接模式是从现象和数据出发，而非从判断出发。

3. **理解模式**。只有当我们开始看到这些联系模式时，才有必要尝试与理解正在出现的东西。这些模式存在于四个方面中的每一个方面，最重要的是，它们在各个方面之间相互连接，因此我们可以看到当事人、自己、关系及更广泛的环境。

4. **改变我们的知觉框架**。梅齐罗夫（1991）认为，从反思到他所称的"批判性反思"的转变是创造变革性学习的关键。这涉及学习水平从零开始——数据的获取，到水平 I 的学习——在自己当前的参考框架内做出选择，然后进入水平 II 的学习——能够发展新的参照框架，从而使人们以不同于最初的理解方式去看待和构想经验（also see Bateson，1972；Argyris and Schön，1978；Hawkins，1991，2004）。

5. **改变自己的信念体系**。有一个更深层次的反思，包括反思自己的核心信念和动机的能力，这其中许多都是在我们意识之外、被认为是理所当然的。这为我们如何与世界打交道和理解世界提供了基础。我们将在本章后面的第七种能力下更充分地探讨这方面的反思。

从反思到预先反思再到行动

督导是支持和发展在个人、团体和组织层面上从事助人行业的所有人进行反思性实践的关键因素。督导提供了一个可以进行反思的受保护的空间，也可以帮助我们发展自己的"内在督导者"。这可以帮助我们在遇到困难和压力时不急于做出反应，这样我们就可以反思发生了什么，并做出深思熟虑的回应。

反思性实践和督导并不局限于科尔布的学习周期中回顾的部分，而是应该看到其轨迹贯穿整个学习周期。我们花时间进行反思可以引发自己的新思考并选择（是向前反思，而不是回顾性反思）将其应用于我们的实践中——我们应该不断地从实践中汲取经验与教训，并通过仔细反思来改变我们的实践。德哈恩（De Haan，2012）描述了督导中不同形式的预先反思策略，或者是为未来行动做准备。

- **预先反思——基于顿悟**。督导是反思性的，侧重于发展新的观点和想法，而不考虑如何将这些想法转化为行动。
- **有行动计划的预先反思**。督导中的反思确实会导致在督导快要结束时或刚刚结束时就制订计划或承诺采取行动。
- **预先反思——基于演练**。在督导中为行动做准备。彼得认为，新的意识和意图不足以创造可持续的变化，因为如果变化不在督导中发生，它也不可能在督导外发生。他建议使用"快进演练"的方式，即受督导者练习与当事人联系的新方式（see Hawkins，2011c，2012；Hawkins and Smith，2018）。角色扮演、心理剧、雕塑和组织系统排列就是这种工作方式的例子。
- **行动预先反思，督导师参加接下来的行动**。在某些情况下，督导师可以参加受督导者的后续行动，并见证其如何付诸实践。在这种情况下，双方需要就各自在会谈中的角色加以约定。

具体化学习

作为助人从业者，随着时间的推移，我们显然会获得经验，但遗憾的是，我们不能假定经验会提高我们的技能和能力。事实上，有证据表明，情况可能恰好相反——在一项对 173 名心理治疗师追踪了 18 年的研究中发现，虽然一些治疗师的能力确实会随着时间的推移而有所提高，但平均而言，随着治疗师经验的积累，当事人的疗效却略有下降（Goldberg et al.，2016）。

乍一看，这一发现似乎令人失望，难以理解。然而，它指出了在助人行业中工作的复杂性，也表明了我们需要在专业发展方面不断投资。正如我们在上文中提到的，行动与反思相结合是学习的最佳公式（Schön，1983），因此，在督导期间创造现场学习机会很重要，进而可以进行反思。最近的研究发现，督导中采用体验式学习，如角色扮演和回顾受督导者所做的实践记录等，可以帮助受督导者在为其当事人服务时取得更好的结果（e.g. Bearman et al.，2017；see Chapter 15）。

与这些发现相一致的是，"刻意练习"的理念最近已被应用于心理治疗专业领域中（Rousmaniere et al.，2017）。这一术语源于对体育和音乐等领域的优秀表演者的研究。这些表演者为了改善自己的表演而专注、反复地练习特定的技巧。在任何一个表演领域，达到成功所需的刻意练习量是 10 000 小时，这也被称为一万小时规则（Gladwell，2008）。虽然我们可能不需要或不想累积 10 000 小时的刻意练习，的确，优秀的表现也不是我们的理想目标，但将这一概念应用于我们持续性的专业发展中是有价值的。一个重要的起点是确定需要目标或需要发展的特定技能——你觉得最困难的是什么？你希望你能更轻松、更流畅地做什么？例如，你可能希望在与愤怒的人工作时保持冷静和反思，或者通过探索当事人的感受来消除你专注于自己某些想法的倾向。然后，如果可能，每次练习都进行记录，并选择与你正在练习的技能相关的部分（或转录），把它带到督导中进行回顾。或者，你可以在督导期间进行角色扮演和快进排练来练习这种技巧（Hawkins and Smith，2018）。然而，重要的是，在督导中应包括主动和具体化的学习，这样就更可能为实践带来切实的好处。

建立关系

所有助人行业的核心都是与他人建立关系的能力。在心理治疗实践中，治疗师在建立关系方面的技能对助人结果的影响是他们所使用的其他技术或方法所带来的影响的十倍以上（Wampold and Imel，2015）。这支持了持续发展我们的关系能力作为良好实践的关键部分的价值。与我们一起工作的人通常拥有与我们完全不同的背景，他们对世界的体验也完全不同。我们的当事人、病人、学生和同事可以在某些方面成为我们的老师，帮助我们找到新的方法，以便扩大我们建立关系和参与关系的能力。我们的家人、孩子和朋友也可以成为我们在建立新的人际关系方面的老师，特别是当我们在这些人际关系中遇到困难时。

彼得首先基于他对教师教育能力的研究（Hawkins and Chesterman，2006）提出了关系的四个维度，然后发展到研究各级人员的领导能力（Hawkins，2011b；Hawkins and Smith，2013）。这为我们思考如何不断拓展我们的人际关系能力提供了一个框架。

第一，拓展我们的能力，让我们可以与更多不同类型的人建立融洽的关系。彼得将融洽的关系定义为：双方都感到对方理解了自己所说的话，同时自己也理解了在对方的立场上意味着什么。我们大多数人都能与那些在社会、文化和心理逻辑上与我们相似的人建立融洽的关系，但要成为一名有效能的助人从业者，我们必须努力与来自不同背景的人建立良好的关系，包括不同性别、年龄、文化和性格类型的人（见第七章）。

第二，当关系充满困难的情绪时，依然有能力与另一个人保持密切的关系，而非立即做出反应。你可能会受到口头攻击，或者被对方的苦恼、焦虑或创伤激怒。重要的是要培养以共情的方式倾听他人的能力，而非以反应性、替代性创伤、责备或自我批评的方式倾听他人。

第三，深度接触的能力。正如霍金斯和赖德（2020）所指出的，重要的不仅是与当事人接触，了解他们的问题，还包括你在他们与你的关系中观察到的他们的行为、思维模式或态度、情感和反应，以及基本动机或核心信念。

第四，有能力为他人打开新的门窗，将他们与新世界和新可能性建立联系。在最低水平上，这是一种让他人对一个想法产生兴趣的能力。这种能力能够激发另一个人对一种新的可能性（进行探索）的激情；激发他们对新方向的热情；激励他们采取新的行动，或者在他们参与生活或工作的方式上创造一种由内而外的转变。

合作

如果你想走得更快，那就独自前行。如果你想走得更远，那就结伴而行。

——非洲谚语

有些人在接受督导时，感觉他们已经知道在自己的工作中正在发生什么，以及如何应对，因此他们的督导师要么没有什么可以提供的，要么就是验证他们已经知道的东西。另一些人则感到困惑和无能，希望督导师告诉他们正在发生什么及如何应对。然而，督导是一种合作性的努力，在这种努力中，受督导者需要运用他们具有的能力和拥有的独立知识，同时做好准备，开放地从与督导师的探索中发现更多。这就需要把自己的经验和对工作的看法既视为真实的，也视为不真实的；既视为有效的，也视为无效的。

我们所知道的总是来自我们自己的角度，受到我们自己的个性、角色、训练和文化的影响，受到我们当前的核心信念、思考方式及我们对世界的经验的制约。我们所处的工作体系总是包含着许多其他的视角和真理，它们同样有效，同样真实。当我们在督导中进行合作时，我们邀请督导师倾听并认可我们的观点，同时帮助我们看到来自系统中不同角度和不同思维模式的其他观点。督导师不需要"更了解"才能帮助我们——他们拥有"局外人"的特权，因为他们不是我们，不是我们的角色，通常也不直接与我们的当事人打交道。他们也可能对我们所做的工作类型有更长久、更广泛和更深刻的经验，但即使没有这种额外的益处，他们也对我们有很大的价值。

我们所认识的那些多年来坚持在助人行业工作并做得很好的人，大部分要归功于几个精心挑选的同事的重要贡献。有些人会举行非正式的会谈，而另一些人则是常设同辈小组的成员，这些小组会定期举行见面，开展合作，就各自的工作与发展相互支持和挑战。

合作不仅对个人督导或同伴支持至关重要，而且对有效的团队合作至关重要（见第十一章）。没有合作，我们就不能共同创造生成性对话（Issacs，1999）。这是一种共同倾听和共同探索的能力，这种能力使我们之间产生新的理解、新的知识和新的能力，而在共同探索之前，我们双方都并不拥有这些新东西。作为助人专业人员，我们比以往任何时候都更需要合作，因为我们现在生活和工作在一个日益复杂、相互联系和相互依存的世界中，在这个世界中，许多议题、问题或挑战不在于部分或个人，而在于它们之间的联系。来自个人的更多理解和更大努力并不能单独解决这些问题。

维持复原力

柯林斯（Collins，2007：256）提出了一个非常重要的问题："与那些可能生病甚至最终离开该行业的人相比，是什么让一些工作者在其职业生涯中能够坚持、忍受并茁壮成长呢？"他认为，三种关键的应对策略很重要："积极的评价、目标导向／问题导向的工作，以及为普通事件赋予意义"（2007：255）。研究还将韧性与希望、乐观、平衡感及未来取向相联系（Davys and Beddoe，2010：191-5）。福雷迪（Furedi，2009：658）认为，复原力不仅仅是一种个体现象，还是一种社会现象，与社区的日常生活密不可分。同样，鲁赫（Ruch，2007）认为，团队可以在建立个人和集体复原力方面发挥重要作用（见第十一章）。迈克尔·卡瓦纳（Michael Cavanagh，personal communication，2019）写过教练心理学中有关督导的文章，他将复原力定义为任何个人或系统获得未开发资源的能力。这种资源可以是内部的，也可以是外部的。对每位助人从业者而言，找到自己的资源分配方式、建立个人的复原力及管理压力的方式都非常重要。

压力

即使有各种各样的方式使自己恢复，多数助人从业者在自己职业生涯中的某些时候仍然被压力所困扰。当我们从当事人、病人或我们的工作环境中吸收了超过我们所能处理的混乱、痛苦和不安时，我们就会感到有压力，而后会被工作压得不堪重负。

没有解决和释放的压力停留在体内，可能表现为身体、精神或情绪症状。所以我们了解自己对压力的反应倾向很重要，这样就可以对自己内心的紧张情绪保持警惕。像失眠这样的症状就是十分明显的警报。诸如酗酒、暴饮暴食或大量吸烟等行为若构成工作中占主导地位的文化的一部分，症状就可能被掩盖。其他诸如假装关心，或者回避一些当事人、同事或环境也可能是被隐藏的症状表现。

我们偶尔会经历过度放纵、回避或厌恶我们的当事人群体的阶段。当我们装腔作势时，我们都会经历这样的阶段。我们必须一直保持完全真诚一致的看法是不现实的，几乎可以肯定，我们总会有些时候表现得并不真诚一致，而这正是我们试图避免的。慢性压力应该被关注，因为它消耗了我们的精力、创造力和接受新知识的能力。

下面是一个在组织中提及集体压力的例子，以及不同个体对同一种情况的各种反应：

> 罗宾·肖赫特在一所继续教育学院担任中层管理人员团队的督导师。这些人有相当大的压力和焦虑，因为他们中的许多人可能会因为学院削减成本而失去工作，但还不清楚具体是哪些人。罗宾首先说道，他会猜测，由于存在不确定性，大家可能会感到相当大的压力，他感兴趣的是，看看他们是否愿意分享一些他们试图处理压力的常用方法，如攻击、退缩、酗酒、沉迷工作、过度负责和抱怨等，当他们逐渐放开后，不仅能说出自己的应对方式，而且能识别其他人的应对方式。当他们意识到每个人都有不同的应对方式时，团队中的信任度开始增加。他们能够分担具体的焦虑，并提出一个更具有合作性的战略，以解决过渡时期的问题。

倦怠

"倦怠"一词在助人行业中的意义相当于英国军队所称的"炮弹休克"或美国军队所称的"战斗疲劳"。倦怠不是一种疾病，它可能很难确诊和识别，因为它通常会随着时间的推移慢慢发展，有时它会始于助人从业者职业生涯的早期。事实上，它的来源可能是内在的信仰体系、个人史及许多被吸引到助人从业者的个性。例如，在一项对 137 名爱尔兰治疗师的调查研究中，卡尔和伊根（Carr and Egan，2017）发现，焦虑迷恋型依恋方式（担心他人的需求和幸福）与更高水平的压力和情绪耗竭相关。

派因斯等人（Pines et al.，1981：4）将职业倦怠描述为：

> 与他人工作中长期深度参与所产生的持续或反复的情绪压力引起的结果。在卫生、教育和社会服务行业中，这种深度参与的情况尤为普遍，因为这些行业的专业人员受使命"召唤"而照顾他人的心理、社会和身体问题。倦怠是助人从业者痛苦地意识到，他们再也不能帮助需要帮助的人了，他们已经没有什么可给予他人了。

马斯拉奇（Maslach，1982）关于倦怠的开创性著作的副标题恰如其分地将其命名为"关爱的代价"，她将倦怠定义为对工作中的慢性情绪和人际压力的长期反应，它涉及三个维度：情绪耗竭、愤世嫉俗和无能感〔Maslach et al.，2001）。倦怠的人数因职业和背景而有所不同，但据估计，有 21% ~ 67% 的精神卫生工作者经历过倦怠（Morse et al.，2012）。

处理倦怠的最佳时间是在它发生之前。处理方式包括：看看自己从事助人行业的隐藏动机（见下文）；监测自己的压力症状；建立健康支持系统（见下一节）；学习如何从"资源"而不是从努力角度工作（Hawkins，20119a）；确保你在助人从业者的角色外，过着有意义的、愉快而积极的生活。

在早期的著作中，霍金斯（1986）探讨了在职业生涯中期停止学习和发展的助人从业者发展出的冷漠和兴趣丧失。他们开始依赖于与当事人和病人交往的固定模式，并且可以把新当事人当作他们职业生涯早期遇到的人的重复代表。预防职业倦怠的方法包括在持续作为一名助人从业者的职业生涯中创造一个不断学习的环境。

管理我们对工作的期望也很重要。埃德奎奇和布罗德斯基（Edelwich and Brodsky，1980）探讨了对能够实现的目标抱有不切实际的高期望，如何为其后来的幻灭和冷漠的发展创造背景。在对心理治疗师开展的大规模研究中，斯科霍尔特和罗内斯塔德（Skovholt and Rŏnnestad，2003）发现，许多职业生涯早期的专业人员在面对资格认证后复杂的实践时感到幻灭和能力欠缺。相反，资深的、有经验的从业者在他们的研究中描述了一种自信的谦逊，同时也能意识到他们所能达到的极限（Rŏnnestad and Skovholt，2003）。

> 与我们共事的一位督导师开始了一份新的工作，并理想化了她加入的新组织，勇敢地描述了她对自己将要实现的目标愿景。三个月后，她对该组织愤怒不已。她感到被背叛、失望、幻灭和充满压力。她痛心地抱怨，该组织没有兑现承诺，她也不可能实现自己想要达成的目标。直到在督导过程中进行了多次反思之后，她才意识到自己的理想化和英雄主义如何导致了自己感到被他人背叛并责怪他人的现实。从那一刻开始，她说自己有更大的能力去承担责任了，甚至有时还会对自己或自己的处境自嘲，而不是责怪他人。

反思性练习：映射你的资源配置系统

这是一种探索自己资源的方法，使你能够在工作中蓬勃发展，并通过挖掘尚未获得的内部和外部资源来增加你的复原力，我们提供以下练习。

> 请拿出一张纸（A3或更大），然后在纸上画出你在工作中的资源系统地图。在纸的中间画出代表你自己的符号或图形。该符号或图形内或与之相连的符号或图形，象征着支持你在工作中蓬勃发展的内在资源。然后在这张图片或符号周围

画出图片、符号、图表或文字来代表所有支持你学习和在工作中发挥创造力的外部资源（人、事）。这些可能是步行去工作，你读过的书，同事、会议、朋友等。我们希望你讲述自己与这些支持之间联系的性质。这样的联系是近还是远？这一联系是牢固而有规律的，还是脆弱的，或者遥远的？它们是像地基一样从下面支撑着你，还是把你拖起来的气球？这些都只是建议，允许你找到自己的方式来映射你的资源系统。

当你对你的初始地图感到满意时，我们希望你采用一种完全不同的颜色，在图片上画出代表阻碍你充分利用这些资源的符号。可能是害怕受到批评或受到干扰，或者这些资源相对缺乏。它可能是你内部的障碍、支持的障碍或组织设置的障碍。画出任何你觉得阻止你获取你所需资源的东西。

当你完成此操作后，我们建议你选择可以与你分享这些图片的人。他们可以是你的同事、合作伙伴、督导师或朋友，甚至是一个也做过这个练习的人。你可以让你的整个团队成员都做这个练习。当你与他们分享了你的图片后，请他们对这张图片做出反应：它给人的印象是什么？然后他们可以问你以下问题。

» 这是你想要的资源吗？

» 这些资源足够吗？

» 缺少哪些资源？

» 你怎么去开发缺少的资源？

» 哪些资源对你而言是必不可少的，你必须确保培育和维持这些资源？

» 哪些障碍是你可以做些什么来减少的？

了解自己更深层的动机

在本章的最后一节，我们想邀请你花点时间反思自己如何选择成为一名助人行业的从业者。帮助和被帮助是困难且常常相互矛盾的过程。拉姆·达斯和戈尔曼（Ram Dass and Gorman，1985：191）十分优美地描述了成为助人从业者的动机和挣扎。他们写道："我可以如何帮助他人，这是心灵永恒的探询。"他们接着写道："在不贬低帮助他人的外在要求的情况下，公平地说，从一开始就带来了一些让我们疲惫不堪的因素。"

我们相信，对所有助人从业者而言，诚实地反思让我们选择当前角色的复杂的混合动机是至关重要的。这可能包括了一系列积极的动机，举例如下：

- 我想改变社会；
- 我想为帮助他人掌握自己的生活做出贡献；
- 我想像别人帮助我那样帮助他人；
- 我想帮助他人，让他们对自己或他人的感觉更好；
- 我想更好地了解他人。

一些动机也可能来自其他方面：

- 我的父母和老师总是认为我和别人相处得很好；
- 我在家里一直扮演着关心和帮助他人的角色，所以把它作为一种职业似乎自然而然。

隐藏的动机

我们大多数人都有各种各样的动机，其中也包括我们所称的隐藏动机，正如古根堡·克雷格（Guggenbuhl-Craig，1971：79）所写的那样："没有人能完全出于纯粹的动机行事。"受隐藏动机的污染越严重，个案工作者就越坚持其所谓的客观性。他接着说：

> 为了拓展我们的理解……也许有必要更深入地研究是什么驱使从事牧师职业的那些人从事当前的工作？是什么促使心理治疗师试图帮助有情感困难的人？是什么促使精神科医生处理精神疾病？为什么社工要关心与社会格格不入的人？

探索这些复杂的动机需要面对我们助人冲动的隐藏一面，以及我们如何通过帮助他人来满足我们的需求。这些隐藏动机并不一定是消极的，除非它们无意识地影响了我们与当事人及同事的关系。在这里，我们将介绍我们已经发现的四个常见的隐藏动机：对权力的追求、满足我们自己的需要、被喜欢的需要及治愈的愿望。

对权力的追求

我们很多人都有一种隐藏的对权力的需求，都想控制我们自己的生活和我们周围的世界。这可能表现为周围都是比我们境遇更差的人，需要指导那些寻求帮助或似乎需要帮助的人的生活。这一点尤其难以识别，因为在必须为当事人做出决定时，助人从业者往往感到无能为力。这与其实际拥有的或当事人所体验到的助人从业者的权力形成了鲜明的对比。这里有一个迪恩利（Dearnley，1985：56）督导社工的例子，它证明了权力感觉、督导价值和理解动机的相关性之间的差异，即使它们最初看起来是不相关的。

一名有相当多暴力记录的当事人威胁要杀死经验丰富的社工，因为社工把孩子从家里带走了。社工对此感到焦虑是可以理解的，但这种焦虑不断升级，无法在松散的督导框架中得到抱持。有人征询我的意见，我觉得自己不足以帮助他控制这种危及生命的焦虑。我认为，唯一能够提供帮助的办法是集中精力彻底理解该个案的动态，尽管这似乎不是人们要求的危机应对措施。有了这个焦点，我们开始了解社工与这对父母之间为了成为更好的父母而暗中开展的竞争，以及在当事人确认了自己的自卑并通过"护理令"被具体化时，他所体验到的汹涌的、难以控制的愤怒。认识到这种竞争关系，有助于接纳社工、机构代理人和我自己的内心焦虑，为如何规划工作提供了指导。这有助于缓解焦虑性麻痹。我要感谢的是，这位当事人对情况的反应开始有所缓解。我引用这个例子来说明我的观点，即有关部门关心公共安全及其员工的安全，却让督导自担风险。

我们开始相信，这件事并不像乍看上去那样特殊。根据我们的经验，一旦员工认识到，改变了自己阴暗面的某些方面（在上述个案中是竞争），当事人往往会在下一次会谈一开始就发生转变。

关于潜在的权力滥用问题，一位员工说得非常简单："我们涉足他人的生活，对自己所做的事情做出巨大的假设。我们不会坐下来思考这到底意味着什么。我们可以创造依赖关系，削弱当事人的价值感……"（quoted in Fineman，1985：63）。这可以在一个非常微妙的层面上完成。以下是来自我们的一位受督导者的示例。受督导者是一位男性治疗师，他接待的来访者（当事人）是一位 35 岁左右的女性，心理治疗的频率是每周一次，持续时间大约为 18 个月。

当事人在治疗中表述的问题是很难与一位员工相处，因为这位员工对她非常随便，几乎像对待仆人一样对待她，她无法面对他那些令人讨厌的行为，尽管她非常想面对。据透露，这使他把她当作一个物品来对待，甚至发展到他可以随时和她上床。她不知道如何拒绝，在某种程度上，他们都知道这一点，这也是为什么他会如此轻视她。

在治疗中，治疗师建议她与这位员工达成协议，如果她愿意，三个月内不与他发生性关系，看看这对她与对方的关系有何不同。过了一周，她回来说她觉得在和这位员工相处中感觉自己更有力量了，并且对这个协议感到很高兴。治疗师很高兴，但感觉有些不对劲。他在自己每两周一次的督导中报告了这个个案，意识到自己已经变成了另一个告诉她该怎么做的男性——也许出于好意，却无意中损害了她。她同意了这个建议，并对结果感到满意，但这几乎完全没有抓住重点。也就是说，她在与所有男性的关系中，显然包括治疗师在内，潜在的问题是她不能说"不"。治疗师知道他的建议不是永久的解决方案，但他没有意识到，他和他提出来的有益建议也是当事人赋予男人权力过程的一部分。

在督导中，治疗师要面对的是自己"受害者"的部分，这个部分让他感到不安，促使他贸然采取这种不成熟的干预。他开始意识到，仓促地采取不成熟的解决方案是他试图应对自己面对无能为力的恐惧的方式。他所做的事情，是在创造一种不必要的依赖，他会依赖于自己给出的行为解决方案，而不是完成他的助人工作，也就是全面地了解她是如何不断地陷入这种情况的。

满足我们自己的需要

助人从业者对待自己的需要（包括对工作的需要和对当事人的需要）的态度是助人的另一个"阴影"。我们关注当事人的需要，因此通常很难关注我们自己的需要。这些来自自身的需求甚至被认为是自私的和自我放纵的。但是，我们的需要是确实存在的，而且我们相信，它们存在于我们工作的动机之中。正如詹姆斯·希尔曼（James Hillman，1979：17）所写的那样：

> 我们的需要从不缺席。如果我们没有做这项工作的需要，我们就无法做这项工作。就像我们的当事人需要我们的帮助一样，我们也需要"我们的当事人需要帮助"，以便使我们从提供帮助的能力中获得自尊。然而，我们从小就被教育否认自己的需要，即使需要本身并不是有害的。而当它们被拒绝时，它们就会加入助人工作的阴影中，以需求的形式在背后操控。需求要得到满足，而需要只要得到表达。

我们认为，是对需要的否认而不是需要本身让我们付出了如此高昂的代价。

被喜欢的需要

另一个关键需要是被人喜爱和得到重视，被认为尽了自己的最大努力，有良好的意愿，即使有时我们不得不为"当事人的利益"做出艰难的决定：简而言之，需要被视为"好人"。即使从事与人打交道的工作多年，也努力尝试正视自己的阴暗面，但接受当事人描绘的与我们看待自己不相符的自我形象也殊为不易。被评价为冷酷、死板或滥用权力对自己似乎也太不公平了。这些诱惑要么是改变一个人的行为，使其变得更"讨人喜欢"，要么是巧妙地或以其他方式反击，要么是出于"貌似合理的"理由停止与这个人合作。当事人"忘恩负义"有时让人很难接受——我们自己可能在想，"毕竟我为你做了这么多"，这是我们从父母或老师那里听来的话，尽管我们可能承诺过永远不会说这种话。

从当事人那里接受这些负面感受（通常至少有一点真实的感觉）的最好方法之一是，记住我们自己是当事人时我们是如何感受的，以及我们的脆弱感或需要。我们也可以记住，在自己接受督导的过程中，当我们感到自己的不足时，我们可能也想要批评我们的督导师，以便让他们与我们有一样的感觉。

治愈的愿望

从上文中我们可能会觉得，我们应该放弃我们作为专业助人从业者的工作。如果这样想，就会错过要点。也就是说，只有拒绝需要才会让它们变得危险。只有了解我们自己和我们的动机，我们才更有可能为他人提供真正的帮助。这样，我们就不会无意识地利用他人来达到自己的目的，也不会将我们无法面对的部分投射到当事人身上。我们相信，助人的愿望是基本的，我们同意哈罗德·瑟尔斯（Harold Searles，1975）的观点，治愈的愿望是助人者和非助人者相似的基本愿望。

探索我们的核心信念

为了帮助我们真正理解我们渴望做助人工作的隐藏动机，我们需要探索这些动机背后的核心信念。这通常很难做到，因为我们的核心信念对我们而言往往是不言自明的、基本的真理，而且核心信念构成我们看待事物方式的一部分，因此是无形中的存在。导致问题的并不是信念本身（我们都有），而是未经检验的对信念的执着。核心信念与贝特森（Bateson，1972）的术语我们的"认识论"、托伯特（Torbert，2004）所描述的"行动逻辑"和拉斯克（Laske，2003）所说的我们的"个人参考框架"相似。我们认识自己的一些核心信念，可以让我们与更多、更广泛的当事人合作，减少反应性或评判。让这些想当然的假设浮出水面绝非易事，通常需要他人帮助开展某种形式的深入探究。因此，在开始之前，你可以试着完成下面的句子（试着抓住你的第一个自发想法，然后快速地写下来，而不是经思考后觉得自己应该如何作答）。

- 我认为人们一般都是……
- 人们应该总是……
- 人们决不应该……
- 我有权生气，如果……
- 情绪是……
- 我决不应该……

- 我应该……

- 当事人是……

- 心理学家 / 教师 / 社会工作者 / 医生 / 治疗师 / 护士等（选择你所属的职业）是那些……

- 负责任意味着……

- 督导师应该……

当你完成了上面的句子后，你可以回顾自己的所有答案，并试着注意这些答案中可能包含的一些假设模式。

是我们的核心信念创造了我们对改变的阻抗（Kegan and Lahey，2001），并阻止我们反学习和进化（霍金斯，2005）。具有反思性的能力，会首先注意到我们对情景的反应，然后注意到支持这些反应的信念，这是一种核心能力，能够让我们支持和帮助他人发展。正是这种反思性让人类文化能够学习和进化（Bohm，1989，1994）。

结论

在本章中，我们探讨了七种重要的能力，我们认为，无论是良好的实践还是充分利用督导，这些能力对所有助人从业者而言都是必不可少的。事实上，督导的一个关键功能就是在我们的职业生涯中培养和提升这些重要能力。

如果我们把这些能力连成一个句子，它读起来是这样的：在督导中，我们合作并建立联系，以反思助人从业者与他们的当事人及同事之间的关系，从而创造新的学习、反学习和具体化学习，这既改变了工作，也增加了受督导者获取更多内部资源和外部资源的能力，同时在他们的工作中发现更深层次的意义，发展他们的复原力并享受工作。

作为一名有效能、有复原力和有创造力的助人从业者，我们需要成为具有反思性的、有意识的实践者。我们已经探讨过，这不仅与我们当前的工作和人际关系有关，而且与我们的动机和核心信念有关，如果无视或意识不到这些，就会导致我们自己及我们与他人工作时出现不健康的模式。在第三章中，我们将探讨如何成为一位主动而有效能的督导师，确保充分利用督导，把督导作为我们工作和发展的持续资源。

成为一名有效能的受督导者

导论

在第二章中，我们考察了构成良好实践核心的七种关键能力，包括复原力的重要性，反思你如何在工作、生活的各个方面为自己提供资源。在本章中，我们将具体地探讨如何使用督导，让其成为一种资源。

督导构成了我们作为助人从业者持续学习和发展的重要部分，包括最终帮助我们学习如何成为督导师。一位好的督导师能够帮助我们更好地利用自己的资源，管理我们的工作负荷，挑战我们不恰当的应对模式。我们认为，如果我们正在帮助当事人更多地掌控自己的生活，那么我们更好地掌控自己的生活也是很重要的。

有研究表明，良好的督导与工作满意度和降低职业倦怠有关（Carpenter et al.，2013；Wallbank，2013；见第十五章）。我们可以举出无数示例，以说明督导能够使助人从业者对自己的能力充满信心并带着新视角回到工作中。然而，我们也可以举出一些受督导者无法利用这种资源的例子。我们列出了一些原因，然后阐述如何克服这些障碍。我们希望鼓励受督导者积极主动，并且知道如何更好地使用督导。

通过督导获取资源

抽身出来，定期反思自己接受的督导并考虑自己将来需要什么，这是有益的。你可以问问自己，阻碍督导更有效的因素是什么，你可以做些什么疏通这个过程。这里有些问题可以帮助你思考如何在接受督导、学习和利用资源方面更加积极主动。建议你和同事或朋友一起进行这个过程，因为这会增加另一个维度。其他人，甚至是那些我们非常熟悉的人，有时会对我们和我们的应对方式有迥然不同的看法。

- 你在督导方面的具体需求是什么？你目前的督导安排在多大程度上满足了这些需求？
- 你是否需要与你的督导师、督导组或工作团队重新商讨协议，让尽可能多的事物和假设清晰明了？各方／双方都清楚督导的目的吗？
- 你是否需要自己安排其他形式的督导（如同辈督导等）？
- 你对接受督导和反馈有多开放？如果不够开放，你是否愿意做出一些改变，以便打开交流的大门？
- 你害怕被评判和评估吗？你如何检验自己的恐惧是否合理？
- 你在多大程度上给自己的督导师进行反馈？
- 你会使用什么防御机制？为了超越这些防御，你需要什么？
- 在某些时候，你会因为自己能改变的事而责怪他人吗？我们发现，受督导者会因为固守一种根深蒂固的信念而让自己失去权力，这样的信念就是他们无法改变督导师或组织去支持他们。许多受督导者发现，可能发生的变化比他们之前认为的要多。
- 你是否承担了督导师的焦虑，并且觉得自己必须照顾他们？
- 你如何才能拥有一种更加平等和合作的关系？

有证据表明，受督导者并不总是很了解督导实践（Ellis et al.，2015），可能没有从他们的督导师那里得到任何受督导者角色的指导，这使他们陷入了督导的"被动消费者"的危险中，而不是成为积极的合作伙伴（Kangos et al.，2018：4）。重要的是，你要让自己知道什么是督导，这样你就可以意识到与作为一名受督导者有关的可能性、过程及责任。本章为此提供了一些指南，阅读本书的其他相关章也会有所帮助（例如，第五章中关于督导的地图、模型和过程）。也有专门为受督导者写的优秀著作，包括玛丽·克里纳（Mary Creaner，2014）的《在心理咨询和心理治疗中获得最好的督导》（*Getting the Best out of Supervision in Counselling and Psychotherapy*）及迈克尔·卡罗尔和玛丽亚·吉尔伯特（Michael Carroll and Maria Gilbert，2011）所著的《成为受督导者：创建学习伙伴关系》（*On Being a Supervisee: Creating Learning Partnerships*）。

芒森（Munson，2002：43）为受督导者制定了一个简短的"权利列表"。作为受督导者，你拥有以下权利：

- 有一个有规律地进行定期督导的督导师；
- 尊重个人隐私的成长导向的督导；
- 技术过硬、有理论基础的督导；
- 按照事先明确的标准进行评价，并根据对表现的实际观察进行评价；
- 督导师在临床实践中有恰当的技能并接受过督导实践训练。

你可以以此为核查表，选择合适的督导师。

安排你需要的督导并承担适当的责任

积极主动的需要并不止步于你已经建立了一个健全的支持系统，并找到了好的督导师或督导环境。在这一点上，很容易依赖督导师，并且只是接受督导师所提供的督导风格和督导水平。但是为了确保你得到自己所需要的督导，在协议和协商督导将如何运作方面，在督导聚焦在什么问题上，以及在督导过程如何被监控和回顾中，你承担自己的那部分责任很重要。

受督导者作为积极学习伙伴的责任在督导的相关文献中已经得到了认可（e.g. Inskipp and Proctor，1993），但直到最近才在督导实践的专业指南中得到认可［e.g. Psychological Society of Ireland（PSI），2017；Kangos et al.，2018］。根据这些资料来源，我们认为，作为受督导者，你的职责包括以下几点。

- 通过为督导做准备和评估两次督导会谈中间自己的工作，确定学习目标和需要得到帮助的实践问题。
- 公开、诚实地分享自己的工作，努力提高你在分享成功经验、不足和不确定性事件时的意愿和能力。
- 如果可能，寻找机会参与具体、主动的学习，其中包括角色扮演和回顾实践的记录。
- 对反馈保持开放的态度，并监控自己证明、解释或防御的倾向。
- 培养自己的辨别能力，了解哪些反馈对自己是有用的，并将从督导中学到的知识应用到自己的实践中。

- 探索自己在实践中是如何针对多样性和权力开展工作的，并识别自己在这方面的学习需要。
- 确保自己的伦理道德和专业问题，以及发展自己的伦理成熟度的机会都被标识和探索（见第八章）。
- 反思自己正在接受的督导的质量，并向督导师提供真诚反馈，包括督导、督导过程及你在督导中不断变化的需要等。
- 探索与自己的实践相关的专业问题和组织问题（及有关协议），以及它们对你所接受的督导的影响。

在强调受督导者在督导中的责任和主动性时，我们不想忽视这样一个事实，即在许多督导关系中，督导师承担着管理或质量保证的责任，因为他们要对自己的组织或职业负责。督导师和受督导者都需要考虑，当管理和临床两者同时存在时，如何在两者之间变换，才不会使合作和共享主动性的机会失效。考虑到管理双重角色的困难，一些专业协会的指南和专业团体都建议，在可能的情况下将临床督导和一线管理督导分离（e.g. in relation to occupational therapy in the UK：Lavalette et al.，2011，applied psychology in Ireland：PSI，2017，and nursing in the UK：Bond and Holland，2010）。有研究表明，这两种角色的分离也是受督导者的偏好（Pack，2009；McMahon and Errity，2015）。然而，在某些情况下，这两种角色可以很好地协同工作，例如，在一些医疗和社会工作环境中，团队领导者负责团队成员的工作，他们具有看到受督导者工作的优势。

签订协议

如果有一个明确的协议可以构成督导联盟的基础，那么在任何情况下，督导对督导师和受督导者都是一种更有效、更令人满意的活动。随着督导越来越被确立为一种独特的专业实践（见第十四章），专业协议也在制定中且约束效力加强。现在人们普遍认为，良好的实践必须有明确的督导协议（Thomas，2007）。在签订督导协议时，督导师和受督导者都需要有机会说明自己如何看待督导的目的；探索他们的期望的匹配程度；看看他们对工作关系的希望和恐惧。当双方的期望不匹配时，进一步探讨这些差异并进行某种形式的商讨是很重要的。应该尽可能多地讨论任何目的方面的冲突，督导风格、假设及价值观上的差异同样如此。双方需要就各种问题建立基本规则，包括督导进行的频率、时长和地点，保密制度，个案如何呈现，如何回顾和评估督导协议与督导关系，突发情况有哪些处理程序。布里吉德·普罗克特（Brigid Proctor，1988a：112）明确表示，需要有这种清晰的协议。

如果督导要成为并保持一种合作的经历，以便真正承担责任，而非只是象征性地承担责任，那么就需要对一个清晰的（甚至有些困难的）工作协议进行磋商。该协议需要为学生或从业者提供足够的安全感和清晰度，让他们知道自己的立场，协议还需要让督导师有足够的力量，使其感到能够且有责任挑战评估，这些挑战可能属于环境要求督导师承担的任何角色——管理者、顾问或培训师。

普罗克特（Proctor，1997）进一步发展了探索协议面谈的指导方针（见第五章，我们将更详细地探讨协议）。

评估你的督导师

当我们在下面探讨接受督导的障碍时，我们提到了受督导者最担心的问题是他们的督导师会如何评价他们。大多数受督导者忘记了，甚至没有考虑过，督导师也可能会因为他们的受督导者如何评价自己而感到焦虑，正如我们在督导师培训项目中经常看到的那样。评估和回顾应该是双向过程，需要在督导中定期安排。这可以确保双方将"我做得怎么样"的担忧拿到桌面上，双方都可以给出反馈，必要时可以重新商讨督导协议和合作方式。博德斯和莱迪克（Borders and Leddick，1987）提供了一张非常有用的评价督导师的 41 点核查表，该表的部分内容如下：

- 帮助我使我对督导过程感到轻松；
- 能够促进受督导者并接受受督导者的反馈；
- 帮助我在与当事人打交道时明确我的目标；
- 从行为角度清楚地解释任何评价我工作的标准；
- 鼓励我对当事人以新的方式进行个案概念化；
- 使我能够积极参与督导过程。

狄克逊（Dixon，2009）也提供了一系列有用的问题供受督导者参考，其中包括以下内容。

- 你觉得自己有权力讨论专业实践的成功和失败吗？
- 你感到被尊重吗？你尊重你的督导师吗？
- 督导是否具有挑战性和启发性？
- 你是否真的会向你的督导师呈现伦理困境？
- 你对临床实践和专业发展的需要是否得到了满足？
- 当你与督导师发生冲突时，你们是否能立即处理？

我们邀请你添加自己的评价标准。有些可能是你在任何时候向任何督导师都可能提出的要求，有些可能是在特定的时间向特定的督导师提出的要求，并且与你当前的工作背景有关。评价之后，花点时间考虑一下，什么得益于你在督导中的改变或发展，如何与督导师就此问题进行讨论。作为这个过程的一部分，在参与下一次督导会谈时反思那些可能会影响你参与督导工作的个人障碍也是有助益的。

接受督导的障碍

若要确保督导能满足我们的需要，很重要的是认识和了解在督导方面我们的个人障碍，并找出克服它们的有效方法。在本节中，我们将简单地介绍以下障碍：

- 过往的督导经历；
- 个人压抑和防御惯例；
- 面对权威的困难；
- 角色冲突；
- 评估；
- 实践环节的障碍；
- 接受支持的困难；
- 组织上的障碍。

过往的督导经历

过往的督导经历会影响我们现在的督导，无论好的经历还是坏的经历。一段糟糕的经历会导致受督导者变得谨慎。研究表明，督导不力甚至督导有害的经历并不少见（见第十五章）。然而，过往的良好督导经历会让受督导者形成比较，因此会出现一种感觉，即没有人会比上一任督导师更好。为了采取更积极的态度，你可以在简历中列举过去的督导经历，以及你从管理人际关系、管理自己和你的工作经历中学到了什么。你现在的需求和那时有什么不同？与你现在的督导师讨论这个问题会很有帮助，这样你们都能从过去的经历中得到启发。

个人压抑和防御惯例

有时候，仅仅是一对一的学习关系就会重新激发痛苦的感觉。以下是一位受督导者对一段督导关系的描述。

当我开始督导时，我发现自己没有得到任何方式的指导，所有的想法都必须出于我自己。这让我感到非常不舒服，我感到非常"难堪"——事实上，这给了我灵感，让我了解了当事人的感受。痛苦的情绪隐藏在表面之下，这是由我似乎所处的不安全之境带来的。我觉得自己很脆弱，好像督导师的注意力是在仔细检查。我对此的防御反应是愤怒，有一周我差点就走了，当时我已经开始整理我的东西。督导师拦住了我，我意识到我是在检查他是否能应对我的愤怒。认识到这一点，我震惊了，因为这让我在其他人际关系中想起了我是如何测试的。

在督导工作中受到批评时感到脆弱、对督导师不坦诚，这些都是很常见的。受督导者（Kadushin，1968）和督导师（Hawthorne，1975）会采用不同的策略来处理这种焦虑。埃克斯坦和沃勒斯坦（Ekstein and Wallerstein，1972）、阿吉里斯和肖恩（Argyris and Schön，1978）描述了"专业防御惯例"，我们可以采用这些惯例来回避脆弱，同时对新的学习保持开放。下面这些策略是由吉尔伯特和埃文斯（Gilbert and Evans，2000）在以下防御惯例中开发的。

- **预先包装法**："我没有事先把一切都安排好，这是我今天的督导协议。"
- **信息泛滥法**："除非我告诉你我当事人的所有细节，否则你不会明白。"
- **面对来自督导的信息，积极否认任何需要**："这对我来说并不新鲜……我对这个已经很熟悉了……是的，我已经试过那种方法了。"
- **自我鞭挞法（放大自己的缺点）**："我知道这次会谈一团糟……我永远都做不好……不管你告诉我什么，我一面对当事人就好像全忘记了。"
- **将督导视为人身攻击**："我知道你会批评我在这所做的事……我认为问题在于真正的差异是我们对当事人的导向……我害怕接受督导，因为它总是以争论结束。"
- **对督导吹毛求疵**："你说得很有道理，但我不确定它是否适用于这位特定的当事人。"
- **把督导中的问题转移到督导师身上**："我对这位当事人当然没有任何愤怒的情绪。你确定你现在不是在生气吗？"

面对权威的困难

在法恩曼（Fineman，1985：50）进行的一项研究中，一位社会工作者说："我害怕权威，总觉得需要向督导证明我能胜任工作。"督导师常常不被视为他们本来的样子：有时他们被赋予太多的权力，有时他们也被防御性地视为毫无作用。面对督导师权力和权威的困难可以与我们在获取自己的权力和权威时遇到的困难相关联（见第七章）。竞争可能发生在谁能更好地管理当事人方面，这既来自督导师，也来自受督导者。

角色冲突

督导师和受督导者在同一家服务机构工作会有很多益处，包括对工作环境、需要和可能性的共享理解，然而也会出现困难，例如，受督导者非常清楚他们的督导师所承受的机构压力。即使督导师想让受督导者不被自己的压力所影响，受督导者也可能会觉得"即使没有我的问题，他们也已经有足够多的事情要做了"。然而，受督导者也可能因为没有得到自己认为应该得到的支持而怀有怨恨。

当督导发生在工作场所时，角色不同也会造成困难。法恩曼研究（1985：52）中的另一位社会工作者说：

> 我与督导师定期会谈，但在处理报告工作时，我总是回避我的问题。我能信任她吗？我需要她支持我的事业发展，但她会拿这种事作为反对我晋升的证据吗？有些痛苦的事从来没有被讨论过，但这些事却十分需要被讨论。这对我来说真是进退两难。

由此引起的紧张情绪在最近的一项临床心理学家的研究（McMahon，2018：223）中也得到了证实，尽管督导师和受督导者已经有意识地将各级管理与临床督导会谈分开：

> 我以经理的身份跟她说……我很有能力，一切都很好，然后我要进入临床督导。我在这里很挣扎，我感觉很脆弱……我不想让别人觉得我没有信心。

当督导师对受督导者进行评估时，无论在工作场所内部还是在工作场所外部（如在专业认证或注册报告中），支持者和评估者的冲突角色也会产生问题（见下文和第八章，我们将进一步讨论督导中的双重角色）。

评估

焦虑（对双方都是如此，对受督导者尤其如此）的最大原因之一是被评估——伯纳德和古德伊尔（Bernard and Goodyear，2019：223）很好地捕捉到了这一点："督导师让受督导者感到'赤裸裸'，至少在最初是这样的。受督导者试图保护自己不受这些感觉的伤害，这是很自然的，即使不是令人向往的。"当评估是督导过程的一个特征时，一些受督导者不愿意把他们可能做得不好的个案拿来讨论，因为这可能会导致负面评价。一项针对新近毕业的加拿大咨询师的研究（de Stefano et al.，2017：232）强调，在培训期间被督导师评估时，受督导者感受到要展现自己好的一面的压力，但这也会让人感到沮丧和失望：

> 然后她开始说那些很棒的事情，说我进步了多少，学到了多少东西之类的，而我坐在那里想："我们说的是同样的经历吗？"……就像，我向她表演，我真的是这样的，我必须向她表演……这真的很让人遗憾，因为我觉得这基本上是评价我对她的演技。这不是实习的意义。我不应该这样做，也不应该对她有所隐瞒。

任何评估程序都可能引发困难的感受，如果受督导者可以与督导师谈论这些，这是一种成熟的表现，且对双方都有利。最好的做法是将评估过程作为初始督导协议的一部分进行讨论。这种清晰有助于减轻双方的焦虑，鼓励双方对工作、评估过程、使用的标准及如何克服可能出现的陷阱等方面进行非防御性的探索。评估和反馈最好是定期的，且是督导协作的一部分（Bernard and Goodyear，2019），以便将评估和反馈与正在进行的督导工作结合在一起，而不是成为一个未知的、令人恐惧的未来结果。这也与研究发现相吻合，即受督导者重视从督导师那里得到的定期和即时的反馈（Heckman-Stone，2004）。

实践环节的障碍

除了许多个人的和组织的障碍之外，一些人在获得自己需要的督导方面也面临着实际问题。这些问题可能是经济上的（无法承担督导的费用）、地理上的（住在非常偏僻的地方，尽管虚拟督导可以克服这一点），或者合适的督导师的可得性（作为一家服务机构的负责人，管理者不具备相关技能）。

所有这些障碍都要求受督导者更加积极主动，并具有横向思考的能力。孤立无援的助人从业者需要找到另一种取向或学科的熟练的专业人员，该人员具有同理心，拥有足够的技能来支持助人从业者在自己的风格和学派中发展。地理位置偏僻的助人从业者需要长途跋涉来进行督导，他们也可以用虚拟督导来补充面对面的交谈（见第五章）。

同辈督导有时也是对其他督导形式的一种可行的补充（见第十章）。

接受支持的困难

寻求和接受帮助可以唤起脆弱的感觉。与当事人的需要一起工作通常会让我们感到更加安全，因此我们在自己熟悉的角色中感到舒适，我们习惯于成为他人的支持者，而非暴露我们自己的需要。然而，作为专业助人从业者，我们的工作是复杂的，可能会让我们有不安全感、自我怀疑和无能感（Theriault and Gazzola，2005；McMahon，2012）。将这些感受托付给一位督导师，让他支持我们探索这些感受，是非常具有挑战性的。尽管难以与督导师分享我们的需要的感觉是很个人化的，但这种情况往往被文化所强化。正如我们在第二章中所引用的，"我们从小就被教育要否认我们的需要……需要就是依赖、软弱，需要意味着对他人的服从"（Hillman，1979：17）。这种态度也可以通过一些组织和专业文化被极大地强化。法恩曼（1985：100-101）对社会工作者的研究指出了双重标准，即期望他人对自己的需要保持开放，而作为提供者则要保持安全。他援引一位工作者的话说：

> 这是一群特别关爱他人的人，但他们对彼此的问题和压力玩猜谜游戏。不告诉人们自己的压力成为一种合理的安排。如果这与家庭状况有关，作为社会工作者，他们会感到压力是一种耻辱……没有人停下来问为什么会这样……对那些发现自己在办公室里回避人际关系，甚至是冷漠的人来说，这是一种奇怪的感觉，而在办公室外对当事人的态度却恰恰相反……当他们渴望得到情感支持却没有得到时，他们会感到无助。

组织上的障碍

从上面的示例中我们可以看出，在个人内在过程和工作文化之间存在交互作用，这可能会强化个体寻求帮助的内心感受。一些组织的文化不鼓励个人期望，也不要求督导。在这种文化中，尽管有人抱怨缺乏良好的督导，但人们可能并不愿意真正采取行动。其他组织可能会鼓励个人克服自己内心的抗拒（见第十二章）。在第二章中，邦德和霍兰（Bond and Holland，2010）还有一项非常有用的研究，他们探讨了护理行业中个人和组织障碍之间的相互关系。

即使是最坚定的督导支持者也会经历上述一些障碍，这取决于当时个人或组织面临的挑战。定期思考我们对督导使用得如何，以便意识到自己的障碍或压抑是很重要的，这是克服障碍继续向前并获得更满意和更有效督导的第一步。

自我督导和培养内在的督导师

即使你可以获得良好的督导，但发展自我督导的能力仍是非常重要的。所有督导的一个目的是帮助受督导者培养一位健康的内在的督导师，使他们在工作时能够使用。在监控自己对当事人的反应时，我们发现了一些对我们自己有用的问题。

- 关于我与当事人的工作，我最不希望我的督导师知道的是什么？

- 我想要如何改变这位当事人？（了解我的隐性或显性动机。）

- 我为什么要做出这个干预？

- 在治疗过程中，我可能会以何种方式隐瞒什么？

- 如果从 0 到 10 打分，你认为这次会谈进行得如何？

- 什么因素可能使本次督导得分更高？

- 当事人会给多少分？

- 我在自己的身体 / 思想中体验到了哪些咨询过程的残留？

- 会谈的图像或隐喻是什么？

如果受督导者在督导会谈结束后，除了作为专业记录所需的事实记录之外，还建立了一种书写过程记录的体系（尽管出于法律目的，需要对这些过程记录进行匿名化、单独存储和定期粉碎），那么这种反思过程也可以得到深化。反思包括使用上述问题对工作过程进行反思，监控自己与当事人在一起时的身体感觉、呼吸、感受、思想和行动。在与他人交往时学会自我监控是一项非常宝贵的技能，但需要很长时间和大量练习才能培养而得。我们已经把定期"检查"自己作为工作的一部分，如果有必要，还会在会谈中要求暂停，以进行反思。

从咨询记录中学习

使用与当事人工作的音频和视频记录，开发使用这些记录进行自我督导的方法，可以进一步深化书面的反思过程。卡根（Kagan，1980）通过他所谓的人际过程回忆，做了很多工作来发展学习的方法，其中包括回顾实践过程的记录，访谈我们当时的想法、感受和行为。对于这种方法，你既可以与督导师一起使用，也可以用于回顾你自己的记录。按照人际过程回忆方法，最好在实际会谈发生的 48 小时内回顾会谈记录（这样你的经验仍然记忆犹新），在感觉重要的点停下来，问自己一些关键的问题，示例如下。

- 我当时是什么感觉？

- 我到底在想什么而没有说出来？是什么阻止了我说出来？

- 我在做什么？我的意图是什么？

- 我还能做什么不同的事？为什么？

有关在督导中使用记录的更多信息，见第九章。

对所有形式的自我督导来说，最重要的是愿意给自己足够的时间来面对自己的工作方式。我们的许多受训者发现，他们第一次尝试从自己实践的记录中进行学习，既具有挑战性又很有启发性。

结论

在本章中，我们强调了受督导者为接受定期、良好质量的督导而承担责任的重要性。我们探讨了你如何主动克服障碍、接受督导，包括你内心的障碍和工作环境中的障碍。对那些在组织环境中工作的人来说，你自己改善督导的努力可以成为组织发展其集体督导实践的重要组成部分，并有助于组织内的学习文化。在第十二章中，我们将展示组织如何从根本上改善督导政策和督导实践。这样的变化过程通常是由组织或机构中足够多的工作者发起的，他们负责地大声疾呼：需要更好的督导。然而，正如我们在本章中所看到的，我们不必等待政策的改变，因为我们自己就可以做很多事情来改善我们所接受的督导。

第二部分

督导师视角和
督导过程

导论

成为或被要求成为一位督导师是既令人兴奋又令人担忧的事情。如果没有培训或支持,这项任务会让人不知所措。正如一位督导师所描述的(Theriault and Gazzola,2018:18):

> "我觉得帮助别人是一种很大的责任,我甚至不确定自己在做什么,我有多大把握,有很多时候,我依然不确定自己是否在做正确的事情。"

本章和第二部分的其他五章将为新手督导师和已经在开展督导的工作者提供一些核心框架和指导。近年来有很多关于督导、理论及政策制定方面的研究,我们将分享从这些研究中汲取的经验,同时将其与我们自己的理论和模型联系起来,同时我们还与自己作为督导师、受督导者和督导教师的经验相联系,目的是帮助你成为一位好的督导师并享受督导工作。

为什么要成为督导师

有很多原因可以解释为什么一位助人工作者可能会成为或已经成为一位督导师。对一些人来说，晋升是一个很自然的过程。他们成为护理导师、高级社会工作者或地区青年官员，他们不再像以前受训时那样与当事人一起工作，而是花大量时间与入职的新人打交道。有些咨询师或治疗师发现，随着时间的推移，他们会成为自己所在领域的资深从业者，想要接受督导的咨询师也会开始向他们寻求帮助。还有一些人被提拔进入管理层，比起与人互动，他们更擅长管理。然而，助人行业的管理层人员也要承担一些督导的职责，有些主管可能并不情愿做督导，他们更倾向专注于"紧急会议"和完成"重要报告"，而不能定期与受督导者见面。

虽然有时专业人员在担任督导师这一角色上几乎没有选择，而另一些人则愿意进入督导师行列。虽然在这背后有一些隐藏的动机，我们对其可能或多或少是有意识的，这是我们所有人都需要注意的。我们可能把督导作为摆脱与当事人一起工作的压力的一种方法，错误地希望看到受督导者会有更安静的生活。督导师可能怀念与当事人的直接接触，因此他们存在一种风险，就是通过与受督导者建立过分亲密且有治疗性的关系，把自己的受督导者当成替代的当事人，这样的关系是不恰当的。

我们也可能被一种渴望所驱使，从而扮演一个更"博学"的角色。在这个角色中，我们比其他人拥有更高资历和更多经验（就像在学校里从一年级转到二年级，我们可以告诉低年级学生"什么是什么"，并享受这个过程）。然而，这种对拥有给他人答案的渴望，可能掩盖或否认我们复杂工作中不可避免的不确定性。

最后，有些人可能会过度投入，以便成为他们自己想要却永远得不到的督导师，因此他们有把自己未满足的需要强加给受督导者的危险。由于早年的督导行业并不规范，许多资深从业者在培训后并没有任何接受督导的经验，很多机构只为年轻咨询师提供督导。然而，重要的是，督导师也要定期接受督导，以便在整个职业生涯中关注自身的专业发展。

我们强烈建议，从事督导工作者仍应在他们所督导的领域开展实践。督导师很容易脱离"一线"工作的现实，不理解为什么在自己视角里一件很简单的事情却让咨询师陷入困境。临床咨询和督导工作结合便可以获得两者各自的优势。许多不同领域的新手督导师告诉我们，在他们督导其他咨询师的过程中，也帮助他们自己更好地与自己的当事人工作，并引导他们重新思考他们自己的咨询工作。

有些人会比另一些人更容易适应督导师的角色。他们发现自己身处需要多项技能的角色中，包括提供支持、指导持续的专业发展和促进最佳实践。很多人因擅长处理督导角色面临的挑战而成为督导师并坚持督导工作，正如一位同事所说：

> "在督导中，我感到最具挑战性和最让人兴奋的是保持爱的关系和自我权威之间的紧张状态。在督导过程中，我可以自由翱翔，愉悦、自由地广开思路，能够评论过程，能挑战及开启一段未知的旅程。但是当我真的必须保持界限，拥有我自己的权威，为了探寻真相而以良好关系做冒险时，体验又会不同。每当这样的事情发生时，我都会觉得这是一种冒险，是一种自我挑战，甚至是一段时间的孤独，但同时也理清了思路、实现了转变并最终加强了受督导者和我自己的实力，巩固了我们的关系。"

成为督导师为我提供了一个机会，让我得以提升自己的能力和技能，以帮助他人在工作中学习和发展。作为一位新手督导师，你可能需要被迫停下来进行反思，并阐明自己作为从业者的工作方法。有挑战的是使用你自己的经验帮助受督导者发展自己的咨询风格和面对困难情景时自己的解决之道。

准备工作

无论要开始成为一位督导师，还是回顾自己的督导工作，以下问题都将有助于你进行反思。

- 为了我正在进行的其他工作和为了成为一位督导师，我目前是否接受了适当的督导？成为优秀的督导师的首要前提是确保自己接受过良好的督导（见第三章）。
- 我带到督导工作中的显性动机和隐性动机是什么？我如何找到其他方法来满足我的隐性动机（见第二章）？
- 我有哪些正面的督导师榜样？他们有什么素质和工作方式是我想带到自己的督导工作中的？
- 我有过哪些负面的督导经历？我要做什么避免与我的受督导者重复这样的经历？
- 我的工作环境是积极的督导氛围还是消极（或缺乏）的督导氛围（见第十二章和第十三章）？
- 我对督导的期望是什么？我是否期望督导中的问题与压力，或者合作和参与？

我们对于督导的期待将会影响督导氛围。布里吉德·普罗克特（1988a）认为，对督导最有益的假设是：在助人领域中工作的人在以下方面是可以被信赖的：

- 想监督自己的咨询实践工作；
- 学习提升自己的胜任力；
- 对支持和鼓励做出反应。

从这个基本假设出发，即使有时我们做的并不一定完全正确，但依旧有助于营造一种积极的氛围。

优秀督导师的素质、风格和胜任力

督导师的素质

我们认为，成为一位优秀的督导师所需要的基本素质包括以下几点。

1. **灵活性**：可以在各理论流派之间灵活切换并使用各种各样的干预方法。
2. **多元视角**：能够从多种角度分析同一情形，即应用不同督导模式的"直升机能力"（见第六章）。
3. **跨文化交流的能力**（见第七章）。
4. **管理和包容焦虑的能力**：管理和包容督导师的和受督导者的焦虑（见第八章）。
5. **开放学习**：从受督导者和新环境中学习，对生活、经验和关系保持好奇心（见第二章）。
6. **对广泛情景议题的敏感性**：这些议题影响治疗和督导过程（见第六章模式 7、第七章、第十一章、第十二章和第十三章）
7. **以非对抗方式适当处理权力的能力**（见第七章）。
8. **幽默、谦逊和耐心**。

你会发现，这些素质、觉察和技能，或者是你已经具备的，或者是你想要发展的，从而你才能成为助人行业中一位称职的督导师。

许多研究对受督导者所认为的好的督导师开展了探索性的研究。研究一致发现，督导师提供安全、包容、值得信赖和边界明确的非评判关系对受督导者至关重要（Beinart and Clohessy，2017；见下文，我们将对督导关系进行进一步的讨论）。

一项调查"心理学家所认为的最好和最差的督导师及其如何促进或阻碍自己成长"的研究为好的督导工作如何进行提供了有益的指导（Ladany et al.，2013）。表 4-1 总结了调查结果，强调了积极投入于督导关系、在自己的实践中保持胜任力、支持受督导者的自主性，同时可以向受督导者提供使其感到尊重的挑战和反馈，这些都非常重要。

表 4-1　最好和最差的督导师的素质

最好的督导师	最差的督导师
鼓励受督导者的自主性（自我反思和决策）	为受督导者的知识与技能发展提供的指导不足
加强督导关系（如表现出尊重、接受、共情等）	削弱督导关系（如居高临下、不适当的界限、不给予支持或尊重等）
具有积极的个人素质及专业素质（如诚实、友善、平等主义等）	具有消极的个人素质及专业素质（如支配、评判、固执己见、狭隘的督导视角等）
提供开放讨论的平台	提供无效的个案概念化和治疗
展示临床知识和技能	缺乏对理论知识的了解，错误应用理论
提出建设性的挑战	过分强调评价和限制（消极或批评性的反馈）
提供反馈和强化	没有提供足够的观察和反馈
积极主动地从事和重视督导工作	轻视督导工作，缺乏投入

资料来源：拉达尼等人（Ladany et al.，2013）。

有趣的是，表 4-1 中的这些特征并没有因督导师经验水平的不同而有所改变，这表明这些最好的和最差的督导师的素质及行为适用于整个职业生涯。

督导师的风格

思考我们的督导风格对好的实践也很重要。一项研究表明，受督导者一般会认为具有协助风格的督导师比教导风格的督导师（见表 4-2）更有能力，因为这样的督导师可以减少受督导者的焦虑和困惑（Lizzio et al.，2005）。然而，具有协助风格的督导师也会使用教导的方法（而教导风格的督导师却不会使用协助的方法），这表明协助型的督导师是灵活的，能够根据受督导者的需要调整自己的督导风格。

表 4-2　督导中教导方法和协助方法的比较

教导方法	协助方法
督导被视为传递知识或信息的过程	督导被视为反思实践的过程
督导师是专家，并提供意见和建议	督导师鼓励受督导者考虑不同的观点
督导师明确受督导者需要学习的内容	督导师帮助受督导者实现自己的学习目标
督导师控制学习的过程	督导师和受督导者共享学习的过程
督导师从自己的经验中获得信息	督导师帮助受督导者学习自己的经验
督导聚焦于内容	督导聚焦于过程

资料来源：转载于利齐奥等人（Lizzio et al.，2005），经泰勒和弗朗西斯有限公司许可。

作为一名助人从业者，自己所积累的丰富的临床经验和技能可以应用于督导师的角色，而且你最初接受的训练将影响你的督导风格。在心理咨询和心理治疗中，如果你是人本取向的，你的督导风格很可能是非指导性的、以受督导者为中心的。如果你接受的训练是精神分析的，作为一位督导师，你可能倾向于专注理解当事人或受督导者的无意识过程。如果你是行为主义者，你的督导将倾向聚焦于当事人的行为和受督导者的技术、技能。也有可能你将几种不同的治疗方法整合到自己的督导风格中（关于不同方法的描述，见 Watkins and Milne，2014）。作为督导师，我们需要有意识地把我们的咨询技能应用到督导的情景中。虽然许多咨询技能在督导中非常有用，如积极倾听、共情和积极关注等，但如果我们过度积极使用这些技能，就有可能存在将受督导者变成准当事人的危险。

我们有时会被问到，是否督导师和受督导者必须接受相同的理论培训或训练才能开展良好的督导。我们不这样认为，跨流派的督导越来越普遍（见第九章）。然而，督导师和受督导者都需要分享足够多的共同语言和信念体系，以便能够一起学习和工作。有时，一位接受过不同培训的督导师更能了解受督导者的信念体系是由什么构成的。

督导风格也在很大程度上受一个人的性别、年龄、文化背景及人格的影响。督导师应该意识到这些是如何影响你看待你的受督导者及你的当事人他们所呈现给你的一切。这一点在当受督导者和督导师的年龄、性别和背景相匹配，但当事人的年龄、背景或性别不同时尤其重要。例如，如果当事人是一名年长的西印度工人，咨询师和督导师都是年轻的中产阶级白人女性。在这种情况下，督导师必须加倍努力，以帮助受督导者探索她自己的背景和态度如何影响她看待当事人及其与当事人的工作（见第八章）。

埃克斯坦（Eckstein，1969）提出了通过考虑我们的**盲点、聋点和哑点**来思考这些问题的简单方法。盲点是受督导者或督导师自己的个人模式和经验阻碍他们清楚地了解当事人（见第六章模式 4 中关于反移情的讨论）。聋点是指受督导者既听不到当事人的声音，也听不到督导师的声音，这可能是源于内疚、焦虑或抵制权威人物的防御性反应引起的，督导师也可能有聋点。哑点是指受督导者或督导师忽视了当事人的处境。例如，他们缺乏经验来理解作为受压迫的少数族裔成员意味着什么。此外，我们也存在"**亮点**"（与伯顿的个人交流，引用于 Henderson，2001），它指的是我们特别想探究某一领域，导致其他领域被忽视。

作为督导师，我们在使用隐喻时也可以有不同的风格——我们在第一次谈话时往往通过隐喻的方法谈论感情生活。作家兼历史学家托马斯·库恩（Thomas Kuhn，1970：48）写道："只有你使用了正确的隐喻，你才能感知你之前未曾看到的东西。"在督导师培训中，我们经常会设置观察员的角色，让其注意受督导者和督导师的隐喻及其是否调整对方的隐喻故事线。

从神经语言学程序的研究（Bandler and Grinder，1979）中我们知道，不同的人有不同的主导感觉模式，这与我们如何使用隐喻和探索我们的督导工作有关。这些模式主要包括以下几种。

- **视觉**。使用视觉隐喻和语言。例如，"你能帮我看看在我的视野之外我的团队里有什么问题吗？"在这里，督导师需要通过受督导者的眼睛来看待世界，与他们的观点和视野保持一致。
- **听觉**。使用声音隐喻和语言。例如，"你能听到我的团队中似乎有与我不一致的声音吗？"督导师需要与受督导者的频率一致，以便与他们保持协调。
- **动觉**。使用感觉、行动和触觉隐喻和语言。例如，"当我的团队与我的步调脱节，而我却不能让他们行动时，你能感受到它对我来说是什么样子吗？"督导师需要和受督导者保持同步，这样才能与他们的感觉保持联系。

在欧洲和北美，大多数人是视觉主导型，这在一定程度上反映了他们的教育体系。当处于视觉模式时，我们更可能站在一边，看看正在发生什么；在听觉模式下，我们倾听、协调并试图与他们的故事产生共鸣；在动觉模式下，我们被他们推动，或者与他们一起行动。

作为督导师，重要的是要意识到我们自己的主导感官和隐喻模式，以及我们是如何运用它们与不同的受督导者和当事人互动的。在这个基础上，督导师可以扩大自己的感官和隐喻范围，从而帮助受督导者及其当事人，增加他们的情感范围和表达能力。

当考虑使用数字化（电话、视频和电子邮件）的督导模式（见第五章）时，注意自己的主导模式是视觉的还是听觉的或动觉的是有帮助的。对那些在视觉上占主导地位的人来说，通过电话进行督导是很有挑战性的，我们建议不要试图想象受督导者，而是专注于倾听，并试图通过自己的身体去感受对方正在经历什么，就这一点做出积极反应。这有助于督导师发展自己不那么占优势的感觉模式。

督导师的胜任力

近年来，很多专家和工作团队都试图找出督导师有效工作所需要的胜任力（Falender et al.，2004；Roth and Pilling，2008；Milne，2009；American Psychological Association，2014；Olds and Hawkins，2014；Watkins and Wang，2014）。这些团队一致认为，有胜任力的督导师需要具备以下几个方面的知识和技能：

1. 建立和维持督导关系，包括对协议、边界、责任和角色的关注；

2. 评估和反馈，包括关注受督导者的发展需要；

3. 掌握督导的理论、模型和模式，包括督导干预和策略（见第五章、第六章和第九章）；

4. 处理差异性、多样性和权威性的能力（见第七章）；

5. 伦理、法律和专业问题，包括受督导者的专业工作和具体背景（见第八章）；

6. 反思实践和终身学习，包括对成人学习原则和督导研究的认识（见第二章、第九章和第十五章）。

这些内容大多由其他章涵盖，但前两条即签订协议和处理督导关系，以及评估和反馈，我们将在下面讨论。

协议

所有形式的督导关系都需要从双方签订协议开始，需要明确双方对于督导的期待及一些专业问题（Thomas，2007）。我们认为协议应涵盖八个关键部分：

1. 实际应用；

2. 职责和角色；

3. 督导会谈形式；

4. 边界；

5. 工作联盟；

6. 组织和专业情景；

7. 协商和审查协议；

8. 非正式督导安排。

这部分在佩奇和沃斯克特（Page and Wosket，2015）和卡罗尔（Carroll，1996）关于签订协议的内容中都有提及。

实际应用

在签订协议时，必须明确实际安排，例如，时间、频率、地点、怎样才能中断或推迟督导，并明确相关费用，等等。在可能的情况下，必须在有利于学习的私人空间进行督导。如果在办公室督导，最好有舒适的椅子，中间没有摆放桌子，督导师和受督导者可以面对面，这样便于督导师与受督导者开展反思和探索工作，双方更容易获得对方的非言语信息。此外，双方必须关闭电话，并向其他人明确不要随意打断督导。

职责和角色

第三章列出了督导师的责任清单。根据指导方针（Proctor，1988a；Psychological Society of Ireland，2017），我们认为，作为一位有效工作的督导师，你有责任做到以下几点：

- 为受督导者提供一个安全、富有成效、生成性的反思和学习空间；
- 支持和检查受督导者的实践是否符合伦理，及时质疑被认为不符合伦理、不明智或不称职的做法；
- 与受督导者适当分享资源、知识和经验，并在合适的情况下做技能示范，或者提供技能演练的机会；
- 对受督导者的工作做出诚实和建设性的反馈，及时与受督导者就其实践及督导关系中遇到的问题或困惑进行沟通，尊重督导过程；
- 询问并开放地接受受督导者对自己督导工作和督导关系的反馈；
- 对机构及专业协议影响督导和督导关系保持觉察；
- 根据需要（如根据雇主或专业机构的要求）提供关于受督导者出勤情况和胜任力的准确报告，并与他们一起回顾对受督导者的评价或书面报告；
- 当出现超出自己经验或胜任力范围的问题时，转介给其他督导师或寻求其他资源帮助。

作为一位督导师，你的角色需要包括以下几种功能：

- 提供支持的咨询师；
- 帮助受督导者学习和发展的教育者；
- 负责受督导者工作质量的管理者；
- 对为督导付钱的机构负责的顾问。

一些学者已经对督导师角色的复杂性进行了研究（Hess，1980；Hawkins，1982；Holloway，1984，1995；Ellis and Dell，1986；Carroll，1996；Hawkins and Smith，2013；Bernard and Goodyear，2019）。当督导中的角色没有明确的协议和界定，或者只在较小的程度上进行了约定时，督导师和受督导者很可能会依赖于其他助人关系模式。为了说明这一点，在督导师培训课程中，我们要求大家进行头脑风暴，说出他们在生活中寻求帮助时需要什么，以及他们期望得到什么。我们最终得到了一张列表（见表4-3）。

表 4-3 帮助关系

帮助角色	你带给他们的	你期望得到的
医生	症状	治愈
神父	罪恶，告解	赎罪，宽恕
老师	无知，疑问	知识，答案
律师	不公正	支持
教练	表现不佳	提高绩效
法官	犯罪	惩罚
朋友	你自己	接受，倾听
妈妈	伤害	安慰
汽车修理工	机械故障	技术修正和服务

在我们的帮助关系中，有可能有"交错"（Crossed）的、"共谋"（Collusive）的或"开诚布公"（Named）的沟通。例如，当受督导者期望督导师是一位令人放心的"母亲"角色时，督导师通过不断地说"一切都很好"而义务扮演了这样的角色时，就会发生共谋沟通。这种共谋沟通在当时可能让双方都感觉很好，但它是无效的，它只是满足了双方的心理需要，而没有满足督导的需要。

另外，如果受督导者期望有一个令人放心的母亲角色，而督导师扮演法官角色，那将是交错沟通。在这里，受督导者可能会感到被误解、被批评且没有得到支持。

开诚布公的沟通是双方主动选择进入某种模式和某个游戏，而不是无意识或被动的过程。

作为一位督导师，你需要对可能的"共谋"或"交错"沟通保持警惕，你需要将教育者、支持者和管理者甚至顾问的角色适当融合。正如霍索恩（Hawthorne，1975：179）所指出的："需要努力和经验将这些角色统一整合到舒适且有效的身份认同中。"

督导会谈形式

在签订新的督导协议时，就典型的督导会谈形式进行讨论和达成共识是必要的。例如，是否期望每次督导会谈探索特定的当事人或议题，或者期望受督导者讨论所有进行中的案例，或者总是提供新的当事人案例，这些都需要让督导师知道。是否期望在一定时间内讨论所有当事人，在督导中是否探讨团队、组织和专业发展问题，以及督导中的时间平衡如何划分，这些选择将取决于督导取向、受督导者的发展阶段和督导关系的背景。

讨论受督导者需要将什么带到督导中也很重要。例如，是否需要书面的个案报告或逐字稿？埃里克·德哈恩（Erik de Haan，2012 年）描述了受督导者可以将不同类型的素材带到督导中。

1. **记忆痕迹**。自由讲述，受督导者不需要为督导做准备，而是即兴讲述一些工作经验。虽然这样做有风险，即受督导者可能会删减、隐藏或隐瞒一些关键信息，但受督导者也会表达在此次会谈之前事件是如何处理的，这是注意受督导者与当事人工作时的情绪和意图的好机会。

2. **记忆捕捉**。受督导者在咨询工作结束后立即写一份尽可能完整的咨询记录。咨询记录反映了受督导者的早期加工，但也可能会存在一些有趣的记忆重组或删减。一小时咨询的完整逐字稿至少有 25 页，而即使你的记性非常生动和可靠，你对一次咨询的回溯记录通常不超过 4 页。

3. **录音记录**。受督导者将录音记录或转录稿带入督导中。现在我们有了真实的对话（如果有录像，那么能提供很多非语言信息），不受记忆或时间流逝的影响。我们有会谈的"文字"痕迹，我们可以把这些资料与受督导者在督导中描述的内容进行对比，这使督导中有大量机会发现和观察，尽管对咨询进行录音以捕捉"现实"的能力一直存在争议（McMahon and Rodillas，2018）。

4. **现场记录**。我们也可以对督导师现场坐下来观察受督导者的工作并加以记录，这样可以对同一事件提供两种不同的视角。

需要决定督导会谈记录什么，所有的实践和督导记录都应该按照目前管理个人数据的法律要求处理（见第八章）。

边界

个人 – 专业界限

督导师和受督导者经常担心的一个问题是督导与咨询或治疗之间的界限。在一项对督导师进行的访谈研究中发现，处理这一边界是一个常见的困境（McMahon and Rodillas，2018）。一位督导师表示，探索受督导者的个人议题可能会影响其咨询工作，而且会让自己感觉不舒服："我不想听到答案，不管今天、明天，还是任何其他时间。我只想问这个问题（2018：21）。"

然而，好的督导不可避免地要注意受督导者的个人动力，因为在专业助人行业中工作会重新激起个人的痛苦、愤怒或焦虑情绪。为了受督导者能够很好地工作并从刺激事件中学习，这些感觉需要分享和探索。然而，这种探索应始于与工作有关的议题，并且是为了更好地理解和管理助人工作。从本质上讲，只有当个人议题影响受督导者的工作或督导关系时，才应在督导中加以注意。此外，督导工作应始终从探讨工作相关的议题开始，并以考虑受督导者下一步的工作方向结束。如果探索发现的议题超过了督导的范围，督导师可以建议受督导者考虑进行咨询，或者寻求其他形式的支持，以便探索他们的个人议题。同样重要的是，在签订协议时（及对协议加以回顾时），应该讨论个人 - 专业边界问题，以便就如何在督导中处理个人议题达成共识。佩奇和沃斯克特（2015）总结了咨询和督导之间的差异，供各位督导师参考。

保密

督导协议还应包括明确的保密界限。督导师要向他们的受督导者说明在督导中分享的一切都是保密的，也会有一些情况需要突破保密协议。

在培训或管理督导中更有可能出现这种情况，但在实际的督导过程中也会有突破保密协议的情况。例如，督导师可能需要将其与受督导者的工作记录交给自己的督导师。另一种可能是，受督导者有严重的职业不当行为却不承担责任时，督导师在伦理上或法律上有义务采取行动（见第八章）。

督导协议需要明确讨论什么样的情况需要突破保密协议，他们会如何做，以及他们将向谁提供这些信息。显然，并非每种可能的情况都能被预料到，但通过进行普遍的探讨，受督导者感觉突然被背叛的可能性就减少了。

我们也需要对受督导者承诺，我们将以专业的态度尊重他们分享的一切，而不会随意将他们的处境作为谈资。

工作联盟

形成工作联盟始于分享彼此的期望，包括受督导者认为他们需要的督导风格和需要聚焦的领域。督导师需要清楚地说明他们偏爱的督导方式及对受督导者的期望。我们发现，在签订协议阶段，督导师分享意识到的期望之外也分享希望和担心是有益的。使用完成句子的方式是有用的方法，例如，"我对成功督导的想象是……""我害怕在督导中发生的是……"。

卡罗尔和吉尔伯特（2011）建议，当与新的受督导者起草协议时，可以问他们以下问题。

- 你是如何学习的？你会如何描述你的学习风格？
- 我怎样才能最好地促进你的学习？
- 我做什么可能会阻碍你的学习？如果那样你将会如何防御？
- 我们之间的差异会如何影响你的学习？

良好的工作联盟不仅建立在协议或规则上，而且建立在双方之间日益增长的信任、尊重和善意上。协议提供了一个关系发展的框架，履行协议的任何失误都最好被视为反思、学习和关系建立的机会，而非加以评断和防御的机会（Shohet and Wilmot，1991：95）。

组织和专业情景

在大多数督导情况下，除了直接当事人外，还有其他利益相关者。开展督导的组织可能有督导政策，其中明确了对督导的期望（见第十三章）。在没有明确政策的情况下，仍然需要讨论组织隐含的期望。这可能包括组织期望督导师在确保质量工作方面承担的责任，以及他们需要撰写什么样的督导报告。同样，必须澄清专业或法定机构对督导的要求，包括定期会谈及督导师对受督导者的初始报告和持续认证的督导报告的要求。

大多数专业协会都有伦理守则，规定其成员与当事人之间适当行为的界限，并规定当事人有权就从业人员的任何不当行为提出申诉。一些专业机构尚未制定具体的督导伦理守则（见第十四章）。我们认为，所有的督导师必须清楚自己及其受督导者的伦理要求，并能够向受督导者阐明其督导实践中的伦理边界（见第八章）。

协商和审查协议

普罗克特（Proctor，1997）提供了一份有用的清单，清单中列出了在开始进行督导协议会谈时要做的工作，其中包括以下几点。

- 督导时间、地点和督导频率；相关的费用和付款方式，包括取消通知；督导记录；回顾的时间。
- 交流关于彼此的专业培训和资格背景信息；伦理守则；理论流派；目前的工作场所和工作人群。
- 讨论受督导者的专业发展需要；第三方的要求（如受督导者的工作场所／培训组织等）；对受督导者工作的评估；边界和保密要求。
- 督导师对受督导者保持共情、尊重和真诚的态度，以便与其建立工作联盟。在这个过程中，督导师要使用各种基本的关系技能（如重述、反映、总结、聚焦、自我暴露和即时化等）。

最初的协议商定过程需要双方就以上问题做出决定：我们是否能够和将要一起工作（Proctor，1997：164）？

此外，必须定期、有计划地对督导协议进行回顾，以便根据需要讨论和重新商定。

督导师和受督导者都要为回顾做好准备，向彼此反馈哪些是做得好的，哪些是需要改进的。如果没有时间准备，回顾就可能流于表面，或者只说积极的方面，忽略或回避了督导或关系中的发展需要或议题。

非正式督导安排

到目前为止，我们一直聚焦于正式督导协议，但有时也可能需要开展非正式的或临时的督导。例如，在一些需要住宿的机构或日托机构，大部分督导将在非正式场合进行。非正式督导在组织中也很常见，在那里，有共用的办公室或工作责任有重叠。佩恩和斯科特（Payne and Scott，1982）提出了一种识别正式与非正式、有计划与临时督导的模型。一旦认识到这一点，非正式督导或临时督导的质量也可以得到提升和改进。

虽然非正式督导有很多创新空间，但是不应该将其作为督导的唯一形式。进入正式的督导关系可能具有挑战性，但如果它运作良好，将会促进持续的专业发展。然而，使用非正式督导来避免定期的正式会谈的严格性和聚焦也有危险，这很容易营造一种氛围，即只有当你有一个可以辨别的问题时才需要督导，而其他时候，你必须迎难而上。第十二章和第十三章将更详细地探讨这种做法的危险性及解决这类问题的方法。

关注督导关系

众所周知，督导关系在督导中被广泛重视。沃特金斯（Watkins，2014：20）认为，督导关系是"督导的核心和灵魂"。贝纳特和克洛西（Beinart and Clohessy）认为，督导关系的质量是督导的"关键"（2017：IX）和"督导最重要的方面"（2017：3）。我们已经注意到，很多研究一致认为，安全可信的督导关系对受督导者至关重要（见第十五章）。然而，斯凯夫（Scaife，2019：60）认为，发展一种开放和有效的督导关系是困难的。

建立一种督导关系，使参与者在其中体验到相互尊重，公开表露自己的恐惧、困难、错误、成功和挑战，相互学习，并在保持督导任务的界限内工作是一项艰巨的任务，特别是在有文化差异的背景下。

麦克马洪（McMahon，2014a）提出了建立良好督导关系的四项指导原则。

1. **给予情感支持并具有情绪敏感性**：注意个人的边界，保持开放的探索，从错误和分歧中学习，建立情感上协调一致的关系。

2. **重视脆弱感和胜任力**：学会欣赏工作的复杂性和挑战性，不可避免的脆弱感和失败感会引起人类内心的共鸣，有助于更有效地工作。

3. **谦逊地提供知识和经验**：愿意分享经验和见解，但是要优先考虑受督导者的需要，并探索他们独特的工作环境、关系和文化背景。

4. **建立支持个人和专业持续成长的关系**：积极监测督导关系的关键方面，如信任、安全和反馈等的影响；保持对督导角色权力的认识，以便尊重和有效利用我们的影响力（见下文和第七章）。

建立适当的权威并关注权力动力

在督导关系中，许多督导师很难找到合适的方式来行使权威和把握督导师角色固有的权力。莉莉安·霍索恩（Lillian Hawthorne，1975：179）写道：

> 许多督导师，特别是新手督导师，很难适应他们新的权威角色……新的角色将会打破他们在处理个人生活时支配和服从的平衡。督导关系是复杂的、紧张的、亲密的……有时，如果督导师不熟悉其职责要求，对权威有所抵触，或者在一对一的督导关系中感到不适应，这将可能影响其承担权威角色。

霍索恩借鉴交互分析理论（Berne，1967；Harris，1995）对督导师可能"玩的游戏"进行了分类，即要么放弃权力，要么操纵权力。放弃权力的游戏包括以下几个方面。

- **"他们不会同意的"**：我想同意你的要求，但管理层不会让我这样做。
- **"可怜的我"**：对不起，我不得不取消每周的督导，你不知道我有多忙。
- **"我真是个好人"**：看看我正在给你带来什么样的帮助并让你感到愉快。
- **"一个好问题值得另外一个问题"**：你怎么回答这个问题？

操纵权力的游戏包括以下几个方面。

- **"记住谁是老板"**：人为强调督导师角色的权力。
- **"我会告发你的"**：威胁说要把受督导者的信息告知上级管理人员。
- **"父亲或母亲最了解"**：以父母或家长的态度和方式行事。
- **"我只是想帮助你"**：以利他主义为由来防御受督导者的批评。
- **"如果你像我一样了解陀思妥耶夫斯基"**：炫耀我的知识，使我的受督导者感到自卑。

在与经验丰富的心理治疗督导师的访谈中，格洛弗和菲尔宾（Glover and Philbin，

2017）发现，督导师对该角色所固有的责任感到焦虑，这导致他们无意中夺走了受督导者的权力，主动指导或处理受督导者的工作。

另一项访谈研究涉及咨询心理学家，他们认为，自己是女权主义、多元文化督导师，该研究发现，这些督导师强调督导中权力动态的复杂性。这些动力受个人历史、文化身份及专业地位和经验的影响。例如，一位督导师说："我属于许多不同的少数群体，当我拥有这种权力时，我可能会陶醉其中。虽然我一方面对此感到厌恶，但我也还是有点掉进那个陷阱"（Arczynski and Morrow，2017：196）。这些督导师努力管理其督导关系中的责任、权力和平等主义之间的紧张关系，并使用以下策略有效地预测和管理督导中的权力：

- 以史为鉴；
- 通过开放和诚实建立信任；
- 使用合作式的督导过程；
- 满足变化的发展对称性；
- 培养批判性反思能力；
- 审视和平衡环境的影响。

在关于跨文化督导的第七章中，我们会探讨个人权力、文化权力和角色权力之间的相互作用并关注这些权力的重要性，以便我们以适当、善意、反压迫并透过对受督导者的特定背景保持敏感表现出文化谦逊。

霍金斯和史密斯（Hawkins and Smith，2013）开发了一个有用的模型，展示了督导师如何与"权力"相处，以发展他们自己的权威、在场感和影响——来自知识、经验和技能的权威，来自即时性和深度同盟关系的在场感，通过干预来产生思维、情感或假设的改变。在受督导者与督导师的工作中，为创造一个安全的探索空间和足够的优势，以使转变得以发生，这三个方面均被认为是必需的。

协议评价和反馈

评估受督导者的工作并给予和接受反馈是督导的重要组成部分（见第八章中"关于培训或管理督导中的评价"）。正如我们已经看到的，受督导者认为定期反馈很有价值（Heckman-Stone，2004）。然而，这可能充满困难和焦虑，因为负反馈可能唤起受督导者童年被责备的记忆，而正反馈则可能会违背"不要自高自大"的禁令。大多数人只有在出现问题时才会给予或感受到反馈。而此时，个体对反馈的感觉是自己会得到不好的反馈，因此对反馈的恐惧会被强化。督导师也会对提供反馈感到焦虑，因此害怕提供反馈，或者担心反馈出错或反馈影响督导关系（Grant et al.，2012）。研究发现，计划、个性化反馈和自我指导的实践可以帮助督导师对提供反馈更有信心（Borders et al.，2017）。

提供良好反馈以促进改变和发展的指导方针可以概括为便于记忆的 CORBS：即 C（Clear，明确）、O（Owned，个人观点）、R（Regular，定期）、B（Balanced，平衡）和 S（Specific，具体）。表 4-4 对此进行了概述。

表 4-4　给予反馈中的指导方针——CORBS

明确（C）	尝试明确你想要给出什么样的反馈，含糊其辞会增加接受者的焦虑，且难以被理解
个人观点（O）	你提供的反馈是你自己的看法，而不是最终真理。受督导者可能并不接受它。如果在提供反馈时直接表明或暗示这一点，那么对接受者是有帮助的。例如，"我可能错过了一些东西，但你对这个问题的表述我不太理解。"而不是直接说"你的表述是错误的"
定期（R）	如果定期提供反馈，那么可能更有效。如果反馈不及时，问题积攒在一起得不到解决就会有危险。尽可能在事件发生时提供反馈，以便对方有足够的时间采取行动。也就是说，不要等到受督导者离开之后，才告诉他们如何把工作做得更好
平衡（B）	平衡正反馈和负反馈。如果你发现你给任何人的反馈总是正向的或负向的，这可能意味着你的观点在某种程度上被扭曲了。这并不意味着每个重要的反馈必须始终伴随着正向的东西，而是应该随着时间的推移建立平衡
具体（S）	笼统的反馈很难起效。"你很固执己见"这句话只会伤害对方并让其感到愤怒，而"我注意到，当你开始谈论当事人的父亲时，你表达了非常强烈的意见"，这样的表达可以给受督导者选择使用或忽略的信息

受督导者在接受反馈的过程中，最好不要让其感到被动，是否接受反馈是受督导者的责任。建议督导师鼓励和支持受督导者做以下工作。

- 如果督导师没有按照上述建议的方式提供反馈，可以要求督导师提供更明确、更平衡、更个人的、定期的和具体的反馈。
- 尝试和倾听所有形式的反馈，不评判或做出防御反应，否则可能会产生误解。
- 尽量不要强行解释你为什么要那样做，即使是听到正向的反馈。尝试和倾听反馈，将其视为他人对你的体验。通常听到反馈说"谢谢"就足够了。
- 如果自己想听到反馈，但是没有听到，可以主动询问。

此外，建议受督导者积极评价自己的工作，这样才会更加开放地对待督导师的反馈。督导师也应该鼓励受督导者评价督导工作和督导关系，反馈是相互和互惠的。

我们给出的上述指导建议受到了弗里曼（Freeman）的影响（1985；summarised in Carifio and Hess，1987：247），他认为，督导师反馈应该包含以下几点：

- 系统（客观、准确、一致和可靠的反馈，少受主观因素的影响）；
- 及时（在重要事件发生后立即反馈）；
- 便于理解（正向的和负向的反馈都要基于外在的具体标准）；
- 互惠互利（反馈在双向互动中进行，建议不是解决问题的唯一方法，只是许多潜在的替代方案之一）。

伦理

我们在第八章中将详细讨论伦理议题，但我们也想在这里强调：作为一位督导师，在开始督导工作之前重新学习专业实践伦理守则很重要，同时要考虑如何将这些伦理守则应用于自己的工作中。一些专业机构对督导师有自己的特定伦理和职业标准，我们建议督导师应该熟悉这些特定伦理和职业标准。你也可以列出你认为督导师和受督导者赞成和执行的原则。

督导师的职业生涯发展

良好的培训项目是任何督导师发展的重要组成部分，但它是各种学习选项中的一部分，这些选项可以按以下不同的组合使用，相互补充。一个可能的学习项目如图 4-1 所示。这是一个可以向多方流动的学习周期循环。可以随意排列组合，最大限度地满足个人的学习需求和学习机会。然而，如果你想系统学习，那么从自我评估和学习需求评估开始这一过程是非常重要的。

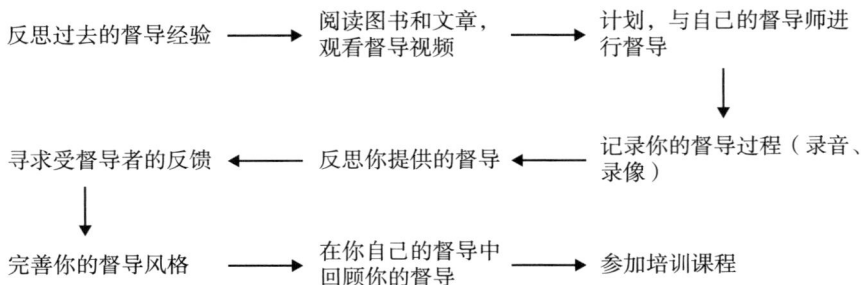

图 4-1　可能的学习方案

我们为督导学员提供了一个 360 度自评工具，供他们填写和使用，以便在督导培训中获得来自督导师、受督导者、同行和导师的反馈。

结论

　　成为督导师是一项既复杂又充实的任务。督导工作与咨询工作有很多相似的地方并在技术上有重合。然而，督导师必须清楚地了解督导在内容、重点、边界上与咨询有何不同，并且需要更复杂的伦理敏感性。同样重要的是，我们需要探索作为督导师的感受、动机和期望，因为它们会对所设定的会谈的督导氛围产生很大影响。此外，成为一位优秀的督导师不仅要定期指导受督导者的工作，更需要定期反思自己作为督导师是如何与受督导者相处和工作的。

导论

在本章中，我们将概述督导的定义、功能、形式和模型，内容涉及现有的督导实践理论和框架。本章特别为新手督导师撰写，以帮助他们了解督导概念、督导类型、督导内容及督导风格，以便他们能够确定自己的督导风格，并且思考什么最适合他们的受督导者及其工作的环境。当然，本章内容也为有经验的督导师提供了反思和审视自己实践的机会。

什么是督导

基于多年的督导经历、接受督导、进行督导师专业培训、督导督导师，以及对督导的研究和写作经验，我们得出了以下定义：

督导是督导师和受督导者双方共同努力的过程，在这个过程中，受督导者在督导师的帮助下，关注他们的当事人，以及作为咨访关系一部分的他们自己，并着眼于更广泛的系统和生态背景，以此提升他们的工作质量，改善咨访关系，持续发展他们自己、他们的实践和专业能力。

我们知道这是一个长而复杂的定义，但是我们认为，了解督导是一项复杂的工作非常重要，它为很多利益相关方提供服务。为了更好地理解这个定义，我们现在来看看其中的每个部分。

督导是督导师和受督导者共同努力的过程：很重要的一点是，督导不能被视为督导师对受督导者所做的单向活动。受督导者和督导师需要结成同盟，肩并肩地面对工作中的挑战。在清晰的协议范围内，督导为受督导者、目前和未来的当事人及更多的利益相关方服务。

受督导者在督导师的帮助下关注当事人：督导过程肯定会涉及当事人，否则督导就变成了对受督导者的咨询。督导为受督导者提供了一个机会，让他们后退一步，反思他们的每位当事人，以便更好地理解他们并了解如何才能最好地帮助他们。因为受督导者可能会把各种工作关系带到督导中，所以我们对"当事人"采取广义的理解。当事人可以是助人关系工作中的个人，也可以是团体、组织、受督导者或督导小组的受督导者、实习中与受督导者一起工作的学生或受训者，以及受督导者工作服务的任何个人或团体。

他们自己作为咨访关系的一部分：众所周知，对当事人进行客观的理解很难做到，但是咨询师需要在专业关系背景下理解当事人，将自身作为关系背景的一部分进行反思。

更广泛的系统和生态背景：与当事人的关系从来不是孤立存在的，而是始终处于系统环境中，其中包括组织和专业环境、组织运作的更广泛的社会、文化和政治环境、当事人的家庭和社会环境，以及我们共享和依赖的更广泛的生态环境（Hawkins and Ryde，2020；Hawkins and Turner，2020）。

以此提升工作质量，改善咨访关系，持续发展自己，发展实践技能和专业能力：督导不仅是一个反思的过程，更要让受督导者、当事人、未来实践、组织和专业机构提供学习和改进的结果。在第十三章中，我们详细地描述了督导的重要性，这不仅是一位资深从业者指导新手咨询师应该如何做咨询的过程，也是组织和专业学习的重要来源。

看一下其他关于督导的定义，其中最常见的是美国的伯纳德和古德伊尔（Bernard and Goodyear）对督导的定义（2019：9），他们对督导给出了如下定义（他们的书自1992年第一版面世后只有微小的改动）：

> 督导通常是由一名专业的资深成员向一名或多名初级成员提供的干预，这些同事通常（但不总是）来自同一专业的成员。这种关系具有评价性和层次性，随着时

间的推移而延伸，其目的是巩固和提升初级成员的专业技能；监控提供给当事人的专业服务质量；担任受督导者试图进入的特定行业的守门员。

正如我们所看到的，这个定义涉及对受训者的督导。在美国，对合格从业者的督导是自愿的、非评价性的，通常称为"督导式咨询"，以便进行区分。然而，伯纳德和古德伊尔（2019）认为，在世界其他地区，强制性的职业督导也很常见（见第十四章关于跨专业的资格后督导的发展）。

其他经常提到的督导定义有米尔恩（Milne，2009）的基于循证的定义、法伦德和沙夫兰斯基（Falender and Shafranske，2004 年）的基于胜任力所做的定义。督导同时具有独特的专业性和人际性，米尔恩（2009：15）认为："正规督导应该是由基于人际关系的教育和培训认可的督导师提供的。"法伦德和沙夫兰斯基（2004：3）认为："督导是独特的专业活动，是通过合作式的人际交往过程来促进科学实践的教育和培训。"这两个定义同时还列出了督导的一些关键活动，包括观察、评估、反馈、指导、示范和共同解决问题。

除了我们自己的定义之外，这些定义提供了一个重要的基础，并且帮助澄清了督导实践的基础。我们自己的定义更广泛，包括各种类型的督导，示例如下：

- 培训督导（以学院为基础或以服务为基础的对受训人员或学生的督导）；
- 管理督导（督导师有一线管理责任）；
- 咨询或认证后的督导（受督导者对自己的实践负主要责任，但督导师可以向法定鉴定机关提供受督导者的督导证明或专业实践报告）。

我们的定义认为，督导具有更广泛的系统性背景。霍金斯（Hawkins，2011c）定义系统督导具有四个关键部分：

- 从系统的角度出发；
- 服务于系统各部分的学习和发展；
- 关注与当事人有关的系统背景；
- 包括并深入思考作为系统一部分的受督导者和督导师。

为了开展系统的督导，人们需要提出奈特·帕西法尔（Knight Parsifal）在圣杯城堡没有提出的问题：督导服务于谁，或者服务于什么（Hawkins，2011a，2011c）？作为督导师，你至少有四个利益相关方是需要你和受督导者共同服务的：

- 受督导者及其学习、发展和福祉；

- 受督导者当前和未来的当事人及其所接受服务的质量和安全性；
- 雇用受督导者的组织及其工作效率和效能；
- 受督导者和督导师所工作的专业领域的持续学习和专业发展。

这只是故事的开始，督导的任务不仅在于根据工作背景发展受督导者的技能、理解和能力，督导也有其他功能。良好的督导实践应该将多种功能结合起来。

督导的功能

卡杜申（Kadushin，1976）在关于社会工作督导的文章中描述了三种功能或角色，即教育（Educative）、支持（Supportive）和管理（Managerial）。

普罗克特（Proctor，1988B）对咨询督导的主要过程也给出了类似的概念描述，即形成性（Formative）、恢复性（Restorative）和常规性（Normative）。

霍金斯和史密斯（Hawkins and Smith，2013）描述了发展（Developmental）、资源（Resourceful）和质量（Qualitative）三大功能。卡杜申总结的督导功能集中在督导师的作用上，普罗克特将督导功能集中在受督导者的利益上，而霍金斯和史密斯则将其集中在督导师和受督导者互动的过程上，具体如表 5-1 所示。

表 5-1　督导的三个主要职能

卡杜申（1976）	普罗克特（1988b）	霍金斯和史密斯（2013）
教育	形成性	发展
支持	恢复性	资源
管理	常规性	质量

发展功能

发展功能是发展受督导者的技能、理解和能力。这是通过反思和探索受督导者与当事人的工作实现的，通过这样的工作，可以在以下方面帮助受督导者：

- 更好地了解受督导者服务的当事人；
- 更多地意识到受督导者自身的反应和受督导者对当事人的回应；
- 了解受督导者与督导师之间，以及受督导者与当事人之间互动的动态关系；
- 了解受督导者是如何干预的，以及干预的效果；
- 探索与该当事人或具有类似情况的当事人工作的其他方法。

督导是行动学习周期（见第二章）中理论学习和实践学习之间的关键环节；新的理论会指导我们的实践，实践也帮助我们更充分地理解所学的理论、模型和方法。

资源功能

资源功能是指督导帮助咨询师意识到自己如何受到当事人的苦难、疼痛和纷扰的情绪的影响（而且这些需要时间），并应对任何出现的反应。咨询师不应该过度地情感卷入。这些情绪可能是由于咨询师的反移情产生的，也可能是被当事人激发的。不关注这些情绪会影响咨询师的工作效率，导致他们要么过度认同当事人，要么运用防御让自己完全不受当事人的影响，这时往往会导致咨询师产生压力和"耗竭"（见第二章）。20世纪20年代，英国矿工们为所谓的"矿口时间"斗争，指的是他们有权在工作时间洗掉工作时身上产生的污垢，而不是把它带回家。督导的功能就等同于那些煤矿工作需要清除个人的苦难、疼痛和纷扰的情绪。

彼得·霍金斯（2019a）最近更新了资源的概念，它包括我们如何利用内部资源和外部资源来发展我们的复原力，也包括我们如何从"资源"本身获得这些而非靠个人努力。他使用正念、冥想、自然和其他方法来达到心流状态。米尔恩刚与他人合作为医疗保健专业人员和管理人员写了一本有价值的书（待出版），书中重点介绍了恢复性督导对健康和提高工作效率的关键作用。

质量功能

督导提供了与人开展工作时的质量监控功能。作为工作者，我们不仅因为缺乏培训或经验而需要有人来审视我们的工作，还因为我们会有不可避免的人本身的失误、盲点、自身创伤带来的脆弱性，以及我们的文化背景造成的偏见和限制。在许多情况下，督导师需要对受督导者的工作和当事人的福祉负责。督导师也有责任确保工作机构的标准得到执行。所有督导师都有责任确保受督导者的工作是恰当且符合伦理和专业标准的，即使他们不是管理人员或培训师（见第八章）。

戴维斯和贝多（Davys and Beddoe，2010）增加了第四个督导职能，即调节职能，它是指督导师需要在受督导者、他们所在的组织、培训机构和一系列其他利益相关方之间进行调节。

普罗克特（1988b）给出了一些有趣的小片段，用以说明督导的不同功能并展示我们可以如何从一种功能转换成另一种功能：

> 青少年治疗中心的一名老师在经过五年严格的训练之后准备离职。她要求找时间回顾一下她在这里掌握的技能。但督导师很快发现，在此之前，她需要先谈谈她

离开这个封闭、高压、亲密、结构化环境时的失落感和迷失感（一个很显然的发展任务转为回溯性或资源性任务）。

一名怀孕的咨询师谈到关于一位 15 岁的当事人的伦理和法律困境。在她谈论了她所要求的 20 分钟后，督导小组决定在接下来的全部督导里讨论他们工作中出现的保密问题（质量性任务转为发展性任务）。

一位处理违规行为的咨询师开始讨论他正在咨询的小男孩。通过督导师带领的社会心理剧，该小组帮助咨询师注意到他和男孩所处的复杂系统，以及父母、校长、社会工作者和其他人对他们双方期望的差异。最后，咨询师对自己的角色和任务更清楚了（所有三项职能）。

我们已经详细阐述了督导职能，列出了督导的要点，并将其与三种功能类别相联系（见表 5-2）。

表 5-2　督导的主要重点

重点的主要分类	功能分类
为受督导者提供空间，让他们反思自己工作的内容和过程	发展性
在工作中培养理解力和技能	发展性
对于个体从业者，接收信息和他人的观点	发展性 / 资源性
接收内容反馈和过程反馈	发展性 / 资源性
作为个体从业者与工作者，得到肯定和支持	资源性
确保无论作为个体从业者还是机构工作者都不会被抛弃，不必独自承担困难、问题和投射	资源性
有空间探索和表达工作带来的个人痛苦、再刺激、移情或反移情	质量性 / 资源性
更好地规划和运用个人资源和专业资源	质量性 / 资源性
积极主动而非消极被动	质量性 / 资源性
确保工作质量	质量性

因此，督导有发展性、资源性和质量性的成分，虽然在不同的环境中，某些功能比其他功能更突出，但不同的功能也不是截然分开的，而是结合在一起的，并且在许多督导工作中是交织在一起的。

督导的形式

从督导的功能出发，考虑开展督导的实际方法，主要有六种督导形式。

1. 个体督导：一位受督导者单独会见一位督导师。
2. 共享督导：其中两位受督导者与一位督导师会面并共享督导时间。也有同辈共享督导的情况：在同一次督导会谈中两位专业人员交替扮演督导师和受督导者的角色。
3. 团体督导：三位或三位以上的受督导者在一位督导师领导的小组中会面。
4. 同辈团体督导：其中三位或三位以上的受督导者在同一个小组中，没有指定的督导师，督导师的角色在成员中轮流（见第十章关于团体督导和同辈团体督导）。
5. 现场督导：督导师在场直接观察受督导者的工作（亲自或在单向玻璃后），亲自提供即时反馈，或者通过耳机或电话加入会谈。
6. 虚拟和数字化督导：这是督导实践的最新发展，我们在下面将详细讨论。

虚拟和数字化督导

督导传统上是双方亲临现场的，但科技的进步让督导可以摆脱物理距离的限制，以数字化的方式开展。这包括通过已经发展的电话技术进行的督导，但是更典型的是通过视频和电子邮件进行督导，也包括使用网络论坛、云平台和视频会议软件等。

一些督导师和受督导者发现难以适应新的督导模式，正如道格拉斯·亚当斯（Douglas Adams，2003：205）对科技所做的论述：

> 当你出生时，世界上任何事情都是正常和平常的，它们是世界运行方式的自然组成部分。我们不会认为椅子是技术发明，只认为它们是椅子。
>
> 在你15岁到35岁，所有的发明都是新的、令人激动的和革命性的，你也可能在其中某个行业就职。
>
> 在你35岁之后，任何发明的东西都好像违背了事物的自然规律，我们都以为这是文明的终结，直至十年后情况才逐渐好转。

数字化督导对附近没有合适督导师的从业者尤其重要，数字化的方式让他们可以接触任何距离、任何国家的适合的督导师。彼得已经督导了20多个不同国家的个人或团体，有的团体中每位成员都来自不同国家。新型冠状病毒导致了长期的社会隔离和孤立，使世界各地的许多督导师必须加速发展数字化督导的技能。我们相信，在这一流行病之后，世界将发生变化，数字化工作将成为督导工作的重要形式。

数字化督导的优点如下：

- 减少了参加督导的通勤时间、成本和碳污染，特别是对团体而言；
- 扩大了督导的选择范围，不受地理或流行疾病的影响；
- 增加了督导的文化多样性选择；
- 在征得大家同意的情况下，易于记录督导过程，使受督导者能够运用人际过程回忆（IPR；Kagan，1980）来回顾督导过程，从而有助于加深学习；
- 在有协议的情况下，记录可供督导师与受督导者一起回顾其督导过程；
- 方便记录督导会谈，促进开展更多基于实践的督导研究。

然而，数字化督导也有一些弊端和挑战，主要包括以下几点。

- 缺乏线下亲身参与督导的亲密和接触，这可能会影响督导关系。正如斯凯夫（Scaife，2019：224）所观察到的：亲身参与的互动更加丰富，因为它涉及肢体语言、笑声、节奏和措辞的变化，这些往往都是即时性的。此外，她也提到数字化督导潜在的优势：数字化督导可以隐藏一些个人特征，保护督导过程使其免受诸如性别、种族和残疾等可视性差异的影响。
- 如果无法获得非语言信息，就有很大可能产生误解，即使在视频督导中，也可能存在音频或视频延迟的问题，从而影响沟通。
- 在跨越国界进行远程督导时，可能需要讨论不同文化背景下专业规范和做法的差异。
- 在依靠技术的数字化督导中，偶尔出现的技术故障会影响督导工作。
- 所有人都要具备充分的技术专长，以便保证数字化方法安全且有效。
- 数字化督导的伦理和法律问题更为复杂；需要考虑所使用设备的安全性、督导过程是否会被非故意地记录并共享、所有参与者（包括当事人）对所使用平台的协议等问题。

很显然，在使用数字化形式的督导时，有些问题需要采取相关措施加以解决，我们建议可以通过下文所列的做法来处理这些问题。其中包括我们从实践中获得的一些实用技巧，以及在督导技术中使用的专业指南（American Psychological Association，2014），还有该领域具有专长的其他学者的建议（e.g. Rousmaniere，2014）。

1. 如果可能，先开始面对面的督导关系，然后再转为数字化督导模式，因为这奠定了督导关系的基础，之后可以长期保持。
2. 使用可靠的数字化平台，以保证高质量的视频和音频，以及良好的安全防火墙。

3. 对数字化督导的政策和做法达成共识，包括发展使用数字化工具的胜任力，确保设备安全（如设置密码、启动防病毒软件等）。

4. 使用允许发送邀请、日历时间和密码的数字化平台。

5. 要求所有参与者（无论团体还是个体）都需要调整屏幕的角度，确保可以清晰地看见上半身，而不仅仅是通常所看到的脸部和天花板，这样可以增加非语言交流和参与感。

6. 鼓励参与者在交谈时看镜头，而不是看其他参与者或自己的视频，以有助于更多直接的目光交流。

7. 同样的理由，保持光线从参与者面前照射，这样他们就不会出现在剪影中。如果身后有一扇窗户，那么请拉上窗帘。

8. 在发生技术故障时有备用计划。

9. 如果可能，在小组督导中，避免有人线下参与、其他人线上参与这样的混合形式。最好大家都是线上参与。例外情况是，除一人外，所有人都可以亲自参加，一个人在线上，其视频投影在每个人都能看到的屏幕上，该成员本人也可以看到小组的其他成员。

10. 在所有小组成员都同意的情况下，可以进行督导记录，并提供给缺席的成员。记录的安全性是至关重要的，一定要确保仅供小组成员使用。

在讨论了督导的形式之后，现在我们要考虑指导我们实践的各种督导模型。

督导模型

已经有很多模型为督导工作提供框架和地图，包括我们自己的七眼督导模型（见第六章）。通常，督导模型分为三个或四个不同的类别（第四个是较近期的）。

基于心理治疗的模型

这些模型起源于心理治疗实践。它们在督导实践中遵循心理治疗理论的框架，关注心理治疗方法在实践中的应用。例如，赖斯（Rice，1980）以当事人为中心的督导模型、米尔恩和赖泽（Milne and Reiser，2017）的认知行为治疗督导模型，以及弗劳利 - 奥黛和萨纳特（Frawley-O'Dea and Sarnat，2001）的心理动力学督导模型。《威利国际临床督导手册》（*The Wiley International Handbook of Clinical Supervision*）（Watkins and Milne，2014）及伯纳德和古德伊尔（2019）的《临床督导基础》（*Fundamentals of Clinical Super-*

vision）对基于心理治疗的督导模型进行了概述。

发展模型

督导的发展模型侧重于受督导者的专业发展需要，这是第一个专门为督导开发的模型，而不是借用其他实践领域的应用。这些模型借鉴了认知学习理论和心理社会发展理论，侧重于新手咨询师培训期间的发展，而较少关注成熟咨询师的专业发展。最著名的发展模型是综合发展模型（IDM；Stoltenberg and McNeil，2010），它是 20 世纪 80 年代开发的，且随着时间的推移不断更新，至今仍被广泛使用。

社会角色或过程模型

这些模型描述并阐明了督导师的功能、角色和过程。这一类别中有许多模型，最著名的是七眼督导模型、系统模型（Holloway，1995）、歧视模型（Bernard，1979）、周期模型（Page and Wosket，2015）和任务模型（Carroll，1996）。CLEAR 模型也可以归入该类别，该模型是对七眼督导模型的补充。佩奇和沃斯克特（2015）还注意到，他们提出的周期模型与七眼督导模型的组合在实践中得到了很好的运用（McLaughlin et al.，2019）。

"第二代"模型

随着近年来对督导专业实践的重视，督导模型的发展也相应增加。伯纳德和古德伊尔（2019：56）称之为"第二代模型"，因为它们是前三类模型的组合或添加。其中一些模型侧重于为督导实践或过程制定概念框架和指南，包括多文化督导协同模型（SMMS；Ober et al.，2009）和依恋 - 看护督导模型（ACMS；Fitch et al.，2010）。另一些则将现有督导模型的要素结合起来，或者将其他理论概念应用于现有模型，如达龙卡马斯及其同事（Darongkamas and colleagues，2014）将认知分析治疗概念应用于七眼督导模型（见第六章）。还有一些模型旨在确定督导中常见的跨理论因素，如情境性督导关系模型（CSRM；Watkins et al.，2015）。

从以上简要概述可以看出，科研人员做了大量工作，以便提供概念框架，指导督导实践。最近的一项调查确定了 52 个督导模型，作者指出，众多模型缺乏一致性（例如，其中一半模型不包括对当事人的关注），也缺乏支持证据（Simpson-Southward et al.，2017）。许多模型（包括七眼督导模型）最初都是在对督导实践的观察研究中发展起来的，但缺少后续的研究来验证这些模型在不同背景下的相关性和适用性（早期的歧视模型和综合发展模型除外；see Bernard and Goodyear，2019）。

我们知道，专业人员用督导模型来指导自己的实践，例如，在英国接受调查的认知行为治疗师报告他们经常使用 CBT 督导模型和七眼督导模型（Townend et al.，2002）。对督导实践的观察学习将有助于评估我们提出的模型是否适用于督导中实际发生的情况，我们目前正在开展与七眼督导模型有关的研究。德里克·米尔恩及其同事（Milne et al.，2008）已经进行了有价值的研究，他们从督导实践观察研究中发现了一些典型的督导行为（示范、挑战和解决问题）和督导结果（反思、概念化），他们的研究支持科尔布的体验学习周期（见第二章）。然而，这些研究大多与学习障碍行为治疗的督导相关，因此需要在不同的背景和环境下进行更多的研究（见第十五章；further research by McMahon and Jennings，in prep. b）。

在概述督导模型后，我们现在将重点放在 CLEAR 模型上，然后是整合发展模型（Integrative Developmental Model，IDM）。我们认为，这两种模型和七眼督导模型为良好督导实践提供了一个三维基础。CLEAR 模型提供了督导阶段的地图，IDM 是一种调整自己的督导以适应受督导者发展阶段的方法，七眼督导模型是督导中需要兼顾不同领域的综合整体模型。

CLEAR 督导模型

CLEAR 督导模型（见表 5-3）是彼得在 20 世纪 80 年代初开发的第一个督导模型，之后逐步改进以适用于教学（Hawkins and Smith，2013）。该模型为督导师提供了一个用于指导督导会谈的有效结构。

表 5-3　CLEAR 督导模型

C（Contract，协议）	督导会谈开始需要了解当事人希望的结果是什么，了解他们希望在督导中需要涵盖哪些内容，督导师和督导过程如何才能最有价值。他们还要商定基本的规则和角色
L（Listen，听）	通过使用积极倾听和催化干预（见第九章赫伦模型），督导师帮助受督导者了解他们想要改变之处。督导师需要让受督导者理解并感受到深处困境的感受。此外，督导师通过重构和与受督导者分享的内容建立联系，帮助受督导者更充分地倾听自己
E（Explore，探索）	通过提问、反思和产生新的洞察力和意识，督导师与受督导者合作创造不同的方法，处理咨询中咨询师与当事人的关系或他们工作中出现的问题
A（Action，行动）	在探索不同情况下的动态变化和发展不同的处理方案后，受督导者选择一条前进的道路，迈开第一步。这时做一个"快进式排练"是很有用的，在督导现场模拟未来的第一步
R（Review，回顾）	回顾达成共识的行动。督导师鼓励受督导者就督导过程中哪些有帮助、哪些有困难及希望在今后的督导中做哪些改变等提出反馈意见（见第四章关于反馈的内容）。对在今后的督导中如何回顾已经计划的行动达成共识，以完成这项工作

在运用 CLEAR 模型的结构工作时，我们发现，下列问题和干预可以帮助受督导者深入探索他们的工作。

1. 签订协议：协商你们要达到什么样的目的，以及如何达到。
   - 我们怎样才能最好地利用督导的时间？
   - 我们在本次督导中最需要实现什么？
   - 我们今天如何更好地工作？
   - 有什么特别的方面你需要我们重点关注？
   - 你面临哪些挑战？

2. 倾听：促进受督导者对情况的个人洞察力。
   - 你能多说几句吗？
   - 有没有你没有提到的人？
   - 其他人——你的当事人、你的老板、你的团队——怎么看那个情景？
   - 让我们看看我是否可以总结这个问题。

3. 探索 1：帮助受督导者理解环境对个人的影响。
   - 你现在感觉如何？
   - 有没有你没有表达的感受？
   - 这个人有没有让你想起什么人？你想对他们说什么？
   - 在这种情况下，你可能会重复什么模式？

   探索 2：挑战受督导者，为今后解决问题创造可能性。
   - 你和他人想要什么结果？
   - 要达到这个结果你或你的团队成员需要有什么不同的行为？
   - 哪些资源是你可以获取但还未获取的？
   - 你能想到不同的方法来处理这种情况吗？

4. 行动：支持受督导者承诺做出行动并进行下一步。
   - 每种可能策略的利与弊是什么？
   - 你的长期目标是什么？
   - 你需要采取的第一步是什么？
   - 你打算什么时候做？
   - 你的计划现实吗？你成功的概率有多大？
   - 你能给我看看你下次咨询的开场白吗？

5. 回顾 1：评估并加强所覆盖的领域，并做出承诺。回顾督导过程，以及如何改善。计划采取行动后未来要进行的回顾。

- 你决定下一步做什么？
- 你从这次督导中学到了什么？
- 你以什么方式提高了处理类似情况的能力？
- 本次督导你觉得什么是有帮助的？
- 在这样的督导中，下一次哪些可以做得更好？

回顾2：简述两次督导中间可以采取的行动。

- 你的计划结果如何？
- 你觉得你是怎么做到的？
- 你收到了什么反馈？
- 你觉得哪些地方做得好，哪些地方可以做得更好？
- 你能从发生的事情中学到什么？

还有一些其他有用的模型也可以说明督导所经历的典型阶段。佩奇和沃斯克特（2001）的五阶段模型展示了从协议到聚焦、空间、连接和回顾的督导过程。戴维斯和贝多（2010；Beddoe and Davys，2016；95）也提出了通过事件、探索、实验和评估进行的反思性学习模型（见表5-4）。

表5-4　督导模型比较

霍金斯（1989）： CLEAR 模型	佩奇和沃斯克特（2001）： 循环模型	戴维斯和贝多（2010）： 反思性学习模型
协议	协议	—
倾听	聚焦	事件
探索	空间	探索
行动	连接	实验
回顾	回顾	评估

督导发展模型

督导发展模型基于这样一种理解，即督导师需要有一系列的风格和方法，随着受督导者经验的积累和进入不同的发展阶段，需要对这些风格和方式加以调整。这一模型的创始人之一是霍根（Hogan，1964），他把很多心理学家培训成了心理治疗师，此后许多人都效仿他，最著名的是沃辛顿（Worthington，1987）、斯托尔滕贝格和德尔沃思（Stoltenberg and Delworth，1987；updated in Stoltenberg et al.，1998；Stoltenberg and

McNeill，2010）。

斯托尔滕贝格和麦克尼尔（Stoltenberg and McNeill，2010）的整合发展模型（IDM）是一个精心设计的整合模型。该模型确定了受督导者发展的四个阶段，并就督导师如何在不同阶段与受督导者工作提供了指导。虽然这一模型是为心理咨询师或心理治疗师的工作而开发的，但我们发现它也很适合其他助人职业。

水平 1：自我中心

> 在水平 1 的早期，受督导者的意识主要聚焦于他们自己的焦虑、缺乏技能和知识，以及被定期评估（主要担心负向评估，这是令人害怕的）等方面。这些担忧会干扰受督导者开展临床实践工作的能力，无法让自己专注在当事人身上（Stoltenberg and McNeill，2010：48-49）。

新的受训者没有经验可以发展基本标准，以评估他们自己的表现，因此会非常依赖督导师对自己工作的评价。这种忧虑可能是因为督导师确实在他们的培训或工作中扮演某种正式的评估角色。他们每天都会担心督导师如何看待他们的工作，以及把他们与督导师的其他受督导者做比较。

我们发现，当受督导者的工作被记录或当受督导者被要求做逐字稿时，这种担忧尤其明显。然而，督导师必须帮助受督导者反思自己，对新的受训者而言，焦虑是无法避免的。

处于这一阶段的工作者很难对整个治疗过程有整体的概念，因为他们通常只和当事人在治疗的早期阶段工作。这可能使他们对自己推进工作的能力感到不耐烦或恐惧。

为了应对水平 1 受训者的正常焦虑，建议督导师提供一个结构清晰的环境，包括积极的反馈和鼓励受督导者，使他们从对当事人和自己的不成熟的判断转向实际发生的事情："平衡支持和不确定感是新手治疗师的督导师面临的主要挑战"（Stoltenberg and McNeill，1987：64）。

水平 2：以当事人为中心

在这一阶段，咨询师已经克服了他们最初的焦虑，开始在依赖和自主之间、过度自信和不知所措之间摇摆不定。彼得描述了（Hawkins，1980）治疗机构的常驻咨询师在这一阶段的表现。他在题为《进退两难》（*Between Scylla and Charybdis*）的论文中描述了受训者如何在导师和督导师的支持下，在自我怀疑和过度认同中挣扎，Charybdis 代表自我怀疑，Scylla 代表过度认同。以下是一位受督导者如何消失在 Charybdis 漩涡中的描述：

> 他停止读书和写信；他无法在个案讨论或督导中客观化他的经验；他发现他很难设定界限，很难对当事人说不，或者保护他的非工作时间的边界。他无法将他人的苦难与自身的心理分开，而总是将自己的成败和当事人的成败两者间画等号（Hawkins，1980：195）。

撞上 Scylla 岩石的咨询师变得过度防御而回避任何个人卷入。受训者无法在人与人的基础上与当事人开展工作，而是拼命带着虚假的面具，最后变得好像一位行政管理人员（Hawkins，1979：222-223）。

在与当事人的工作中，水平 2 的受训者开始意识到当事人发展过程的复杂性和自身训练的复杂性。这一水平的受训者失去了他们早期的信心和对简单方法的信念，这可能导致他们中的一些人对督导师很生气，因为督导师让他们的幻想破灭。督导师可能被认为是"无能和不称职的"，并不能随时帮助咨询师（Loganbill et al.，1983：19）。一些学者把这一发展阶段比作青春期，水平 1 类似于童年期，水平 3 为成年早期，水平 4 则为完全成熟期。

可以肯定的是，水平 2 的受训者感觉他们的督导师像在养育一个青少年。他们总在考验督导师的权威性、情绪稳定性，督导师需要为咨询师提供试错的空间并包容他们。在这个阶段，受训中的咨询师也会对当事人做出更多反应，当事人就像督导师一样，可能也是导致受训者感觉情绪不稳定的原因。

水平 2 受训者的督导师需要比水平 1 受训者的督导师少一些结构化内容和说教，多一些情感支持，因为该阶段的受训者在兴奋和抑郁的感受间摇摆不定，难以应对这些感受，甚至感觉自己入错了行。

> 水平 2 治疗师的督导师与水平 1 治疗师的督导师形成有明显的不同，他们要具备更多的技能，更加灵活，甚至需要幽默感来成功度过这个阶段（Stoltenberg and McNeill，2010：112）。

水平 3：以过程为中心

> 水平 3 的受训者表现出更多的职业自信，只是有条件地依靠督导师。他们比之前更有洞察力，动机也更稳定。督导过程变得更加合作，通过专业面质和个人面质增强了分享和示范（Stoltenberg and McNeill，1987：20）。

水平 3 的受训者能更好地了解当事人的做法并予以调整自己的方法，从而满足当事人在特定时间的特定需要。他们也以更广阔的视角去看待当事人，发展我们所称的"直升机能力"。这些是在当事人工作会谈中充分展现的技能，同时也可以对在以下情景中能看到的内容和过程进行概述：

- 助人关系的整体过程；
- 当事人的个人历史和生活模式；
- 当事人的外部生活环境；
- 当事人的生活阶段、社会背景和民族背景。

受训者不太可能确定他们属于哪一个流派，因为他们在这个阶段将他们的训练与他们自己的特点结合在一起，而不是准确地展现他们所学习的理论取向。

　　这里的督导聚焦在改善现有的知识和技能，而不是发展新的领域。水平 3 的治疗师更有自主性，这让他们对于新信息不会不假思索地全盘接受，也不会过于批判性地严苛拒绝（Stoltenberg and McNeill，2010：121）。

水平 4：以情景中的过程为中心

　　斯托尔滕贝格和麦克尼尔（2010）将这一阶段称为"水平 3 的统整"。此阶段的从业者展示出良好的技能，与所使用的特定取向相关的治疗行为以有效和无意识的方式进行。这些技能就像工匠手中的工具一样，可以根据适当的时机和效果自由切换。在某种程度上，这些技术并不是那么重要的，因为它们在治疗中已经成为咨询师自我的一部分。因此，干预不是某种特定情形下应用的方法，而是源自咨询师对当事人、自我认知和对治疗过程的理解。在早期阶段达到这种整合是不可能的，只有不断地将当事人个人和环境融合，专业知识才能得到发展（Stoltenberg and McNeill，2010：121-122）。

到了这个阶段，受督导者自己也可以成为督导师了，这能不断加强和巩固自己所学。斯托尔滕贝格和德尔沃思（1987；102）引用过一位同事的话："当我在督导时，我不得不思考和明晰不同领域之间的联系，这让我变得更加整合。"

我们经常发现，我们对受督导者说一些我们需要去学习的东西。就好像我们的嘴与潜意识的联系比与心智结构的联系更紧密。当人们问"聪明的傻瓜"纳斯鲁丁（Nasrudin）是如何学到这么多东西时，他回答说："我只是说很多话，当我看到人们同意时，我会写下我所说的话"（Hawkins，2005；48）。当然，水平 4 不是获得更多的知识，而是知识的深化和整合，直到它成为智慧——正如苏非老师所说："没有智慧的知识就像没有点燃的蜡烛。"

我们可以将受督导者的发展阶段与其他的发展取向加以比较。我们已经做过督导发展和人类成长的类比，我们也可以类比中世纪工艺公会的发展阶段。受训者开始是一名学徒，然后成为一名熟练工，之后成为一名独立的工匠，最后成为一名工匠大师。

重要的是，虽然胜任力和技能可以通过培训和实践得以发展，但对任何一名从业者而言，掌握所有的能力是不可能的，而且专业发展在职业生涯中是一个持续的过程。正如斯托尔滕贝格和麦克尼尔（2010；135-136）所说：

> 治疗师不断面对对专业发展产生影响的新挑战、前沿知识和对专业发展有影响的新变化。我们认为，在整个职业生涯中，保持某种形式的督导有益于咨询师整合职业变化、社会变化及自身变化。事实上，这是心理健康事业中最鼓舞人心和最令人兴奋的事情之一，咨询师不应该希望维持现状。在发展中，待在原地就是倒退。换言之，不进则退。

对 4 个发展阶段的概述呈现在表 5-5 中，其中包括受督导者核心阶段的特点。我们将在第六章中探索七眼督导模型时回顾这个模型。

表 5-5　督导的综合发展模型概述

受督导者的发展	督导师的策略
水平 1：依赖阶段 焦虑和不安全感，高动机；行为过度自信或过度不自信 "我能在这项工作中成功吗？" （以自我为中心）	水平 1 的督导师：提供教育、安全感、控制感、结构化，强化技能；不打击受督导者工作的独特性和兴奋感
水平 2：依赖—自主冲突 在过度自信 / 不知所措之间挣扎，动机波动；不平衡的理论学习 "我能帮助当事人做到这些吗？" （以当事人为中心）	水平 2 的督导师：平衡支持自主和结构化指导，发展受督导者对自己反移情的意识，正常化并提供安全基地；呈现易于犯错之处
水平 3：条件性依赖 自信心增强，更有洞察力，更自主；可以整合理论、内容和过程 "我们之间的关系如何？" （以过程为中心）	水平 3 的督导师：提供问题框架，帮助受督导者发展自我督导，强调自主和成长；不太关注技术和生存策略；鼓励实验和探索
水平 4：精通专业 有自主性、稳定的动机和洞察意识 "这个过程是如何交互的？" （以情景中的过程为中心）	水平 4 的督导师：督导关系更加合作化；不是为了获得更多的知识，而是为了深化和融合知识，使之变成智慧

资料来源：斯托尔滕贝格和麦克尼尔（2010）。

回顾发展模型

发展模型是一个有用的工具，能帮助督导师更准确地评估受督导者的需要，并认识到督导的部分任务是协助受督导者完成不同阶段的发展任务。模型还强调督导的本质是帮助受督导者发展。

然而，发展模型的作用也是有限的。首先，如果将模型僵化地用作蓝图去规定每位受督导者在每个阶段应该如何被对待，而不考虑个人的需要、督导师的风格和督导关系的独特性，那便是危险的。

其次，赫斯（Hess，1987）指出，督导师在自身发展中也经历了这些阶段，因此我们必须审视双方发展阶段的相互作用。这一挑战是由斯托尔滕贝格和德尔沃思（1987：152-167）提出的，他们提出了督导师的平行模型，主要包括以下几点。

- 水平 1：督导师焦虑并倾向于做"正确"的事情且希望在角色中有效。这可能会显得过于机械，或者试图担任专家的角色。
- 水平 2：督导师发现督导的过程比自己想象得更复杂、更多维。督导不是曾经的"勇敢的冒险"。作为督导师，有时会有一种倾向，即自己独自行事，而不是为自己的督导实践寻求他人的支持。
- 水平 3：大多数督导师如果不停滞在水平 1 和水平 2 上，就都处于该阶段。在这个阶段，督导师对督导角色表现出持续稳定的动机并且有兴趣不断改善自己的表现。他们能够做出中肯的自我评价。
- 水平 4（或水平 3 的统整）：在这个阶段，督导师可以调整自己的风格以适应不同发展水平、不同学科、不同取向和不同文化的受督导者（见第八章）。这些督导师能够进行督导实践，也可以参与督导培训。

我们建议在达到水平 3 或水平 4 之前不应急于开展督导工作。我们需要先成为专业实践者和早期阶段的督导师。斯托尔滕贝格和德尔沃思（1987）认为，前两个阶段的督导师很难开展督导工作，他们也需要良好的督导来指导自己的督导实践。

我们不能过于死板地运用该模型，但它可以成为匹配督导师与受督导者的有用的地图，也可以帮助探索督导关系中的困难。

最后，我们要牢记，我们可能会变得自负和自我膨胀，认为我们对他人的发展负绝对责任。有一个摘自希腊的佐尔巴（Kazantzakis，1946/2014：142）的故事提出了这一点：

　　有一次，一个人看到一只蝴蝶挣扎着要从茧中出来，他觉得速度太慢，所以他轻轻地在茧上吹气。他吹气的热量加速了整个过程，但最后出现的不是一只蝴蝶，而是一只翅膀受伤的生物，且几秒后就死了。

　　除了这些观察之外，我们特别建议所有督导师，特别是在专业培训课程中工作的督导师了解这一模型，以便他们可以计划什么样的督导适合不同阶段的受训者。

结论

　　本章提供了督导的各种定义、职能、形式和模型。我们将在第六章中继续详细介绍七眼督导模型及其如何应用于实践。研究人员在探索和理解督导的本质上已经做了大量工作，我们在督导路上都能得到指导。然而，"地图"不是"版图"。在开始远征新地形之前，你需要确保地图尽可能正确，一旦你开始了旅程，就不想花费时间整理地图。你只需要地图给你指引正确的方向，在你迷路时找到方位，当然你也需要定期查看自己是否朝着正确的方向前行。

　　最后，确保你的受督导者理解你的地图很重要。督导是一段共同的旅程，在共享模型和框架时才能工作得最好。

第六章

督导中的七眼模型

导论

在第五章中，我们已经介绍了许多目前可用的督导地图和模型，现在我们转向我们自己提出的督导模型，该模型最初由彼得（Hawkins，1985）为心理咨询师或心理治疗师的督导师创建。在过去的 35 年里，彼得与许多同事和学生一起开发了这个模型，用于指导从教师到教练、从全科医生到管理顾问等各行各业的人。在本书的每个版本中，我们都根据世界上许多职业和部分地区使用和教授的经验而开发该模型的各个方面。我们还修改了用于描述和说明七种模式的一些术语，使其更适用于不同职业的人群。不管怎样，我们发现，最初设想的七眼督导模型经受住了时间的考验，具有广泛的应用前景。

七眼督导模型既是关系性的，又是系统性的（Hawkins，2011c），因为它密切关注的是从业者、他们的当事人和其他利益相关者之间的关系，以及督导关系。它还考虑了这些关系在更广泛的系统背景下的当事人、从业者、督导和其他利益相关者的相互作用。它借鉴了许多理论，包括心理学和心理治疗流派（精神分析、人本主义、主体间性和其他关系学派，以及系统取向、行为取向和认知流派）、成人学习与发展理论、神经科学，以及改变过程理论。它提供了一个综合的督导框架，适用于所有的助人关系，而且它已经被有效应用在几乎所有的助人行业中。

七眼督导模型

我们对这种督导方法的兴趣始于 20 世纪 70 年代和 80 年代，彼得当时正在研究一些经验丰富的督导师的督导方式间的显著差异，并且观察他们非常不同的风格。这些差异不能用发展阶段、主要任务、理论框架或干预风格加以解释。通过进一步的探索，我们意识到，这些差异与督导师对他们所关注的内容不断做出的选择有关。在督导的任何时候都存在许多层次的操作。至少，所有的督导都包括至少五个要素：

- 一位督导师；
- 一位或多位受督导者；
- 当事人（这是一个广泛定义，见模式 1）；
- 工作背景；
- 更广泛的系统背景。

在这五种要素中，除现场督导外，一般只有督导师和受督导者直接出现在督导会谈中。然而，当事人和工作的组织及系统背景会通过受督导者的自觉意识和无意识感觉带入督导会谈中。有时受督导者也可以通过录音和录像、会谈的书面逐字稿记录、角色扮演（见第四章）等形式把上述几个要素间接地带入督导会谈中。因此，督导过程涉及两个连锁系统或矩阵：

- 当事人 - 咨询师矩阵；
- 受督导者 - 督导师矩阵。

督导矩阵的任务是关注当事人 - 咨询师矩阵，督导风格的不同就在于如何给予这种关注。我们的模型将督导工作分为两大类：

- 通过回顾受督导者的口头报告、书面笔记或与当事人工作的视频或音频记录，督导工作直接关注当事人 - 咨询师矩阵；
- 督导关注受督导者 - 督导师矩阵，包括当事人矩阵如何在督导过程中通过此时此地的体验反映出来。

在这两大类督导过程的管理中，每一类又可根据其关注的重点进一步细分为三小类，从而得到六种督导模式。外加第 7 种督导模式，该模式关注督导和助人工作所发生的更广泛的背景（见图 6-1）。

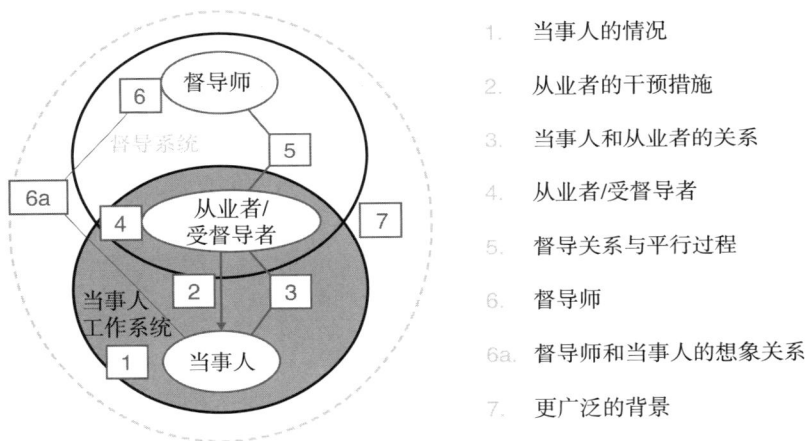

1. 当事人的情况
2. 从业者的干预措施
3. 当事人和从业者的关系
4. 从业者/受督导者
5. 督导关系与平行过程
6. 督导师
6a. 督导师和当事人的想象关系
7. 更广泛的背景

图 6-1　七眼督导模型

1. **聚焦于当事人及其展示了什么和如何展示的。** 注意力集中在当事人情况的细节上，以及当事人如何呈现自己，他们选择分享什么，他们想要探索什么，这次会谈的内容如何与之前的会谈内容相关联。它还包括根据当事人的陈述和需要进行理论化和概念化。这种督导模式的目的是帮助受督导者关注当事人、当事人做的选择，以及当事人环境的各个方面之间的联系。

2. **聚焦于受督导者的策略和干预措施。** 这里的重点是受督导者已做的或计划要做的干预措施的选择，不仅要关注使用了什么干预措施，还有什么时候使用干预措施及为什么会使用干预措施，或者可能会使用的干预措施。然后咨询师可以探索、发展、演练替代策略和替代干预措施，并预期其结果。这种督导模式的主要目的是增加受督导者干预的选择和技能。

3. **聚焦于当事人和受督导者之间的关系。** 在这里，督导师会特别注意受督导者及其当事人之间的关系中有意识和无意识地发生了什么。这种督导模式的主要目的是帮助受督导者跳出自己的视角，更深入地理解与特定当事人开展工作时的关系动力。

4. **聚焦于受督导者。** 在这里，督导师关注的是受督导者如何有意识和无意识地受到与当事人工作的影响。它还包括关注受督导者的专业发展、福祉和支持的需要（见第二章、第三章和第五章）。这种督导模式的主要目的是增加受督导者的能力，让他们在与当事人的接触中更有效地使用反馈，帮助受督导者发展专业能力和复原力。

5. **聚焦于督导关系。** 在这里，督导师关注的是他们自己与受督导者之间的关系。这种督导模式的主要目的是确保督导工作联盟的质量得到定期关注，并探索督导关系如何在无意识中发挥作用，或者与咨访工作的隐性动力平行。

6. **督导师聚焦于自己的体验。** 在这里，督导师会关注他们自己在督导会谈中此时此地的体验，即在与受督导者一起工作时，以及对受督导者分享的工作材料的反应中，督导师会产生什么样的感受、想法和图像。这种督导模式的主要目的是让督导师利用这些反应提供另一个信息源，以了解在督导关系或咨访关系中可能发生的事情。在这种督导模式中，督导师也可以与受督导者分享自己的专业经验和知识，目的是为受督导者提供潜在的洞察或指导。

7. **聚焦于工作的更广泛背景。** 虽然上述 6 种模式几乎涵盖了督导的所有方面，包括了当事人和督导矩阵内的所有过程，但督导和当事人的关系也存在于更广泛的背景下，这会影响和渲染其中的过程。更广泛的背景包括职业伦理守则、组织要求、与同事和其他机构的关系，以及社会、文化、政治、经济和生态环境。所有这些都需要加以注意和考虑（我们开发了第 7 种模式的新维度）。

很难找到一位督导师完全停留在这 7 种督导模式中的一种上，我们认为，好的督导必然包括在不同督导模式之间的转换。然而，以纯粹的形式区分督导模式有许多优势，它让督导师更清楚地了解自己的风格、优势和不足，同时让督导师了解他们回避的督导模式，这些督导模式可能因为他们的习惯或他们不熟悉和缺乏实践而没有被采用。

七眼督导模型不仅为督导师提供了一种增加选择的途径，而且也可以被督导师作为一种语言来协商督导风格的变化，并作为一种定期的双向回顾和评估督导的工具。

七眼督导模型在培训督导师时也很有用，它让督导师针对督导过程中的各种元素开展工作，分别学习和精进每个关注点，这样他们就可以将不同的过程结合起来（见第九章），发展自己的风格和方法。我们把这比作音乐家演奏音乐会作品之前学习演奏音阶。下面，我们更详细地看看每个过程。

模式 1：聚焦于当事人及其展示了什么和如何展示的

在这种模式下，被关注的对象通常是正在与受督导者一起工作的当事人，但也可能是一个当事人团体、一个当事人组织、一位受督导者或一个受督导者的督导团体、一名与受督导者工作的实习学生，或者受督导者服务的任何个人或团体。无论受督导者带到督导工作中的是谁，我们都同意尚伯格（Shainberg，1983：164）的观点，即"督导师的任务是让受督导者更加了解会谈过程中真实发生了什么"。

对督导师而言，关注在与当事人的会谈中实际发生了什么听起来似乎很容易。但是，正如尚伯格（1983）所指出的，对咨询师而言，很难保持他们的"不知道"的状态，因为这会导致他们害怕自己的无力并且急于尝试太快地做出解释。这也可能导致他们过早地理论化和过早地解释。督导师可以通过他们自己的焦虑及他们为其受督导者寻求答案的需要而共谋和强化这一过程。

弗洛伊德（1927）讲述了人们有把无助感变得可以容忍的需要，从这样的需要中可以产生大量的思想。比昂（1974）在他关于心理治疗的著作中不断地呼吁我们保持放空和不知道的状态，不被过早的判断、理论和解释所干扰，"在每个咨询室内都应该有两个相当害怕的人"。尚伯格写道："'真正的知道'来自能够观察到，并且能够准确、具体、详细和完整地描述当下正在发生的事情，这与想要改变、摆脱、比较或假设当下发生的特定意义是不同的"（1983：164）。

通常，每次督导探索的第一项任务是邀请受督导者准确地描述他们的当事人：他们是如何被推荐来的，或者他们是如何开始与受督导者一起工作的；他们的外貌；他们如何移动和保持自己的身体；他们如何呼吸、说话、看东西和做手势等；他们的语言、隐喻和想象，以及他们讲述的生命故事或语境。在当事人"完全进入房间"之前，进行有质量的督导几乎是不可能的。

这项任务要求有类似肖像画家那样清晰的焦点，督导师的工作是帮助受督导者坚持面对这项困难的任务。这包括挑战受督导者做出的假设，并邀请他们回到他们所看到的或当事人所说的，而不是他们的解释。这也需要关注受督导者的"意识形态编辑器"或信念体系，它编辑受督导者关注的信息，并形成受督导者呈现当事人的框架。

通常，新手咨询师对应该如何与当事人工作有一个固定的想法。他们急于将自己所学到的理论（如人格类型或病理学）应用到当事人身上。资深咨询师也可能过度依赖他们过去的经验、知识或工作方式。两者都干扰咨询师看到与他们在一起的当事人是独一无二的这一事实，这可能导致"物化"，以一种刻板的方式回应当事人，将当事人视为一个需要解决的问题，或者是对他们专业能力的挑战。在模式 1 中，我们可以逐步帮助受督导者意识到自己头脑中的内部对话、判断、期待和自我怀疑等，这样他们就可以在行动之前回到与当事人一起体验的现实中。

> 把你所有的注意力都聚焦于尽可能清楚地看到这个人的行为方式上……不要试图寻找意义、建立联系或理解。观察发生了什么……（Shainberg，1983：169）

模式 1 的探索可以从对当事人展现细节的反思转移到以下方面。

- 探索会谈中某一部分内容与其他部分内容之间的联系。我们经常发现，很有用的办法是，关注在会谈正式开始之前或会谈正式结束之后发生了什么，以及其与在设定的边界内发生的事情形成了怎样的对比。
- 倾听每个部分中包含的衔接模式。
- 尝试将一次会谈的材料与前几次会谈的材料和继发事件连接起来。如果受督导者是刚开始从事助人工作，那么他经常把每次会谈当作一个封闭的系统，而不是正在进行过程的一部分。
- 探索会谈的内容与当事人在会谈外、会谈前的生活之间的联系。在这一点上，我们可以把"受督导者/当事人"谈话的内容视为当事人生活和关系的缩影。

模式 1 还包括对当事人进行概念化和理论化，就好像自然而然有个地方可以使用理论来理解在与当事人的工作中发生了什么。这包括督导师帮助受督导者思考相关理论，以及如何将这些理论与当事人的故事和需要联系起来，并提出对当事人可能的概念化和思考方式。一直以来，对这些理论应该保持小心翼翼，因为我们需要根据与当事人的实际体验定期检验工作假设。我们还强烈建议，必须在直接接触当事人并充分了解其独特的存在后，再进行概念化和理论化。通过这种方式，模式 1 帮助受督导者从第一人称视角转移到第二人称视角，以便像当事人那样看待世界。

模式 1 中督导师可能使用的干预措施包括以下三点。

» 请描述关于当事人外貌的三个方面。

» 你能像当事人那样行动并展示其如何移动身体、坐着和说话吗？

» 我们可以使用哪些理论来帮助我们思考这位当事人面临的困难？

模式 2：聚焦于受督导者的策略和干预措施

在这种模式下，督导师关注的是受督导者在与当事人工作中所运用的干预措施，他们是如何做的，以及为什么这样做，他们更喜欢使用什么干预措施，未来可能做哪些干预。一位心理治疗培训者将督导重点聚焦在这种方法上：

> 我问他们采取了什么干预措施；他们为什么要这样做；他们的干预把他们引向何处；他们是如何及什么时候进行干预的，然后我问他们现在想对这位当事人做什么（Davies，1987）。

记住亚伯拉罕·马斯洛（Abraham Maslow，1966）的格言非常有用："如果你唯一的工具是一把锤子，你往往会把一切都视为钉子。"重要的是，要确保你的受督导者不仅在其工具箱中有可以广泛使用的干预措施，而且他们能够适当使用工具，而不是削足适履。

我们经常发现，当受督导者提出他们对所使用干预措施的担心时，他们会陷入二元思维。他们会做出我们称之为"非此即彼"的陈述。示例如下。

- 我要么对抗他的控制行为，要么忍受。
- 我不知道是该再等一会儿，还是把她的沉默视为对我的攻击。
- 我不知道是否要继续与他一起工作。

如你所见，这些陈述并不总是包含"非此即彼"的词语，但它们总是基于受督导者看到的两个相反的选项。督导师的工作是避免帮助受督导者在两种选择之间进行评估这种陷阱，并帮助他们看到，他们已经把许多可能性减少到只有两种。一旦受督导者意识到他们是在受限的假设下工作，督导师就可以帮助他们发展新的干预选择。通过简单的头脑风暴方法可以产生新的选择。头脑风暴的基本规则如下：

- 头脑中想到什么就说什么；
- 把想法说出来，不要评价或评判；
- 用他人的想法作为跳板；
- 涵盖所有你能想到的最疯狂的选择。

头脑风暴的作用在于为选择的数量设定一个高目标，因为只有当我们已经穷尽了所有明显的理性选择时，才会开启创造性思维。在通常情况下，最疯狂的想法中常常包含着创造性的核心。在团体督导中，你可以尝试头脑风暴，用 20 种方法来解决受督导者陷入的僵局；在个体督导中，你可以邀请受督导者想出六七种不同的方法来处理他们可能陷入的困境。

当聚焦于模式2时，许多督导师提出了自己的干预措施，这样做或不这样做都存在危险。在相对轻松的督导环境中比与当事人面对面时更容易显得技术熟练，作为一位督导师，在没有充分认识到这一点的情况下，展示自己的干预技巧和经验会很有诱惑力。此外，这里的危险在于，督导师的方法可能会让受督导者囫囵吞枣，而不是帮助他们发展自己的干预想法。然而，督导师不提供他们观点的危险在于，受督导者必须在督导师的注视下做所有的工作来创造新的选择，而不是督导师也在一旁思考。我们发现"永不知道最好、永不知道第一"这句箴言，对于指导在模式1或模式2中如何及何时提出自己的想法非常有用。

模式2也涉及CLEAR模式的行动步骤（见第五章），在这个步骤中，受督导者为如何将他们在督导中学到的东西带到下一次与当事人的会谈中做准备。这可能包括第二章中提到的四种类型中的任何一种，包括"快进演练"（Hawkins and Smith，2018），他们将如何进入下一次与当事人的会谈。目前的研究证据表明，督导中具体化的、经验性的工作与咨询师胜任力的发展相关，因此模式2的一个重要部分包括角色扮演，以及对记录内容进行回顾（见第十五章）。

> 模式2中督导师可能使用的干预措施包括以下三点。
>
> » 在上次会面中，是否有些事情你希望自己做得不一样？为什么？是什么阻止了你这么做？
>
> » 如果一切皆有可能，毫无限制，你希望看到这位当事人或在这种工作环境中发生什么变化？这对你下一步可能的行动有何影响？
>
> » 如果你是这位当事人的朋友，你会做什么或说什么？这跟你与这位当事人一起工作时正在做或需要做的事情有什么不同？为什么会不同？

模式3：聚焦于当事人和受督导者之间的关系

在模式3中，焦点不是当事人、受督导者或他们的干预措施，而是双方共同创造的系统。在这种模式下，督导的重点是受督导者与当事人之间有意识和无意识的互动。首先，督导师可能会说这样的话。

- 关于你与这位当事人的接触，你首先注意到了什么？
- 跟我说说你们关系的发展情况。

这些干预措施必须清楚地询问一些与个案史不同的东西，必须帮助咨询师跳出他们可能陷入或被淹没的与当事人的关系，并看到其模式和动力。

其他鼓励这种距离感和分离的技巧和问题示例如下。

> 模式 3 中督导师可能使用的干预措施包括以下三点。
> » 找一个意象或比喻来呈现这种关系。
> » 想象一下，如果你和当事人被抛弃在一座荒岛上，你们会有怎样的关系？
> » 如果你在上一次咨询会谈中变成墙上的一只飞蛾，你注意到你和当事人之间的关系是什么样的？你们是如何互动的？

这些都是帮助受督导者看到关系之舞的技巧，帮助他们超越了自己内在的角度。即使受督导者只谈论当事人，督导师也可以倾听他们之间的关系。通过这种方式，督导师就像一位夫妻咨询师，在一定范围内平衡双方的利益，同时注意双方的空间和关系。

这些方法包括督导师用"第三只耳朵"倾听受督导者对特定当事人的描述中所包含的意象、比喻和"弗洛伊德式口误"。通过这种形式的倾听，督导师尽力发现受督导者无意识描绘出的关系画面。

关注当事人的移情

督导师也对有关当事人对受督导者的移情感兴趣。移情的意思是，从早期的关系或情况中转移出来的情感或态度，例如，当事人无意识地把受督导者视为父亲形象。在模式 4 中，我们将看看受督导者如何把态度和感觉从早期关系中转移到当事人身上，这被称为"反移情"。在许多方面，我们有必要在这两种模式之间切换，同时考虑移情和反移情。然而，目前我们把重点分开，只关注当事人的移情。

受督导者对上述许多问题的回答，尤其是使用的意象和比喻，将为当事人可能发生的移情提供重要线索。例如，受督导者说他们的关系就像两名拳击手在对打，抑或是他们的关系像兔子受惊后想要依偎在母亲身边，这两种移情截然不同。

从对当事人的无意识督导中学习

当关注当事人和受督导者之间的过程时，重要的是要认识到，在某些地方，双方可能都知道在更深层次和不那么有意识的水平上发生了什么，以及什么可能会阻碍更有成效的工作关系。这种认识很可能是无意识的，否则，这种情况不会被带到督导中。督导师的工作是倾听当事人的无意识是如何告知受督导者其需求的，受督导者是如何给予帮助或造成阻碍的。朗斯（Langs，1978，1983，1985）开发了一个复杂且非常详细的系统，用于注意并解码当事人潜在而无意识的交流，然后将其与受督导者的行为及当事人如何无意识地体验到这些行为联系起来。

使用这种方法的一个简单方式是倾听关于当事人的所有报告内容，例如，他们讲的故事，他们对其他人的感受，悄悄话和脱口而出的评论，所有这些都与当事人如何感受工作过程和受督导者有关。朗斯（1985：17-20）给出了在心理治疗中这个过程的一个很好的例子。

一位45岁的女性因为抑郁发作需要每周接受一次心理治疗，在最后一次治疗中，她是这样开始的：

患者：在我所任教的宗教学校班级里，有个男孩要离开镇子了。我不知道还能不能再见到他。我想和他拥抱道别。我儿子要去一所外地大学。我想起了当我还是孩子时我父亲离开我们时的情景。昨天，在宗教学校，我想和校长发生关系。

患者在很大程度上使用了代替和象征手法来暗示外部的危险处境，而不是直接暗示治疗师的抛弃……患者提到在她的班上失去了一个男孩，失去了她的儿子，在童年失去了她的父亲，每一种都涉及丧失和结束的一个方面，每一种都以某种伪装的形式表达了患者结束心理治疗的意义。

帕特里克·凯斯门特（Patrick Casement，1985）写道："患者在无意识中寻找最需要的治疗体验。"他举了很多例子来说明当事人或患者的无意识是如何不断地告知治疗师他们的需要的。凯斯门特告诫我们，要区分当事人应该得到满足的健康成长需要，和他们"想要"或"要求"的东西，因为这些东西无法得到满足，所以最好不予满足而让其受挫。

这里有一个例子，说明了想要或要求的东西与健康成长需要之间的区别，这个例子来自一位心理治疗受督导者的工作。

治疗师是一位女性工作者，她的外表和举止都很像一位母亲。这位当事人也是一位女性，她自己的母亲非常抑郁，常常一连几周足不出户。当事人经历了想要治疗师拥抱和搂抱她的阶段，并试图用一切可能的方法让治疗超过结束时间。当事人反复想要或要求的是无界限共生的母爱，但当事人无法得到满足，而无意识成长的需要是要一位能够提供体贴关心和明确界限的治疗师，这是她自己的母

亲无法给予她的。一旦在督导中进行了这方面的探索，治疗师对当事人的焦虑就
会大大减轻，她也能够以当事人可以接受的方式，为当事人设定清晰的界限。

模式 1 帮助受督导者建立起第二人称视角，而模式 3 在帮助受督导者转向第三人称
视角时至关重要，第三人称视角可以帮助他们观察自己，观察与之共事的当事人，以及
他们之间的关系。

模式 4：聚焦于受督导者

在这种模式下，督导的重点是受督导者的内部心理过程，以及这些过程如何影响其
工作和当事人关系，其工作和当事人关系又如何受到这些过程的影响。其中包括受督导
者的情绪反应和对当事人的共鸣，这通常被称为反移情。我们可以区分五种不同类型的
反移情。

1. 受督导者被特定的当事人所激起的反移情。这可能是受督导者将在过去关系或情
境中的感受转移到与当事人的关系上（如将当事人视为兄弟姐妹等），或者是受督
导者的经验投射到了当事人身上（例如，当他们感到对当事人缺乏耐心时，反过
来认为当事人很不耐烦、难以满足，等等）。

2. 受督导者因扮演了当事人移情到他们身上的角色而出现的感受和想法。例如，如
果当事人像回应其母亲一样回应受督导者，受督导者可能发现他自己的感觉是时
而想给予保护，时而很愤怒，就像当事人的母亲曾有的一样。

3. 受督导者以自己的感受、想法和行动来对抗当事人的移情。例如，当事人把受督
导者当作母亲一样对待，而受督导者不自觉地变得"男性化"和商业化，以躲避
当事人的移情。

4. 受督导者在身体上、心理上或精神上接受当事人投射的东西。例如，受督导者感
觉当事人的痛苦、恐惧或愤怒就好像是他自己的，因为当事人无法感受到这些
情绪。

5. 罗恩（Rowan，1983）曾提出"目标依恋反移情"，即我们希望当事人为了我们
而改变，而不是为了他们自己。这可能是因为我们希望看到自己是成功的，把当
事人的"治愈"视为我们作为专业人员福祉的反映。这可能是由产生效果的专业
要求推动的，也可能是我们希望当事人在他们的生活中做出我们自己无法做到的
改变。

所有形式的反移情都有一个共同点，那就是都涉及受督导者对当事人某种形式的无意识反应。受督导者必须探索所有形式的反移情，以便有更大的空间来回应当事人而不是对当事人做出反应。弗洛伊德和早期的精神分析学家曾认为，反移情是一种必须意识化的东西，反移情形成了咨询中的消极障碍，需要被消除。直到 20 世纪 50 年代，葆拉·海曼（Paula Heimann，1950）和哈罗德·瑟尔斯（1955）等精神分析治疗师的开创性工作，才让反移情在理解当事人方面的创造性潜力得到认可。现在，许多专业人员意识到，他们自己的反应可能是线索，他们可以借此更深入理解他们的工作、他们的当事人，以及当事人人际关系中的困难可能是导致这一问题的原因。

从我们上面所说的可以清楚地看出，如果不参考当事人的移情，就很难处理反移情，因此模式 3 和模式 4 通常一起工作。这两种模式的差别在于，是主要聚焦于试图理解"在那里"的当事人，还是聚焦于受督导者自己的过程。

我们从协同咨询中借鉴了一种有用的技巧（Heron，1974），即"身份核查"，它是指督导师要带领受督导者经历四个阶段，引出他们的反移情。

阶段 1：鼓励受督导者分享他们对这个问题的第一反应："这个人让你想起了谁或什么？"督导师重复这个问题，直到受督导者找到答案，答案可能是过去的某个人、知名人士、历史人物或神话人物，也可能是他自己的一部分。

阶段 2：寻问受督导者，他们想对第一阶段发现的人或情况说什么，尤其是他们与那个人的关系中还有未解决的问题。这可以通过角色扮演来实现，方式是让那个人"坐"在一张空椅子上，让受督导者向他们表达对自己的感受。然后受督导者可以换椅子，继续对话，直到他们经历了转变或找到一个可以休息的地方。

阶段 3：要求受督导者描述他们当事人与这个人所有不同的地方。

阶段 4：寻问受督导者想对当事人说什么。如果前几个阶段已经圆满完成，受督导者将可能以怎样不同的方式对待当事人。

这个练习可以让你惊奇地发现最不可能的联系，以及未完成的想法和感觉，这些想法和感觉正在阻碍你看见当事人。

在受督导者沟通的外围经常能发现更多无意识的材料。它们可以是他们的图像、比喻或"弗洛伊德式口误"，或者是存在于他们的非语言交流中。督导师可以让他们自由联想，以便获得图像或"口误"的词语，或者让他们重复和夸大带有情感的动作或手势，通过这些方式引出受督导者的无意识材料。

通过这些干预，受督导者会浮现出强烈的感觉，然后他们需要将这些感觉与当事人的工作联系起来。考虑到工作中涉及的个人情感共鸣与受督导者的反移情有关，督导师需要注意个人 - 职业边界，检查受督导者在处理这些材料时的意愿和舒适感（见第八章）。

以下是通过自由联想引发反移情的一个示例。它摘自一次督导会谈，当时罗宾·肖赫特正在给社会服务部门的一名高级经理做督导，他叫约翰（当事人是他管理的员工）。

> 罗宾：你为什么让这名员工随波逐流，而不面质他？
>
> 约翰：我可不想当个有惩罚性的老板。
>
> 罗宾：那将是什么样的呢？
>
> 约翰：你问的时候，我脑海里浮现出一个小男孩站在校长办公室外面的画面。
>
> 罗宾：所以对你来说，面质和做一个惩罚性的校长之间是有联系的。如果你是这名员工的校长，你想怎样惩罚他？你会因为什么惩罚他？

在一起探讨了这些问题之后，罗宾鼓励约翰尝试用其他方法面质那些不怎么受惩罚性反移情影响的员工。因此，他从模式4开始，又回到了模式2。

在模式4中，重要的是要包含对凯文林（Kevlin，1987）所称的"意识形态编辑器"的探索。这是受督导者通过自己的信仰和价值体系来看待他们的工作和当事人的方式。这包括有意识的偏见、种族主义、性别歧视和其他假设，这些假设使我们误看、误听或误解当事人（见第七章）。

激发这种意识形态编辑器的一种方法是，意识到受督导者使用比较或联想。如果一位受督导者说起当事人"是一位非常乐于助人的当事人"，督导师可以问："她是怎么乐于助人的？""她比谁更乐于助人呢？""告诉我你认为当事人应该怎样帮助你？"因此，督导师试图发现隐藏在"非常乐于助人"这个比较术语中的关于当事人应该是怎样的假设。建构论理论家（Kelly，1955）可能会把这位受督导者描述为有一种乐于助人／非乐于助人的两极建构，这种建构引导着他的思考和关系。

模式4还包括关注受督导者的一般幸福感（资源方面）和发展（发展方面）。除非对这些方面给予时间，否则危险在于督导将变得反应过度，总是对最新的困难当事人的影响做出反应，而不是随着时间的推移主动帮助受督导者建立能力和复原力。在这种模式下，建议定期设定和审查受督导者的专业发展目标，包括思考督导如何积极促进受督导者的持续学习（见第二章）。

> 模式4中督导师可能使用的干预措施包括以下三点。
>
> » 跟这位当事人见面后，你感觉如何？
>
> » 这位当事人在哪些方面像你，又在哪些方面与你不同？
>
> » 你觉得这位当事人有什么困难或挑战？

模式 5：聚焦于督导关系

在之前的模式中，督导师的注意力一直没有放在自己身上。在模式 1 中，焦点是当事人，在模式 2、模式 3 和模式 4 中，焦点越来越多地转移到受督导者身上了。督导师越来越鼓励受督导者少从当事人身上寻找答案，多关注自己的内心世界。但到目前为止，督导师还没有开始审视自己的内心，看看到底发生了什么。在最后两种模式中，督导师实践自己所宣扬的，在模式 5 中聚焦于督导关系，以及受督导者的工作关系如何进入和改变督导关系，然后在模式 6 中讨论督导师自己的经验和行动，然后把它们带入模式 5 进行共同讨论。

美国的新弗洛伊德主义精神分析学家哈罗德·瑟尔斯（1955：169-170）对平行现象的发现和探索在理解这种督导模式方面做出了很大贡献。

> 我听过许多治疗师在小组陈述案例，这些经验使我对治疗师基于案例进行陈述产生了不好的看法。我常常看到，一位治疗师在呈现个案中偶尔会表现出焦虑、强迫和思维混乱，实际上，他是一位有基本胜任力的同事，透过他无意识的言行举止，我们看到了在治疗病人时他的主要问题。这个问题领域他无法客观感知，也无法用语言有效描述。相反，他在无意识地认同它，并在实际上通过他展示个案的行为方式来表述它。

通过平行关系，当事人与受督导者之间的关系动力可以通过受督导者与督导师之间的关系反映出来。例如，如果我有一位非常压抑退缩的当事人（他有一位非常压抑退缩的母亲或父亲），当我把他们呈现给督导师时，我很可能也会用一种非常压抑退缩的方式。实际上，我变成了我的当事人，试图把我的督导师变成我的专业助人者。对受督导者而言，这很少是有意识的，它通常有两种功能。第一种功能是作为一种释放的形式，我要对你做一些已经发生在我身上的事，让你看看你感觉怎么样；第二种功能是作为一种沟通的尝试，即通过在此时此地的关系中重新扮演来传达这种动力。督导师的工作是尝试命名这个过程，从而使受督导者可以有意识地探索和学习。如果它仍然是无意识的，督导师可能会陷入这个过程的再现，对压抑退缩的受督导者感到愤怒，就像受督导者对压抑退缩的当事人感到愤怒一样（就像当事人和父母在一起的那种感觉，尽管所有这些感觉可能都是无意识的）。

在平行关系过程中，重要的技巧是能够注意到自己的反应，并以询问和非评判的方式反馈给受督导者。例如，"我感觉你对我讲述这位当事人的方式相当压抑，我开始感到烦躁和愤怒。我想知道这是不是你对你的当事人的感觉？"这个过程是相当困难的，因为我们的工作处于一个悖论之中，受督导者既想激怒督导师（尽管是无意识的），又想努力解决并理解这个困难的过程，在这个过程中，受督导者和当事人都落入了陷阱。"

下面是来自琼·威尔莫特（Joan Wilmot）的关于平行关系的一个清楚的案例。

> 我当时在督导一名安置在我们治疗社区的社工学生，她在为一位住院病人提供咨询时遇到了困难。他是一名 40 多岁的男子，在这里已经参加了大约 7 个月的康复训练，现在将进入下一阶段，目标是为自己找到一些志愿者的工作。他应该有能力做到，但是任凭那名学生给出了许多有帮助和支持性的建议，他对她说的每个建议都说："是的……但是……"在我和她的督导中，尽管她是一名非常有能力的学生，但她对我给出的所有干预的反应也都是"是的……但是……"我把这个问题拿给我的督导师，就像我想的那样，希望得到一些有用的建议，以便帮助这名学生。然而，尽管我通常很乐于接受督导，但我对我的督导师提出的每一个建议都报以"是的……但是……"然后他评论说我听起来是多么的抗拒，我的问题与那位住院病人的问题是多么相像。这一领悟立刻让我感到如当头棒喝一般，接下来，我们便都能享受我们深陷其中的那种无意识的平行关系，我也不再需要和我的督导师一起玩抗拒的游戏了。我把这一点分享给我的学生，她不再需要抗拒我，而是回到她的当事人那里，探索当事人为何需要抗拒。他需要通过抗拒来感受自己的权力，这个问题可以单独处理，而不必与他找志愿工作这件事混为一谈，他可以在一周内安排一些志愿工作。
>
> （Wilmot and Shohet，1985：90）

德哈恩（2012）认为有三种形式的平行过程：如上所述的在督导关系中当事人 - 受督导者关系动力的无意识平行；反向平行过程，即督导关系的动力在与当事人工作中无意识发生（例如，咨询师感到来自他们督导的压力，然后对他们的当事人施加压力）；积极的角色示范，即督导师有意识地以一种方式行事，为受督导者如何选择与当事人工作提供了一个有用的角色榜样。

在关于平行关系的早期系统案例研究中，玛格丽·多尔曼（Margery Doehrman，1976）发现，在她所研究的每一段患者 - 治疗师 - 督导师关系中都存在着强大的平行关系，而且都是双向的（从治疗到督导，反之亦然）。

从那时起，已经有案例研究进一步证实督导和治疗之间的平行关系活跃地存在着（e.g. Jacobsen，2007），但迄今为止最严谨的研究是一个涉及亲密关系和权力动力的研究。该研究在一个学期的时间里以录音的方式记录了 17 组治疗 / 督导的三元关系（包括 3 位督导师、7 位治疗师和 17 位当事人）（Tracey et al.，2012）。这项研究发现了在所有三元组合中存在平行关系的明确证据。在督导中讨论当事人时，治疗师在他们的平常行为中表现出微妙但重大的改变，他们与之前治疗中的当事人的表现更类似，且他们的督导师的行为也和治疗师与他们的当事人在上一次咨询时的行为更像（例如，治疗中的顺从 - 批判动力在督导过程中是平行出现的）。治疗师在随后治疗过程中的行为也与他们的督导师的行为平行，结果发现，随着时间的推移，他们这样做得越多，他们的当事人的受助效果就越好（通过当事人症状问卷测量）。研究人员得出的结论是，治疗师与当事人在督导中的动力平行关系，使督导师能够示范一种略微而不同的掌管动力的方式，治疗师会在一段时间内无意识地学习这种动力，从而改善他们与当事人的工作。我们同意这些研究人员的观点，即当督导师明确地谈论平行关系时，这可能会进一步提高受督导者参与当事人动力的能力。督导师对平行关系的刻意讨论可能是最有效的督导干预之一（Morrissey and Tribe，2001）。

在模式 5 中，督导师关注督导师与受督导者之间"真实"关系的质量也很重要（Watkins，2018）。在模式 5 中，订立督导协议并定期回顾是督导工作的主要部分。这种模式还包括关注督导关系的界线（例如，关注任何形式的双重关系，包括各级管理的讨论）；讨论和分享督导师的评价或关于受督导者的正式报告；共享督导师和受督导者之间正式和非正式的反馈（见第四章和第八章）。有时督导师和受督导者也可能从事协作工作（如共同提供服务），这些如何在督导中讨论和协商也是模式 5 的一部分。

督导关系中的困难并不总是因为平行关系，也可能从以下方面产生：

- 缺乏某些方面的协议；
- 督导师与受督导者之间的人际关系问题；
- 权力动力、角色、文化或组织上的冲突。

这些将在第八章的对督导困境的管理中进一步探讨。

欧文·亚隆（Irving Yalom，2002）论述了一直关注所有专业关系中"此时此地"发生什么的重要性。也就是说，"此地"（在这间办公室里，在这段关系中，在你我所在的空间内）发生了什么，以及"此时"（在最近的一个小时中）发生了什么。他继续论述，使用"此时此地"的基本原理是基于两种基本假设，即人际关系的重要性和社会微观世界的概念（"此时此地"的关系再现了更广阔世界和其他关系中发生的事情）。所以亚隆在第一次咨询中，通过评论他与当事人的关系起了示范作用，干预措施包括以下内容。

- "花点时间看看你和我今天做得怎么样。"
- "你对我们的工作或关系有什么感觉吗？"
- "在我们结束之前，我们能看看我们之间发生了什么吗？"

与当事人的关系相比，这些干预措施似乎与督导关系同样相关。亚隆（2002：68）继续写道：

> 对此时此刻的评论是治疗关系的一个独特方面。很少有人允许这么做，更不用说有人会鼓励我们去评论他人的行为。这感觉很自由，甚至令人兴奋……但这也让人觉得有风险，因为我们不习惯给予和接受反馈。

迈克尔·卡罗尔（in Carroll and Tholstrup，2001：46）呼应了这一主题：

> 对参与者而言，在一个联合学习项目中，真正合作可能是有风险的，至少对督导师和受督导者而言，这可能充满了不确定性。它要求在场的人把到目前为止所形成的习惯地图摊开，供详细阅读。

模式 5 中督导师可能使用的干预措施包括以下三点。

> » 让我们花点时间来思考一下，我们在七眼督导模型中使用了哪些督导模式来探索这个工作问题，看看是否有我们没有使用过却可能有帮助的督导模式。
>
> » 我注意到我们都非常努力地去理解这位当事人，但却没有取得很大进展。我想知道这是否反映了当事人的体验或你和他在一起的体验。
>
> » 在我看来，你对在工作关系中保持清晰的界线越来越有信心了，这与你的体验有什么关系？

模式 6：督导师聚焦于自己的体验

在模式 5 中，我们探讨了受督导者和他们当事人之间的关系是如何涌入并反映在督导关系中的。在这种模式下，我们关注的是这种关系如何进入督导师的内部体验，以及如何使用这种内部体验。

作为督导师，我们经常发现有突然的变化"席卷而来"。我们可能会突然感到非常疲倦，但当受督导者转向讨论另一位当事人时，我们又会变得非常警觉。在理性上与谈话素材无关的形象，可能会自动地在我们的意识中跳出来。我们可能会发现自己对当事人的形象感到性兴奋，或者因不可理解的恐惧而感到颤抖。

多年来，我们开始相信这些干扰是来自我们潜意识的重要信息，这些潜意识告诉我们此时此地发生的事情，以及在与当事人工作中发生的事情。为了相信这些突然出现的干扰，督导师必须非常了解他们自己的内部心理过程。我必须知道我通常什么时候会感到疲倦、无聊、烦躁、恐惧、性欲高涨和胃部紧张等，以便确定这些突然的干扰并非完全是我自己内在情绪高涨，而是部分地接受了外界的输入。在这一过程中，受督导者的无意识材料被督导师的无意识接收，督导师努力使这些材料进入意识，从而试探性地把它带进督导中，与受督导者一起探索其可能的意义。

督导师需要清楚自己对受督导者的基本感受，否则他们就无法注意到这些感受是如何因受督导者和当事人无意识的输入而改变的。督导师需要关注他们自己感觉上的变化，以及外围未成熟的想法和幻想的变化，同时仍然关注会谈的内容和过程。这听起来可能是一项艰巨的任务，但它也是在任何助人行业中保持高效的关键技能。因此，督导师可以为受督导者进行示范，这一点很重要。督导师可以利用他们对自己不断变化的感觉和情感意识做出如下陈述。

模式 6 也可能涉及督导师在督导中分享自己的经验或知识，这可以包括以下几点：为受督导者的工作提供指导或灵感而分享专业的奇闻逸事，建议阅读督导师认为有用的材料，或者分享一些对督导师工作很重要的理论见解。它还包括督导师分享临床错误，并从中吸取的教训。督导师也可以分享他们自己的生活、个人信仰或价值观，或者他们自己职业生涯的一部分。

> 模式 6 中督导师可能使用的干预措施包括以下三点。
>
> » 当你描述你与这位当事人的工作时，我感到越来越不耐烦了。我反思了一下，我觉得这与你无关，也与我督导之外的事情无关，所以我想知道，是不是我感受到了你对当事人的不耐烦？
>
> » 在你描述你与这位当事人的关系时，我仿佛看到了一幅狼在冲你龇牙咧嘴的画面。这个形象是否与你对这段关系的感觉产生了共鸣？
>
> » 你说这位当事人的时候我都犯困了。通常在我身上出现这种情况时，似乎暗示着一些感受被关闭了，这些感受或许是与你的当事人有关，或者与我们此时此地的督导有关。我想知道你是不是有什么保留着没有说？

研究发现，受督导者认为督导师的自我表露有助于正常化自己的经历和担心，有助于增进督导关系和发展自己的专业认同，增加自己的开放性和在督导中的自我表露，增加在与当事人做自我表露时的信心（Knox et al.，2011；Clevinger et al.，2019）。然而，更有可能的情况是，督导关系已经很好了，受督导者认为督导师做了适当的自我表露，这样的自我表露与受督导者的工作的相关性很明显，否则受督导者可能对如何回应督导师分享的内容不知所措（Knox et al.，2011）。正如我们所看到的，在督导中，督导师必须明确将其个人的和专业的自我表露与所讨论的工作联系起来，这一点非常重要。

6a 督导师 – 当事人关系

到目前为止，七眼督导模型已经探索了两种关系之间的相互作用：当事人 / 受督导者关系和受督导者 / 督导师关系，然而，它忽略了三角形的第三条边，即督导师与当事人之间的想象关系。督导师可能对受督导者的当事人有各种各样的想象，即使他们从来没有见过当事人，或者可能只有短暂的接触（如果他们和受督导者提供同样的服务）。当事人也可能对与他们一起工作的督导师有想象，我们知道有些当事人会把大量的注意力放在他们不认识的督导师身上，以及他们对在督导过程中所发生的事情的想象上。

这些幻想关系使三角关系变得完整，就像所有的三角关系一样，充满了潜在的冲突和复杂性。然而，督导师对当事人的想法和感受显然是有用的，可以帮助阐明模式 1 中关于当事人的可能模式，以及模式 5 中可能的平行关系。当督导师的感受和受督导者的体验不一致时，可能是当事人 - 受督导者关系的某些方面被咨询师否认了，或者是在他们意识之外，而这些未被意识到的信息被督导师感受到了，就像我们前面所讲的那样。

模式 7：聚焦于工作的更广泛背景

在这里，督导师将焦点从咨询中具象的特定工作关系中转移到咨询工作和督导工作所在的环境上。督导过程的各个方面均在这个环境中发生。时随境迁，我们意识到将模式 7 细分为各个方面很有用（见图 6-2）。

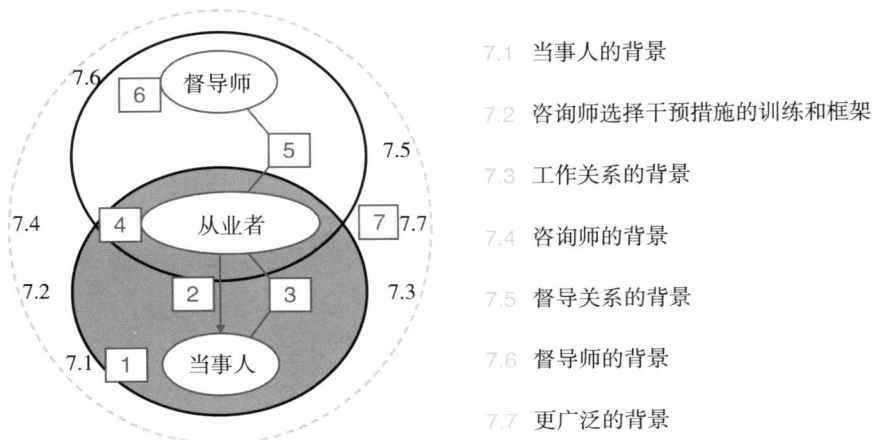

7.1	当事人的背景
7.2	咨询师选择干预措施的训练和框架
7.3	工作关系的背景
7.4	咨询师的背景
7.5	督导关系的背景
7.6	督导师的背景
7.7	更广泛的背景

图 6-2　七眼督导模型中模式 7 的各种元素

7.1 聚焦于当事人的背景

对许多咨询师而言，他们很容易陷入这样的陷阱，即认为当事人的表现仅仅源自他们个人的心理模式。这只是当事人的一个方面。在这个子模式中，问以下一些问题也很重要。

- 告诉我当事人的背景 / 他们的工作 / 他们的文化 / 他们的家庭，等等。
- 他们有哪些资源没有利用或可以利用得更多？
- 当事人为他们的家庭、团队或组织带来了什么？
- 他们为什么现在来寻求帮助？
- 他们在何时何地遇到过这些困难？

7.2 聚焦于受督导者在其专业和组织背景下的干预措施

受督导者所采取的干预措施和策略不仅仅是个人选择的结果，还受其所工作的传统环境与政策的影响，还受他们的专业文化与实践及工作机构的影响。即使受督导者是一位独立的从业者，他们仍然是具有标准、伦理和职业道德的专业社群的一部分。在本书的第四部分（见第十二章和第十三章）中，我们将探索督导所在的更广泛的组织背景，以及如何与之合作。

在这种模式下，督导师很可能会问："你对这种情况的处理是否符合你的专业团体对你的期望？"重点不应该仅仅放在对外部标准的遵从上，还应该帮助受督导者提出疑问，他们是否因为对假定他们要达到"预期的实践标准"或因为害怕被评判而使他们在实践中缩手缩脚。

如果督导师一直认为自己是将当前专业的智慧传递给受督导者的渠道，就可能发生停止该专业学习的危险。如果督导是督导师和受督导者之间的一种积极探寻过程，那么督导就可以是孕育专业发展的有利环境，新的学习和专业实践机会将从这里开始生根发芽（见第十二章）。

7.3 聚焦于当事人 – 受督导者关系的背景

当事人和受督导者不仅将他们各自背景的各个方面带入工作关系中，而且他们的关系本身也有一个背景和发展历程。在这个子模式中，重要的是要问一些问题。示例如下。

- 当事人是怎么来见你的？
- 他们是自己选择来的，还是被他人派来或推荐来的？
- 如果是被派来或推荐来的，你与那个人或组织的权力关系是什么（对你和来访双方而言）？

- 当事人是如何看待这种帮助关系的？这与他们在其他帮助关系中的经历有什么关系？
- 当事人所在的文化如何看待这种关系？
- 种族、性别或文化差异是如何影响你们在一起工作的？

7.4 聚焦于受督导者更广泛的背景

在该子模式中，我们不仅关注与特定当事人一起工作时所触发的受督导者的各个方面，还关注他们的整体发展和一般工作模式。该子模式有它自己的背景，因为它受其他因素的影响：

- 他们的专业发展阶段（见第五章）；
- 他们的希望和抱负；
- 他们与参与任何培训计划的关系；
- 他们的个性、个人历史和目前的生活阶段（如家庭、人际关系）；
- 他们在所在组织中的角色和经历。

该子模式也可能涉及受督导者与其同事或其他专业人员一起工作的经验，这里讲的不是指受督导者正在督导或管理的人员，那些人将在模式 3 或模式 4 中作为他们的当事人而被重点关注。

我们经常注意到，与同当事人一起工作的困难相比，咨询师与其同事及组织方面的关系压力更大，而这些问题则可能是最堪忧的核心问题（Morrison，1993；Scaife，2001）。当团队关系被引入个体督导时，重要的是要探索为什么会引入而不是直接解决，其中一个原因可能是缺少合适的团队或组织督导程序。比较有帮助的方法是，从系统的角度来看待这个问题，看看在如何与同事或工作场所打交道方面存在哪些改变的可能。重要的是要记住，唯有在房间中呈现的系统的部分才是可以改善的部分。在第十二章和第十三章中，我们将探索如何在团队和组织中探索同事关系和组织政治。

7.5 聚焦于督导关系的背景

督导关系，如同当事人与受督导者之间的关系一样，有其自身的背景和经历。这种背景的关键因素是督导协议的性质（见第四章）。督导的性质是培训、管理还是咨询监督？如果受督导者仍在接受培训，那么有必要聚焦于培训的性质和督导师在评估过程中所扮演的角色上。该子模式的其他元素包括以下四点：

- 给予和接受督导双方的过往经验；
- 双方的种族、性别和文化差异（见第七章）；
- 不同的理论取向；
- 双方如何掌握权力和权威，以及如何回应对方的权力和权威。

7.6 聚焦于督导师的背景

为了熟练地用子模式 7.5 进行反思，督导师需要能够反思自己的背景及其是如何进入督导关系的。这需要一种高级形式的自我反思练习。它需要一个人对自己的种族、文化及性别偏见和歧视有很好的觉察（见第七章），并且能够很好地觉察自己的个性风格、学习风格和反应模式的优劣势。这样做的目的不是要将这些从关系中排除，而是要意识到督导师是透过这些滤镜，感受受督导者和他们所呈现的系统的。对子模式 7.4 中的受督导者而言，该子模式还包括督导师自身作为从业者和督导师的专业工作背景和发展阶段，以及督导师个人的历史和当前的人生阶段。

7.7 更广泛的背景

最近，彼得发展了该子模式的表述，阐述了督导工作不同水平的更广泛背景（Hawkins and Smith，2013；Hawkins and Ryde，2020；Hawkins and Turner，2020）。

在模式 7 中，有督导的直接环境，包括参与的人员和被督导的工作，但在更大的系统和生态水平中，除了直接的利益相关者之外，还有许多因素既可以影响与当事人的工作和督导，也会被它们所影响。

当一个人接受督导时，他们的团队动力、组织文化、文化背景、家庭、社区和更广泛的生态系统也会跟他们一起被带入督导过程中（Hawkins and Ryde，2020）。这些可以理解为同心圆，就像土星环，一些靠近督导和受督导者的咨询实践，另一些则从中扩展出去（见图 6-3）。

第一环（7a）是当事人工作和督导设置的直接环境，即咨询和督导的设置，以及它们所在的组织环境。

在第二环（7b）中，我们发现了影响工作和被工作影响的不同利益相关者：当事人的家庭、同事和社区；咨询师 / 受督导者的其他当事人、他们的家人、同事、培训和实践社区，专业和他们未来的当事人。对督导师来说也是如此。

第三环（7c）是咨询师、当事人和督导师三方的社会和文化背景，他们之间的文化和社会差异形成了跨文化关系（见第七章）。

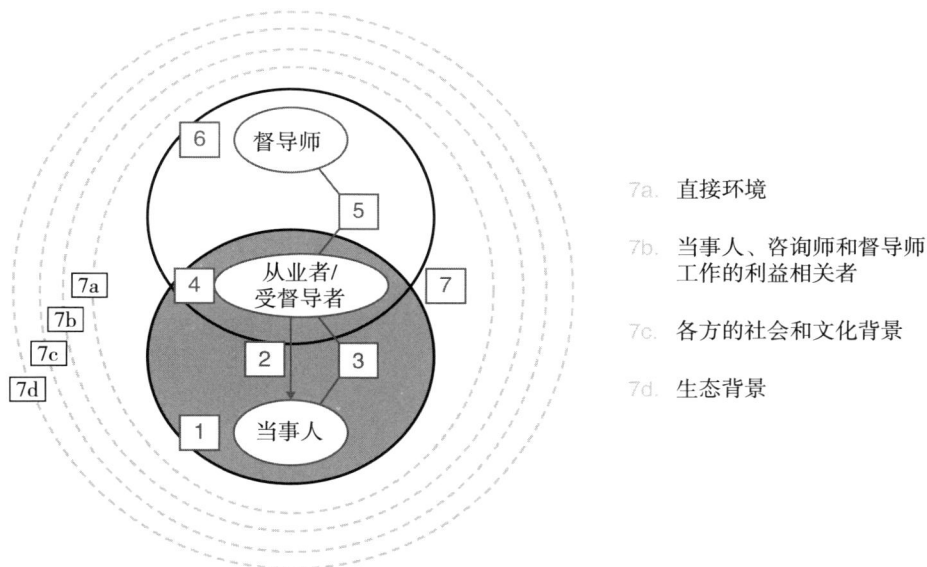

7a.　直接环境

7b.　当事人、咨询师和督导师
　　 工作的利益相关者

7c.　各方的社会和文化背景

7d.　生态背景

图 6-3　七眼督导模型中模式 7 的更广泛维度

在第四环（7d）是所有各方共享的"超越人类世界"的生态。对生态系统有一个健康意识的需要越来越重要，在未来几年中，随着我们周围环境变得更加退化、动荡和危机，对我们正在失去东西的哀悼也可能变得越来越重要。

督导需要倾听和注意这些更广泛的不同水平的系统是如何在工作中有意识或无意识地出现的。在当事人、受督导者和督导师更直接地忧虑当下比较急迫的问题时，督导师需要确保把更广泛的系统囊括进来而不被忘记。正如我们在第一章中所探讨的那样，助人行业所有类型的工作都不能忽视经济增长的限制、人口增长、技术互联和生态危机等更广泛的系统背景。

整合模式

我们认为，好的督导包括所有 7 种模式，但不一定是每一次督导都包括。我们发现，一些督导师已经习惯于只使用一种督导模式。因此，使用这个模型做培训，一方面是为了帮助督导师发现他们经常使用的过程，另一方面是为了帮助他们发现不太熟悉的过程，这样可以使他们发展一种整合的平衡（see also Gilbert and Evans，2000：7）。

在心理治疗中，亨特（Hunt，1986）提出了一个与我们提出的模型相似的模型。他提出，督导风格可以分为三种类型。

1.个案中心的取向：治疗师和督导师是在讨论"督导外"的当事人。这和我们提出的模式 1 相似。

2. 治疗师为中心的取向：聚焦于治疗师的行为、感受和过程。这与我们提出的模式 2 和模式 4 相似。

3. 交互作用取向：聚焦于治疗关系的互动和督导关系的互动。这与我们提出的模式 3 和模式 5 相似。

我们现在要增加第四种和第五种。

4. 方法为中心的取向：聚焦于帮助受督导者在他们和当事人工作中恰当地使用他们特定培训中的技能、方法和理论。米尔恩（2009：51）写道："临床个案督导的目标是尝试并确保治疗的准确性，以便让所有当事人的福祉和安全最大化。"越来越多的督导文献包含了特定专业和特定方法的论文，如精神分析、女权主义、格式塔和认知 - 行为方法的督导等。这与我们提出的模式 2 有些相似。

5. 系统为中心的取向：它侧重聚焦于理解工作与更广泛的组织、文化、社会和生态环境之间的相互作用。这类似于我们提出的扩展模式 7。

亨特专门说明了仅使用其中一种取向的危险。如果所有的注意力都集中在"督导外"的当事人，就会变成是对当事人进行的一场理性讨论，并且会有很大"蒙骗因素"的危险，即受督导者因为害怕被评价而对督导师隐瞒自己的工作。然而，如果这个取向仅仅是以受督导者为中心的，那么受督导者就会体验到这种模式的侵入性，近似于接受心理治疗。

如果取向仅仅以交互作用为中心，那么危险在于，沉浸于这两种紧密关系的复杂性中可能会忽视重要信息。如果督导仅仅是方法取向，那么就存在一种危险，即所使用方法的机制和思维方式将会干扰你从每个人和每种关系的独特性中看到并学到的。

因此，督导师在学会熟练使用每一种主要模式后，也需要学会如何及时有效地、恰当地从一种模式切换到另一种模式。在督导中使用不同模式的最常见方式是，从模式 1 和模式 2 开始，发现在咨询中发生了什么、工作遇到了什么困难；这就自然而然地引出了模式 3 和模式 4——工作关系中发生了什么，以及这对受督导者有什么影响；如果这触发了无意识的交流、平行关系，或者当反馈或督导师的自我表露可能有助于受督导者的工作时，将焦点转移到模式 5 和模式 6。在这些阶段中的任何一个阶段，督导师都可能从特定模式转移到适当的模式 7 的子模式，从而反思在更广泛的领域中什么可能是相关的。在对特定当事人或工作情况的探索结束时，督导师可能会聚焦于模式 2，以探索新的干预措施，受督导者可以演练并将其运用到他们的工作中。

将模型与发展的观点相联系

意识到受督导者个体的发展阶段和接受不同层次督导的准备程度，对督导师是有帮助的（见第五章）。一般的规则是，与新手受督导者工作，督导师需要在开始的时候聚焦于其与当事人工作的内容，以及他们在咨询中的细节（模式 1 和模式 2）。新手咨询师通常对自己的表现过度担心（Stoltenberg and Delworth，1987；Stoltenberg and McNeill，2010），并主要聚焦于模式 2 和"该做什么"（这在艾斯琳的观察性研究中得到了证实）。他们需要在关注实际发生的事情方面得到支持；他们需要在更大的范围内看到个体咨询的细节（模式 1 和模式 7）；他们需要看到一次咨询中的材料如何与咨询的进展相联系；要看到一次咨询与当事人在咨询室外的生活及其个人历史相联系。当督导师帮助受督导者发展这种总览能力时，重要的是不要失去受督导者与当事人之间关系的独特性，对督导师而言，也不要留下这样的印象，即那些新的、个人化的、经常令受督导者感到兴奋的东西可以很容易地归入一个可识别的类别。

随着受督导者能力的发展，他们不再过早地理论化和过度关注自己的表现，从而可能把更多的时间花在模式 2 上，更充分地探索他们的干预方案。如前所述，这里的危险在于督导师习惯性地告诉受督导者该做什么，以及他们如何才能更好地干预。我们发现我们自己就曾对受督导者说过这样的话，例如，"如果是我的话，我会对这位当事人说……"或者"在咨询的那个时刻我可能会保持沉默。"说了这样的话，我们会因为没有践行我们所倡导的理论而感到自责，真希望在督导中我们不是直接指导，而是循循善诱。

随着受督导者的经验越来越丰富，模式 3、模式 4、模式 5 和模式 6 对督导的作用就越来越重要。跟一位有能力且经验丰富的受督导者工作，就有可能信赖他们已经注意到的那些意识层面的材料，并对他们的咨询给出平衡且中肯的评估。在这种情况下，督导师需要更多地倾听受督导者及其所报告的当事人的潜意识层次的东西。这就需要关注督导关系中的平行关系、移情和反移情的过程。

我们发现七眼督导模型适用于助人行业中的所有理论取向和专业领域的督导师和受督导者，所有督导师都可以在 7 种模式的范围内增加方法，从而使督导更有效。

督导师或受督导者的发展阶段和理论取向只是让督导师转移主导模式的两个因素。其他影响选择重点的因素如下：

- 受督导者的工作性质；
- 受督导者的工作风格、个性和学习风格；
- 受训的学校、取向或方法；

- 督导关系中已建立起来的开放和信任的程度；
- 督导师为自己所做的个人发展和探索的程度；
- 双方的文化背景（见第七章）。

模型的应用、评论和发展

自 1985 年首次发表七眼督导模型以来，该模型已经在本书的四个早期版本及其他督导出版物中得到发展（Hawkins，2006，2010，2011a，2011b，2011c；Hawkins and Smith，2006；Shohet，2009，2011；Hawkins and Schwenk，2011）。多年来，该版本的所有贡献者（彼得、艾斯琳、朱迪、罗宾和琼）使用这一模型参与培训，教育了不同助人专业的督导师和受督导者，他们来自世界上的许多国家，覆盖欧洲、北美、南美、非洲、亚洲和大洋洲。

还有一些有关七眼督导模型用于实践的出版物，其中包括对于帮助无家可归人群的社保专业人员的团体督导案例研究（McLaughlin et al.，2019），有关在英国认知行为治疗师的督导中经常使用该模型的调查（Townend et al.，2002），还有对作为爱尔兰咨询心理学督导模型常规使用的综述文章（Creaner and Timulak，2016）。

这些年来，我们也收到了许多有趣和有价值的评论，这些评论帮助我们扩展和发展了这种模型本身，以及我们如何教授这种模型。其他的批评已经向我们指出了这种模型不够清楚的地方，这些地方导致对模型或意图产生误解，这些批评帮助我们在本书的每个新版本中对模型的描述和术语的使用都变得更加清楚。下面是一些最常见的批评。

模型是有等级的

有些人以平等主义的理由反对督导师位于原始七眼督导模型图表的顶端，当事人在底部，受督导者在中间。都铎和沃勒尔（Tudor and Worrall，2004：75）清楚地表达了这一观点："在霍金斯和肖赫特的模型中，在代表人的三个相关圈中，督导师处于顶端，这一事实表明给予了督导师一定的等级和权力。"

我们认为，这一观点源于混淆了系统层次和政治统治的误解（Whitehead and Russell，1910–13；Bateson，1972），也把更大的责任和权力与独裁混为一谈。在系统层次结构中，树比树枝"更高"。森林比树"更高"。这并不是说森林优于树木；事实上，森林的存在依赖于树木。同样，一位督导师只有在有受督导者的情况下才能存在，而受督导者也只有在有当事人的情况下才能存在。七眼督导模型中的任何位置都不意味着高就更重要、更强大或更明智。它确实意味着，在督导中，督导师有责任关注自己、受督导者和当事人，受督导者也有责任关注自己和当事人。然而，责任却不以同样的方式向相反的方向流动。

这种模型声称是整合的，事实上却偏向于一个特定的方向

有人认为七眼督导模型是一种心理动力学督导模型，或者是一种人本主义督导模型。然而，对我们来说，这个模型本质上是整合的。首先，它从根本上利用系统取向、心理动力学、主体间性、认知取向、行为取向和人本主义取向来理解关系，也用到了社会学、团队和组织的方法。系统地理解督导矩阵的变化如何影响当事人 - 受督导者的关系矩阵，进而影响当事人系统，这是模型的基础；同样需要理解的是，督导是在更广泛的系统背景下发生的（见模式 7；see also Hawkins，2011c）。这个模型清楚地利用了精神分析理论对移情和反移情的理解。七眼督导模型中干预措施的创造性在很大程度上借鉴了人本主义创新者的工作，他们的工作包括心理剧、格式塔疗法、精神综合法和交互分析等。该模型明确强调的不仅仅在于创造洞察力和意识，而且在于改变我们的思维和行为方式，这也与认知 - 行为取向及对转化学习的理解相一致（Hawkins and Smith，2018）。

我们的第二个整合主张是务实的。当彼得第一次开发这个模型时，他并不知道它的作用范围，但他和他的同事致力于将其用于不同的专业团体，以测试它与来自不同理论取向和不同学科的人在一起工作的能力范围。通过我们的培训工作，我们非常惊讶并高兴地发现，各种专业背景的从业者一旦能够跳出原来的培训框架，就都能使用该模型来发展他们自己的督导实践。这些从业者包括心理咨询师、心理治疗师、心理学家、教师、护士、医生、社会工作者、律师、职业治疗师、老师和教练（见第十四章）。

模式 7 属于不同的顺序，需要包含在其他 6 种模式中

我们发现马修和特雷彻（Matthew and Treacher，2004：200）提出的这一挑战非常有用，我们从根本上同意模式 7 是一个不同的层次。从其他六种模式中的任何一种模式到第 7 种模式，就是从聚焦于具体事物到聚焦于现象发生的背景的转变。我们也注意到，背景的层次几乎与关注具体现象的模式一样多，因此从模式 7 中发展出了各种不同的子特性，以及上述模式 7 的新环。

我们仍然认为，不把模式 7 并入其他六种模式中非常重要，因为这将避免我们几乎所有人都需要定期将我们的注意力自然地离开我们的视野，转移到更广泛的领域的持续挑战。这是我们在第七章中探讨文化、种族和性别问题时的一个主题，这些问题不仅发生在人际关系中，而且发生在包含这些关系的社会环境中。

对模式 8 的需要

丹尼斯（Denise，2009）提出应该有与督导的超个人方面有关的第八种模式，其他人也问过在七眼督导模型中超个人或灵性的位置。我们强烈同意，督导不应该减少到人类和物质领域，也应该开放到"超越人类世界"（Abrams，1996：6），应该"为恩典创造空间"（Hawkins and Smith，2006：283）。

然而，在哲学层面，我们反对超个人应该是一个单独的超然领域的观点。我们认为，灵性和超个人在所有 7 种模式中都有其重要的固有地位。在模式 1 中，我们可以关注当事人呈现的个人和超个人方面，而在模式 4 中，我们可以关注受督导者的超个人方面。在模式 3 和模式 5 中，我们应该考虑关系的超个人方面，以及在超越双方之间的空间中出现了什么。在模式 6 中，作为督导师，我们不仅应该开放我们的心理存在，还应该开放其他层次的存在，而在模式 7 中，更广泛的环境也包括了超越人类和物质的领域。

达龙卡马斯等人（2014）也建议该模型将受益于第八只眼，他们称之为"观察眼"。我们对这一点的不同意见与上面类似，所有的眼睛都是站在正在探索的问题背后，从更远的距离和多个角度来观察它们。他们所指出的是需要发展一种第四个见证人视角来整合第一人称、第二人称和第三人称视角。我们也支持这种需要，这促使我们进一步发展了模式 7 的扩展环。

波士顿和埃利斯（Boston and Ellis，2019：63）将第四人称的观点描述为：

> 我们很清楚，所有对情境的解读都与环境相关，它是由我们的集体规范、信仰体系和赋予世界意义的方式所塑造的。我们也能够退后一步，从全球的角度来看待问题，对国家文化、生活经验和社会背景对我们的组织实践和系统的影响变得更加敏感。

我们相信使用所有七只眼及其扩展环，发展出第四人称的见证人视角，这不应该是第八只眼睛，因为它没有关注不同的区域，只是以不同的方式加以关注，这只会在所有七只眼睛都用到时才出现。

这种模型理论性太强了

我们相信，进一步阅读七眼督导模型的一些理论基础是有价值的（例如，阅读关于移情、反移情和平行关系的内容）。然而，这个模型的有用之处并不在于支撑它的学术严谨性。相反，我们发现，它的有用之处在于扩大对督导师（和受督导者）的注意和干预范围，并在督导过程的每一个点上增加选项。

这种模型没有循证证据

米尔恩（2009）批评了许多督导方法，其中也包括这种认为它们没有循证证据，也没有为研究和可靠的观察分析提供足够清晰的框架。我们同意，尽管该模型在国际上已经使用了 35 年以上，但与大多数督导方法的研究一样，使用该模型的研究非常有限（见第十五章）。然而，我们认为，基于数千小时的培训，该模型提供了一个严格的、可培训的框架，也可以接受观察分析。艾斯琳和她的同事夏兰·詹宁斯（Ciaran Jennings）最近为七眼督导模型开发出一种编码框架，已用于研究它的应用、相关性及在社区精神卫生服务中督导的适用性。我们期待该编码框架被用于其他的观察性研究，从而扩展该模型在其他环境和文化中的研究基础。

我们也希望看到实证研究，调查那些训练有素和有经验的督导师广泛使用七眼督导模型的经历，这会为受督导者的后续工作创造更有益的影响，让当事人的咨询效果更好。

结论

对我们而言，七眼督导模型的力量在于，即使在 35 年之后，我们仍能从这个模型中不断学习并获得新的见解。它已经被证明是有用的，超出了彼得最初的研究范围，并已被用于不同文化和不同职业领域，从青少年工作到缓和医疗，从精神病学到领导力发展，从教育到夫妻治疗。我们越来越相信，要对助人行业的工作进行有效督导，督导师必须能够使用所有 7 种督导模式。

该模型还提供了一个参考框架，以帮助受督导者和督导师回顾督导过程，并协商如何改变焦点使之更加平衡。不同的受督导者需要不同的督导模式。在第七章中，我们将探讨督导师如何提高他们处理各种差异的能力。我们还将回顾这 7 种督导模式中的每一种，并提供案例说明每种督导模式如何跨文化使用。

应对差异：跨文化督导

导论

在本章中，我们关注的是在与背景及看待世界的方式不同的人一起工作时，我们所需要的敏感性和意识。近年来，人口流动和移民增加，全球估计有 2.32 亿国际移民（World Migration Report，2015；cited in Moleiro et al.，2018），这增加了我们在所有助人背景下与来自少数文化群体当事人工作的可能性。

少数群体在获得和接受恰当的保健服务方面会遇到更多的困难（European Commission，2004；US Department of Health and Human Services，2004），这意味着我们需要在卫生服务方面更具有文化敏感性。有证据表明，少数群体存在更严重的社会、职业和心理健康问题（Sue et al.，2009；Drinane et al.，2016）。据报道，与其他少数群体相比，性和性别少数群体的压力更大，部分原因是其在原生家庭中也处于少数群体地位（Garnets，2002；Pachankis and Goldfried，2004）。

这些因素意味着，作为专业助人从业者，面对少数和多数文化之间的差异和不平等，我们需要不断努力提高意识和敏感性。现在有一种共识，即应在督导中仔细探索文化世界观的差异（Henderson，2009：69；Davys and Beddoe，2010：122；Hawkins and Ryde，

2020）。然而，我们将展示，这种意识和敏感性不仅适用于其他人，而且适用于每位个体自己的文化和文化设定。一种文化中的优势群体倾向于认为自己在文化上是中立的，这样其他人就是根据主流文化的"正常"被定义的。赖德（2009，2011b，2019）关于"白人"意识的工作很有价值，它强调了主导文化中的权力和特权，从而强调了责任。在本章中，我们将集中讨论文化领域，因为它不仅对种族和民族有影响，而且对阶层及其他发展自己"子"文化的群体也有影响。甚至不同的组织和家庭也会发展他们自己的文化，所以我们需要承认和理解他们之间的差异。

接下来，我们将看到督导如何发挥作用，以确保差异和权力得到理解，并得到适当的回应。我们探索在进行督导时，考虑文化和其他方面差异的重要性，探索需要与之工作的文化因素、权力动力和差异，探索在 7 种督导模式中对差异的关注有何不同（见第六章）。最后，我们将会讨论跨文化及对差异敏感的督导的最佳实践问题。下面我们先阐述我们所讲的"文化"是什么意思。

理解文化

我们理解的"文化差异"是指不同的显性和隐性的假设和价值观，它们会影响不同群体的行为和社会产物（Herskovits，1948）。

文化不仅仅存在于我们的内心，更存在于我们生活的环境中。文化主要影响的不仅仅是我们想什么，还有我们怎么想，尽管我们想什么可能会由于我们的文化假设而改变。文化存在于我们所处的空间中，就像有机体在实验室的培养皿中生长一样。霍金斯（1995，1997）提出了文化的五水平模型，每个水平都从根本上受到它下面水平的影响。

- **人造物**：仪式、符号、艺术、建筑和政策等。
- **行为**：关系和行为的模式、文化规范等。
- **思维模式**：看待世界和构建经验的方式等。
- **情感基调**：塑造意义的情感模式。
- **动机根源**：驱动选择的基本愿望。

这个模型与组织文化有关，我们将在第十二章中做进一步探讨。

虽然采取措施理解不同于自身的文化很重要，但另一个障碍可能是，因为我们学习了我们所认为的他们的文化，我们就以为理解了某个特定的个人。这可能让我们避开了真正的接触和真实的询问。这不仅是因为我们通常认为的，即以一种开放的心态去学习意味着可以保持生机和创造力，而非刻板地做工作，还因为如果真正尊重文化多样性而非否认它，我们需要找到跨差异沟通的方式。如果认为自己的任务只是理解对方的观点，那么就没有真正的会谈。因为在这种情况下，我们自己是缺席的。在督导关系中，这不仅意味着鼓励并探索受督导者 - 当事人差异的意愿，而且意味着对自己的文化假设和我们与受督导者的关系保持开放。

泰勒及其同事（Tyler and Colleagues，1991，quoted in Holloway and Carroll，1999）区分了三种回应文化的方式。

- **普世主义者**（Universalist）否认文化的重要性，他们把差异归结为个人特征。在心理健康领域，一位普世主义者会从个体病理学的角度理解所有的差异。
- **特殊主义者**（Particularist）持截然相反的观点。他们认为，所有的差异都是文化造成的。
- **超验主义者**（Transcendentalist）的观点与我们的更相似。科尔曼（Coleman in Holloway and Carroll，1999）认为，当事人和咨询师都有丰富的文化经验，这深深地影响了他们的世界观和行为。人们必须理解这些经历，并常常根据自己文化中的规范性假设来解释它们。

埃莱夫塞里亚杜（Eleftheriadou，1994）对跨文化工作和超文化工作进行了有益的区分。在前者中，我们使用自己的参考系统理解他人，而非超越自己的世界观。在超文化工作中，我们需要超越自身文化差异，并能够在其他个人和群体的参考框架内运作。从超验主义的角度来看，开放和探究的态度提高了从业者跨文化工作的能力。这种探究最好发生在双方都参与学习的对话中。

文化取向

国家和种族群体，以及基于性别、阶级、性取向、年龄、教育、职业、宗教信仰和政治信仰的不同亚群体，在行为、思维模式、情感基础和动机根源方面都有不同的文化规范，从而有别于其他群体。伯纳姆（Burnham，2013）创造了"社会礼仪"（Social Graces）一词，用来指代他开发的一个不断增长的缩写词，以捕捉多样性的各个方面，即"GGRRAAACCEEESSS"，代表性别、地理、种族、宗教、年龄、能力、外貌、阶级、文化、教育、民族、就业、性、性取向和精神。这可能是考虑个体和文化多样性方面的有用工具，但试图了解世界上无数不同文化的文化取向将是一项不可能的任务。然而，我们所能做的就是对文化取向的不同维度变得敏感，并考虑这些文化维度与我们工作的当事人之间的关系，以及我们个人将什么带到了工作中（Kluckhorn and Stodtbeck，1961；Hofstede，1980；Sue and Sue，1990；Trompenaars，1994；Rosinsky，2003：51-52）。

例如，特隆佩纳尔（Trompenaars，1994）强调了和"平等与等级"维度相关的文化差异。扁平化的等级制度在西方文化中普遍存在，尤其是在社会工作和心理咨询 / 心理治疗领域。而在东方文化中，人们往往更喜欢有升降的等级制度，例如，喜欢用女士、先生或医生等头衔称呼专业工作者。在西方文化中，专业工作者被这样称呼会感到不舒服，他们经常坚持要用自己的名字。这可能会让一些当事人陷入困境，因为他们可能从小就认为这是难以想象的粗鲁。根据与当事人的关系和工作所处的阶段，接受这个头衔或探究由此揭示的文化差异可能更为合适。

对等级态度的文化差异，往往对应着个人主义和集体主义文化之间的差异（给予个体或群体优先权不同）（D'Ardenne and Mantani，1999），在集体主义文化中的人更有可能服从权威。

个人主义和集体主义文化之间差异的重要性正逐渐得到承认（Laungani，2004；Ryde，2009，2019；Mojaverian and Kim，2013；Wang and Lau，2015）。情感表达和情感克制的偏好差异也可能因文化而有所不同，并可能与重视群体和个体差异方面产生交互作用。例如，强调个人 / 情绪克制常常与北欧文化有关，强调群体 / 情绪克制与亚洲文化有关，强调群体 / 情绪表达与拉丁美洲文化有关。为了发展更具文化敏感性的督导，讨论督导师和受督导者在这些维度上的位置，并反思它们对受督导者的当事人和同行的意义是很有价值的。

正如赖德（2019）在她的《揭露白人特权》（*White Privilege Unmasked*）一书中所探讨的那样，在督导中采用主体间性方法也有助于探索和理解文化差异方面的经验。通过承认我们的主体间性，我们更充分地认识到，我们不是作为独立的实体而存在，而是始终在与他人进行动态互动，在我们之间相互影响。

法利科夫（Falicov，2014）还开发了一种对用于专业实践和督导有用的文化模型，这一模型被称为多系统生态比较法（Multisystemic Ecological Comparative Approach，MECA）。在这个模型中，专业实践被视为助人系统中所有人（当事人、咨询师和督导师）之间的一种文化和社会政治接触。这个模型让我们考虑跨四个领域的文化相似性和差异性。

- **移民和文化适应经验**：个体的移民历程和文化变化（可能有代际影响）。
- **生态环境**：个体如何适应更广泛的社会政治环境，如文化信念和应对方式、社会

中的权力 / 无权等。

- **家庭组织**：每个人的家庭结构和价值观的多样性，例如，集体主义的、社会中心主义的家庭价值观相对于个人主义的、核心家庭价值观（原生家庭和下一代之间可能存在忠诚冲突）。
- **家庭生命周期**：在个人家族史中的自然发展阶段和过渡如何形成文化模式。

法利科夫（2014）断言，每一次临床会谈（无论在专业实践中，还是在督导中）都会受到每位参与者文化和个人生活地图（即其生态位）的影响，考虑和比较我们在这四个领域的经验有助于提高对多样性领域的认识。

承认文化差异

我们越能通过不同的文化视角理解世界的不同之处，就越可能在不同的文化背景下很好地工作。米尔顿·贝内特（Milton Bennett，1993）创建了一个发展模型，该模型描绘了个体跨文化效能提升所经历的以下阶段。

- **否认**：认为自己所在的文化是唯一真正的文化。
- **防御**：反对文化差异，认为自己的文化是唯一存在的好文化。
- **最小化**：在这种情况下，一个人自己的文化世界观元素被视为普世的，而文化差异或不平等因素不被承认。
- **接受**：即承认自己的文化只是众多同样复杂世界观中的一种。
- **适应**：在不同的文化情境和关系中，思维和行为的相互适应。
- **整合**：自我的扩展，包括不同世界观的扬弃。

这一发展中的前三个阶段被称为"民族中心主义"，后三个阶段被称为"民族相对主义"。我们认为，前两个阶段代表了对文化不敏感的工作，中间两个阶段是跨文化实践的开始；而只有最后两个阶段才是超文化实践或督导（Brinkmann and van Weerdenburg，2014）。

梅森（Mason，1993）的文化胜任力模型有助于通过五个不同的水平来描绘意识的发展：

1. 文化破坏（如种族隔离）；
2. 文化无能（歧视不被提及）；
3. 文化盲目（认为每个人都是一样的，不承认或不促进文化多样性的力量）；

4. 文化前胜任（对文化差异有尊重和好奇心，评估需求，促进多样性）；

5. 文化胜任（平等待人，即承认、尊重和重视差异，而不是在差异被忽视的情况下平等对待）。

莫莱罗等人（Moleiro et al.，2018）增加了第六个水平：

6. 文化精通（更高的意识、寻求持续学习、新技能，以及为他人的学习做出贡献）。

最近使用临床工作片段对葡萄牙心理治疗师文化胜任力的模拟研究显示，大多数心理治疗师处于"文化盲目"或"文化前胜任"水平。该研究强调，为发展这方面的意识，我们要做更多的工作（Moleiro et al.，2018）。

拉茨及其同事（Ratts and colleagues，2016）不仅为培养我们作为专业工作者的多元文化胜任力提供了指导方针，而且为我们的社会公正能力提供了指导，其中包括以下几点：努力跟上国际时势政治和事件的最新动态；寻求专业发展机会，了解特权和边缘化当事人如何影响国际和全球事务，以及如何受其影响；主动提及国际和全球事务，促进多元文化和社会公正问题。

人们普遍认为，文化胜任力的培养是一个持续的、不断变化的过程。卢姆（Lum，2011）认为需要持续的努力、诚实和警惕。法利科夫（2014）认为，文化谦逊这一术语可能比文化胜任力更合适，因为它描述了只有当事人才有资格就其文化身份教育助人从业者。

赖德（2009）也描述了一个过程，在这个过程中，超文化意识的获得经历了从否认到更深层次理解的多个层次。她关注的是，这种方式特别适用于白人否认自己的特权，尤其是他们回避内疚和羞愧感的痛苦感受。

督导是一个对这一过程进行工作和反思的好地方，它可以提高我们自己的意识和超文化能力。在与难民的工作中，赖德常常建议她的受督导者主动给当事人发送短信息以提醒他们做心理治疗，因为他们的当事人的困惑和迷惑在于远离家乡，而且他们对心理治疗不熟悉，这就意味着他们经常很难记住要参加治疗。然而，这种习惯的延伸超出了当事人已经适应新环境并且可以合理地期待在没有提醒的情况下参加治疗的情况，有时可能会有更深的根源和种族含义。例如，受督导者的行为在多大程度上是出于无意识的蔑视感或负罪感？这可能是一个需要仔细梳理的复杂问题，这样"白人意识"的过程才能启动。

跨信仰团体工作

跨文化工作中另一个经常被忽视的因素是，与来自不同信仰团体的人有效工作的能力。在世界许多地方，社会已变得更加非宗教化，但宗教和精神信仰仍在很大程度上影响着许多人的文化和价值基础。例如，在 2011 年英国全国人口普查中，三分之二（67%）的人表示他们属于某个宗教团体；基督教信徒最多（59.5%），其次是伊斯兰教、印度教、锡克教、犹太教和佛教。

费思·里根（Faith Regan，2005）在为英国继续教育部门编写的非常有用的《信仰社区工具包》（*Faith Communities Toolkit*）一书中，就如何有敏感性地与不同宗教信仰的人开展工作提供了指导。该工具包对主要的信仰团体和信仰对信徒工作、生活的影响提供了简明的指导，包括假期、饮食、常规行为、道德规范及可接受和不可接受的行为。

宗教信仰通常是非常重要而私人的，因此对一些人而言，探究他们的信仰是不可能的，而对另一些人来说，这种精神上的探索则可能既重要又有用。一项对美国 9 家咨询机构的 74 位当事人开展的研究表明，绝大多数（63%）当事人认为，在治疗中讨论宗教或精神性问题是适当的，只有一半以上当事人报告他们想这样做，超过 1/4 的当事人指出，宗教和精神性对治疗和成长必不可少（Rose et al.，2001）。其他研究表明，如果当事人的信仰得到尊重，并融入工作中，对有信仰的当事人的咨询有效性会提高（Knox et al.，2005）。在对心理治疗中宗教和精神性工作的研究回顾中，波斯特和韦德（Post and Wade，2009）指出，如果宗教或精神性的话题是当事人发起的，且当事人相信治疗师接受他们的信仰，那么当事人通常发现讨论宗教信仰最有帮助。诺克斯及其同事（2005）建议，在初始评估中，要包括一个关于精神性或宗教在当事人生活中的位置的问题，在之后的工作中，要对支持当事人与宗教信仰相关的陈述保持警觉（例如，当事人说："我应该受到这种惩罚。"）。

作为专业助人从业者和督导师，无论我们是否有宗教或精神信仰，重要的是我们要开放地倾听、接纳，并在适当的时候探索当事人的精神性的重要性。了解福勒（Fowler，1981）关于人的生命全程的信仰模型很有用。该模型概括了六个不同的发展阶段。

1. **直觉投射信仰**：一种幻想和现实的混合物，从儿童早期开始，并通过照看者促成。
2. **神话 - 文字信仰**：童年中期在信仰社区中对故事和仪式的字面接受。
3. **综合 - 传统信仰**：围绕青少年信仰体系中的价值观和道德观展开的衔接叙事，权威被置于代表自己信仰的个人或团体中。许多人无法超越这一阶段。
4. **个人 - 反思信仰**：批判性地审视自己的信仰与其他信仰体系，可能会拒绝他们信仰的某些方面或所有方面，或者对自己的信仰有更大的把握。

5. **结合的信仰**：接受生活中的悖论、神秘和逻辑的局限；更多地接受他人的信仰观点，这可能会影响并加深自己的信仰。

6. **普世性**：结合前两个阶段，但更强调社区而非个人的关注；很少有人能达到该阶段，但那些达到该阶段的人可以成为超越不同信仰的重要宗教导师，如特蕾莎修女和甘地。

韦斯 - 奥格登和赛亚斯（Weiss-Ogden and Sias，2010）认为，督导师可以使用福勒的模型来支持助人从业者反思自己的精神发展，以便他们越来越能够接受信仰的矛盾复杂性，并和与自己的精神传统不同的当事人开展非防御性的相互对话。

弗雷姆（Frame，2001）建议在培训和督导中使用精神家谱图，以帮助助人从业者意识到他们的宗教或精神传统是如何影响他们与当事人工作的。她为改编传统的家谱图提供指导和说明，使之包含重要宗教事件的细节，并注意家庭成员之间的精神联结或分裂。她还为助人从业者在完成他们的精神家谱图（2001：111）后提供了思考的问题清单，其中包括以下几点。

- 在你的成长过程中，宗教 / 精神性在你的生活中扮演了什么角色？它现在起着什么作用？
- 你认为什么宗教 / 精神信仰对你而言是最重要的？这些信念如何成为你和其他家庭成员之间联系或冲突的来源？
- 你的宗教 / 精神传统对性别有什么看法？对种族呢？对性取向呢？这些信念如何影响你和你的大家庭？
- 你的宗教 / 精神历史与你对待当事人宗教或精神问题的态度有何联系？根据精神家谱图的发现，你有什么新的见解或关注？

除此之外，弗雷姆（2001：113）提出了督导中应进一步直接探讨的问题，其中包括以下几点。

- 你的家庭传统在哪些方面与你的当事人的家庭传统相似或不同？你认为这些相似或不同之处会如何影响你与当事人的临床工作？
- 基于你的家庭背景，你的当事人提出的哪些宗教或精神问题引发了你的担忧？这些触发因素是如何支持或阻碍你与当事人的沟通效率的？
- 根据你的精神家谱图结果和你的当事人提出的问题，什么伦理问题可能会出现？

在督导中发展对文化和其他差异的觉察

几位撰写督导类图书的作者（Proctor，1988b；Brown and Bourne，1995；Carroll and Holloway，1999；Gilbert and Evans，2000；Ryde，2011c）都指出，与跟当事人一起工作相比，督导情境会产生更复杂的关系。在督导中，至少存在三种关系：当事人 - 受督导者、受督导者 - 督导师和当事人 - 督导师。在存在文化差异的情况下，这就更加复杂了。这三者中的任何一方都可能有不同的文化，事实上，这三者都可能在文化上彼此不同。在这种情况下，当事人与督导师和受督导者来自不同的文化背景，特别重要的是，他们不会合谋误解那些基于文化而非个人心理学的因素，我们将在下面的描述中看到这种情况。

在一个主流文化中，如果有更小的种族群体，那么这些群体的第二代在试图同时存在于两种文化中时遇到问题并不罕见。

> 一位东南亚当事人来自强调群体和情感克制的文化。这位当事人的父亲曾在美国生活过一段时间，在那里接受训练，成为罗杰斯式的治疗师。他学习了重视个人和情感表达。然后，他回到自己的国家，结婚并拥有了自己的家庭。这个家庭在主流文化中成为罗杰斯价值观的孤岛。对儿子的影响是创造了一种非常类似于面对外来文化的第二代移民的情况。一套价值观适用于家里，另一套则适用于外部世界。在去英国看心理治疗师时，他选择了一个与他父亲的理论基础相似但不完全相同的人。这可能显示了一些"无意识的希望"（Casemen，1985），即两种文化的差异可以被调和。他需要一个和他父亲有点相似但又不完全相同的人。其心理治疗师的冲动是想强调让他找到自己方向的重要性，满足他自己的需要，接触他自己需要表达的情感。虽然这可能的确有价值，但他的督导师指出，这种方法没有认识到或帮助他解决文化差异和张力，而这些已经到了这位当事人几乎无法忍受的程度。

在这里，我们可以看到，注意和尊重差异多么必要，即使它们被当事人否认。

巴茨（Batts，2009）描述了五种"有效督导的障碍"，它们与梅森（1993）先前描述的文化胜任力模型有一些相似之处。巴茨描述的五个障碍是失能的救援、责备受害者、避免接触、否定差异，以及否认差异的重要性。督导师牢记这些很有用，因为它们可以在受督导者和当事人、督导师和受督导者的关系中被督导师和受督导者共同使用，以减少和应对认识和处理差异时经常出现的痛苦和艰辛的工作。

感知到的文化差异通常集中在身体特征、皮肤的颜色、鼻子的形状和眼睛等外貌方面。占主导地位的群体往往会无情地诋毁和边缘化那些真正存在或感知到差异的人。为了不面对这种恶毒的偏见，人们会不惜一切代价地掩饰差异或否认其影响。

> 一位混血儿当事人否认她的肤色给她在以白人主导的文化中带来了任何困难。她是一位漂亮且受人欢迎的女性，在她的朋友圈或咨询中，她是不是黑人的问题似乎并没有出现。督导师对此进行了评论，但发现很难让受督导者参与到这个问题中，或者让他自己关注这个问题。当这位当事人讲述了一位司机叫她"黑鬼"的事件时，这个问题引起了三个人的注意。听到这个消息后，她就去追他，把他拖出了车！随后，这位当事人对自己是黑人的记忆和感受也随之产生，这是以前从未被探索过的。

其他边缘化的差异可能不是一眼就能看出来的，但可以通过文化排斥这些差异的人而引起同样程度的异化。性取向的差异就是不明显的。尽管许多国家正在采取行动禁止基于因这一理由和其他理由而产生歧视，但偏见仍然存在，而且很可能有意识或无意识地存在于督导师和受督导者中（Enns，2000）。

发展我们的文化胜任力并不总是容易的。然而，正在进行的工作是为督导如何帮助这一过程提供地图和模型。例如，奥伯等人（Ober et al.，2009）设计了一个多元文化督导的协同模型（Synergistic Model of Multicultural Supervision，SMMS），其中包括详细的问题，以帮助受督导者发展他们的知识，参与到他们工作的社区历史、文化习俗和资源中。

贝多和戴维斯（2016：45-46）还提出了一套有用的问题，以供受督导者考虑，然后在督导中进行讨论，主要包括以下几点。

- 你如何描述你的文化继承?
- 你的经历给你的工作带来了什么特权?
- 你的文化／宗教／意识形态价值观会如何影响你的专业关系?
- 你觉得和哪个文化群体工作最舒服?
- 你对哪个群体的人感到最焦虑?
- 你在督导中有哪些挑战是出于你的种族原因?

督导中的权力和差异

不同文化的人们在一起生活所带来的巨大差异可以极大地丰富社会。然而，拥有经济和政治权力的文化（通常是白人和西方人）在社区中权力更大，权力的不平衡不可避免地会出现在专业关系中，包括受督导者和督导师、受督导者和当事人之间的关系。

我们认为，在跨文化督导中存在着一种不可避免的复杂的权力动力关系。在每个角上，我们可以拥有三种不同类型的权力：角色权力、文化权力和个人权力（见图 7-1）。

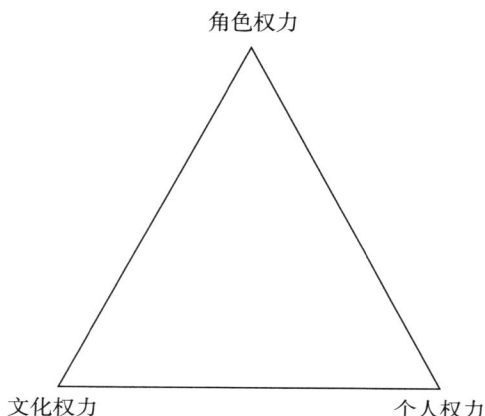

图 7-1　跨文化督导中复杂的权力动力关系

- **角色权力**指的是督导师角色中固有的权力，这种权力会根据进行督导的组织环境而变化。这包括所谓的赋予角色的合法权力；强制与奖励权，即要求受督导者做些事情的权力和提供或撤回奖励的权力；还有资源权力，即督导师可以提供或撤回资源的权力（French and Raven，1959，cited in Kadushin，1992）。

- **文化权力**来源于占主导地位的社会和民族群体。如果一个人是白人、男性、中产阶级、异性恋且身体健全，这种权力就经常被强调。然而，虽然男性仍然更多地担任更高的管理职位，但他们越来越多地成为助人行业中的少数性别。目前，该行业中，女性占 80%（Morison et al.，2014，他们提出对心理健康服务的"女性化"表示关切）。某些职业倾向于拥有更多的文化权力。例如，在健康专业人员的文化中，医生往往拥有更多的权力。

- **个人权力**指的是个人的特殊权力，这种权力可能超过通过角色或文化给予个人的权力。它既来自他们专业知识的权威，也来自他们个性的存在和影响。它还包括弗伦奇和雷文（French and Raven，1967，cited in Kadushin，1992）所称的参照权力，即由受督导者希望认同督导师或像他们的督导师一样产生的权力。

当这三种权力集中在同一人身上时，效果可能是压倒性的。主导的文化和个人权力不一定取决于督导师，但很可能会被无意识地滥用，甚至被理所当然地忽视。当文化和个人权力不在督导师身上时，督导师可能存在建立权威或需要通过过分强调它加以补偿的冲突（见第四章）。无论如何，督导中的权力关系最好被探索，而不是被忽视（Rapp，2001；Ryde，2009，2011 b）。

权力和权威自动降临到那些文化主流者身上是虚假的，但是督导师在其角色能力范围内有一定的权威性也是恰当的，如下所示。

在一个白人占绝大多数的地区生活和工作，一位带着善意的白人督导师很高兴有机会与她的第一位黑人受督导者共事，尽管她对自己缺乏跨文化经验感到焦虑。受督导者是一名咨询心理学的学生，已经修读了心理咨询课程，但没有最初人们通常预期的心理咨询经验。部分由于这种"积极的歧视"，受督导者在理解和使用基本的咨询技术和理论时很挣扎。

督导师不想表现出种族主义者，试探性地面质受督导者，她倾向于给当事人提建议而不是倾听他们。事实上，最令督导师害怕却成真的是，受督导者向她的导师抱怨督导师是种族主义者，这导致督导师更无法使用面质。

为了理解这种复杂的情况，记住卡普曼（Karpman，1968）的戏剧三角关系是有帮助的，它阐明了迫害者、受害者和拯救者三种角色之间相互关联的动态。这种动态的特点是，这些角色已经建立，并倾向于在玩家之间轮转。在这里，督导师看起来是迫害者，受督导者是受害者，导师可能是拯救者。在这个例子中，角色随着种族主义的指控而改变，因此督导师显然成了受害者。

事实上，角色权力的动力来自督导师。如果她更有经验、更自信，她可能就能更有效地与受督导者合作，探索其所有复杂的情况：督导师 - 受督导者关系的权力动态是和"种族"差异的文化背景混合的；一名学生在没有通常预备经验的情况下接受一门课程的文化背景；当事人在被倾听而不是被给予建议时所经历的差异；以及"被倾听"和"被建议"在不同文化背景下的含义。通过适当地保持她的权威，并且不害怕在这种情况下揭露问题的复杂性，受督导者（和督导师）将会创造更丰富的学习经验。

如果督导师把这位受督导者赶出了课程，那么就明显是滥用权力了。事实上，滥用权力的情况要微妙得多：没有采取适当的权威，受督导者在她的工作中遇到的困难更加复杂。有人甚至可能会说，这位督导师如果不是种族歧视，那么在她认为这些问题无法公开和诚实地解决的假设中，就表现出了明显的文化偏见。

学习采取适当的权威，同时对治疗和督导关系中权力运作的各个方面保持敏感，是一项重要且具有挑战性的任务（见第四章关于建立适当的权威并关注权力动力的内容）。确保在督导关系中更有效地处理权力动力的方法是记住亨特对戏剧三角的回答，即所谓的"有益的戏剧三角"（Proctor，2008）。在这里，这三个位置是"脆弱"（而不是受害者）、"效力"（而不是迫害者）和"响应性"（而不是拯救者）。这些为受督导者、督导师和当事人提供了一个更良性且更有效果的权力动力。

处理创伤时的督导差异

尽管督导是任何助人工作的重要组成部分，但与极端创伤当事人（如寻求庇护者和难民，或者从战争和冲突地区返回的士兵等）工作时，接受督导是极其重要的。这是因为，问题的严重性可能使工作很难保持一个反思的开放空间（Papadopoulos，2002；Trivasse，2003；Ryde，2011a）。据报道，助人从业者在与遭受严重创伤的难民一起工作时，经历过噩梦、恐惧和侵入性图像，这强调了在督导中与替代性创伤工作的重要性，以便加工处理这种工作中的影响（Hernandez et al.，2007，cited in Fondacoro and Harder，2014：323）。督导也可以在促进助人从业者进入"替代性复原力"方面发挥重要作用。方达科罗和哈德（Fondacoro and Harder，2014：323）将其描述为"服务提供者在听到当事人表达的复原力故事时的赋权体验……这有时会以相对简单的方式呈现我们自己的困难"。

然而，在许多层面上，处理创伤本身就是一种挑战。在与极度痛苦的当事人工作时，常常会出现一种绝望感，与严重创伤的当事人工作时这个问题也显而易见，不适当的"帮助"愿望而非在场和反思可能非常诱人。助人从业者体会到的痛苦程度如此之高，有机会在督导中释放它是很重要的，因为它使受督导者对当事人的经历保持开放和活跃，尽管那很痛苦。

在与寻求庇护者工作时，还有许多其他的复杂问题，例如，经常收到关于庇护听证会、律师、医生和社会服务等方面的报告请求。这些请求产生了许多问题，例如，需要保密，同时也帮助申请庇护；为了不危及当事人的庇护申请而选择性披露的诱惑；考虑到被当事人"利用"，而不是被当事人真诚地寻求帮助；在我们知道的事实和当事人告诉我们的事实之间找到正确的应对办法；还有许多其他棘手的伦理问题。在督导中，考虑周全可以帮助一个人找到解决这些困境的方法，最好与了解这些复杂性的专家督导师合作。朱迪·赖德（2009，2011a）在她的其他著作中探讨了许多这方面的问题，并附有她在该领域的督导工作的图解说明。

7 种模式中的督导差异

考虑在这 7 种督导模式中如何关注文化（见第六章）可以帮助督导师探索当事人、治疗师和督导师之间的文化差异，以及在这两种关系中发挥作用的文化和权力动态。

模式 1

在模式 1 中，通过带到督导中的实际材料的内容来探索当事人的世界，既包括他们的行为，也包括当事人对生活的叙述。在这个过程中，文化材料可以明确或含蓄地带出来。当事人世界中的外显问题可能通过与来自主流文化的人的冲突或困难而被体验到。即使当事人在第一次接触这个问题时没有意识到这一点，困难也可能隐含地与文化差异有关。在模式 1 的督导中，助人从业者可以试图了解当事人的经验在多大程度上根植于他们所在的文化，在多大程度上与他们的个性有关。

> 　　一位日本当事人嫁给了一位生活在英国的成功的日本商人。自从来到英国以来，她一直很抑郁。她感到无家可归，想念家和家人。这让她觉得自己无法像她和她丈夫所期望的那样，成为一名光彩夺目的女主人。这种无能感加剧了她的抑郁和不适感。在督导过程中，咨询师很愤怒，她认为这是当事人对她丈夫的默许。然而，督导师帮助受督导者回到当事人的现象世界，以便更好地理解她的文化立场。

模式 1 通常会密切关注当事人的非语言行为，以便意识到他们的现象世界。在督导中，重要的是不要对非语言行为妄下结论，以免我们的"解释"被误认为是真实的事情。当跨文化工作时，这一点尤其正确，因为我们趋向于通过文化决定的方式来解释非语言符号。例如，与治疗师握手的当事人在一种文化中可能被认为是不适当的形式化或试图取悦，但在另一种文化中，不握手则被认为是粗鲁的。回避目光接触在不同的文化中也有不同的含义。在西方文化中，它通常被认为是狡黠和防御的，但在一些东方文化中，直接注视你不熟悉的人或地位更高的人被认为是非常不礼貌的。

模式 2

在模式 2 中，受督导者和督导师探讨文化假设或偏见如何影响受督导者的干预选择。

> 在上面提到的日本当事人的例子中，督导师能够挑战受督导者的文化假设，即当事人的依赖性导致了这种对妻子职责的态度，而不是将之视为她所在文化中的一种正常反应。受督导者的干预是这样说的："你对你的丈夫让你扮演如此低地位的角色感到生气吗？"督导师能够挑战受督导者的文化假设，即当事人可能是"愤怒的"，"角色"是"低等的"。然后两个人探索了可以采取的不同干预措施，并决定询问当事人在英国和日本做女主人的感受，揭示出两种文化之间的差异及当事人在这两种文化中的感受可能是有益的。随着对文化差异有了更好的理解，受督导者能够以更真诚的共情方式进行干预，并对文化差异进行有益的、非防御性的探索。

模式 3

在模式 3 种，督导探索的重点是受督导者和当事人之间的关系，包括注意这种关系的无意识材料在工作中呈现的方式。例如，它可能会出现在梦中或当事人讲述的轶事中。在那位混血儿当事人的例子中，她讲述了自己如何追赶一名汽车驾驶员并将他从车里拖出来的故事，讲述这一轶事可以理解为无意识的提示。也许在某种程度上，她想把她的治疗师，甚至是她自己从椅子上拉起来，让他们都意识到这个问题的重要性。

> 一位来自西非的当事人说，她六岁时被送到了英国的一位阿姨那里。她一到就有人给她一个苹果吃，这是一种她从未尝过的水果。如此美味，当事人认为在英国的生活将像苹果尝起来一样美妙！但她很快发现事实并非如此，而且她再也没有回到非洲的父母身边。当然，这是当事人生活中一个影响非常大的经历，但很明显，她也是无意识地讲述了这个故事，因为她担心，最初几次心理治疗表面上温和的本质可能同样是一种幻觉。在督导探索之后，受督导者接下来跟当事人谈到她的恐惧，工作才得以深化。

模式 4

在模式 4 中，督导探索了受督导者自身的议题、偏见或假设如何影响工作的过程。

再以那位日本当事人为例，很可能是咨询师自己对被男性贬低的担忧导致了不恰当的干预。更清楚地了解我们自己的议题，以及这些议题如何与我们自己的文化相联系，可以让我们以重要且富有成效的方法处理文化差异。它将这些问题全面带进了咨询室，而不是只有在"凶恶世界"中才会发生的事情。

> 一位受督导者有一位瘫痪的当事人，他坐在轮椅上。当她第一次在督导中讨论这位当事人时，她多次强调这位当事人看起来是多么"聪明"。督导师指出了这一点，这引发了受督导者探索自己对轮椅上的人的期望。受督导者在自己身上发现了一种预期，即身体缺陷的当事人也有智力缺陷。

了解无意识偏见是否存在，很有用的方法就是发现一个人在描述事件时，使用什么"尺度"。在这个例子中，当事人被描述为"聪明的"，所以督导师问："是和谁比较呢？"在这种情况下，无意识的偏见被揭露出来，而不是任其影响工作进展。

模式 5

在模式 5 中，督导探索如何在督导关系中映射与当事人的关系。当存在文化差异时，这是特别有趣的，因为它可能会提供来自非主流文化的当事人的感受。

> 一位受督导者在督导中开始觉得自己很愚蠢、被嘲笑，督导师也注意到他开始变得非同寻常的吹毛求疵。事情变得如此困难，以至于受督导者开始到其他地方寻求督导。在督导中介绍当事人时，他突然宣布他打算从督导中离开。这位当事人在成年人生活中感到羞愧，因为他在学校没有什么学术成就。现在，在展示个案的过程中，治疗师说当事人已经开始表现得像在接受检查一样。督导师也注意到，他有被视为过于严苛的危险，因此变得以居高临下的态度保护受督导者。督导过程中发生的事情和治疗过程之间的相似之处让督导师感到震惊。这引发了他们进行探索，受督导者发现了他对他的工人阶级当事人的身份认同，而且感觉到了他的中产阶级督导师的敌意。这使他们公开讨论他们之间感觉被审视和被嘲笑的整个情感领域，并且让受督导者留在他现在的督导师那里。随后受督导者更有能力与其缺乏自尊的当事人一起工作，而且能在与当事人的关系中处理自己出现的判断态度。

模式 6

模式 6 涉及督导师注意到自己在会谈中被诱发的反应和给出的回应。这些可能让督导师有意识和无意识地感知督导师和受督导者的相似或差异，或者与正在讨论的当事人有关的相似或差异，也可能是受督导者或当事人未觉察但督导师觉察到的材料（通常是情绪）（见第六章）。

> 一位督导师经常发现，每当讨论某位特定当事人时她就会感到不安。当她专注于这种感觉时，她认为那是恐惧。随着这种感觉越来越强烈，她向她的受督导者提及此事，说她想知道她的感觉如何与正在分享的内容相联系。受督导者一开始很惊讶，他对这位非常聪明的当事人敬畏有加，这位当事人是刚到这个国家的外国留学生，但很难集中精力工作。督导师的恐惧感成了学生在离家时感到恐惧的第一个线索。在当事人自己的文化中，很少离开村庄，更不用说独自离开国家了。这位督导师经验丰富，她重视而非害怕自己的反应，并相信它们可能提供有价值的反移情线索。她也知道，受督导者和督导师有不同的反应也往往是正确的。在本案例中，这提供了帮助工作继续进行所需的洞察力。

在第六章中，我们还描述了一种略有不同的模式 6，即模式 6a。这里的重点是督导师对当事人的特定反应，这可能与受督导者的反应不同。在上面的例子中，这种感觉无处不在，而不是依附于特定当事人的故事或文化。下面是模式 6a 的例子。

> 一位社工受督导者倾向于发现一位特定的当事人很有趣，而督导师发现她害怕听这位当事人的生活描述。在这个案例中，督导师和当事人都来自同一个非洲国家。这位督导师的不安最终变成了一个线索，表明当事人经常讲一个明显有趣的故事，以此掩盖未表达的感受。督导师和受督导者对这个故事有不同的反应：督导师被激怒了，而受督导者被所听到的不熟悉的非洲生活故事所吸引。通过注意自己的反移情，督导师能够把注意力集中到重要的材料上。

模式 7

在助人行业中，文化差异是所有工作环境的一个重要方面。与差异相关的问题可能会超出当事人、受督导者和督导师的三角关系。可能需要解决受督导者在与同事、员工团队、组织或跨专业领域工作的关系中遇到的不同问题。受督导者在其团队中可能经历替罪羊的动力变化，这种变化可能基于性别、年龄和种族等因素的差异。受督导者可能在探索和解决其组织内部存在的制度化种族主义、性别歧视和年龄歧视等问题方面需要帮助。这可以是公然的、公开的，也可以是不那么明显的否认和文化盲目，如对生态的焦虑和对气候危机的否认等。帮助受督导者了解自己的文化偏见，以及团队、组织和专业环境中的文化偏见是提高他们能力的重要方面，不仅能让他们更有效地工作，而且能让他们成为变革的推动者。

发展跨文化督导

随着我们越来越多地生活在跨文化的社会中，个人和组织都非常重视培养他们的跨文化工作能力。作为督导师，我们所有人都需要不断发展自己的能力，以应对更大范围的差异，并对我们自己的文化所定义的行为、思维模式、情感基础和动机根源有更多的认识。以对文化敏感的方式工作从来都不是一件容易的事。我们不可能做到文化中立，我们不可避免地会从我们自己的文化角度来看待世界，我们需要考虑到这一点。为了提高我们的跨文化能力，记住以下几点是有用的。

1. 对自己的文化有所意识很重要。
2. 习惯的思维方式可能源自文化假设，而非个人疾病。
3. 作为专业助人从业者，我们所处的文化与当事人所处的文化同样合理有效，但是能导致我们持有不同的价值观和假设。
4. 我们之间的对话可能会引发文化冲突，且可能是一种富有成效的理解和协调文化差异的方式。
5. 如果我们熟悉可能存在的差异类型和范围，以便在它们出现时就能够将它们识别出来，我们将会更加敏感地工作。
6. 对督导关系和当事人关系中可能出现的差异保持敏感是一件好事。为了更好地促进这种敏感性，我们不仅需要对其他文化和有差异的领域有积极的兴趣，而且永远不要假设我们了解他人的文化世界。然后，我们可以从有兴趣了解他人开始，同时接受自己的无知。

如果我们要在适当谦逊的文化下工作，我们就不能固守自己的理论。相反，我们可能需要对我们所经历的现象更感兴趣。这种现象学的工作方法意味着，督导师和受督导者的兴趣焦点是他们自己的经验和他们对当事人的共同兴趣。这项工作因此成了一项合作调查（Reason and Bradbury，2008），在这项调查中，三者的经验世界被更加丰富地了解。如果督导师支持这种态度，这将有助于受督导者在介绍其工作时减少防御。某些态度和感觉不再是错误的或正确的，而是有趣的。

然而，仅仅依靠我们对他人经验的开放性是不够的。专业助人从业者还需要获得更多跨文化差异的知识。然而，我们还需要警惕，不要以为我们通过阅读就能了解一个人的文化。我们不太可能知道其中的微妙之处，我们可能会面临将一切都简化为文化的危险（Coleman，in Holloway and Carroll，1999）。

结论

处理文化差异的工作要求很高。它可以引起困难甚至强烈的感觉，特别是如果文化差异被忽视和否认多年。然而，在这个日益多元化、特别是国家之间有更大流动性的世界中，在那些白人、西方世界的规范占主导地位并被视为"正常"的国家中，在这个维度中工作是极其重要的（Ryde，2009，2019）。

可能因为权力不平衡经常被否认或不被承认，整个有差异的领域一直非常痛苦，充满了冲突。这些现象包括从导致少数群体（包括少数族裔和同性恋群体）中许多人死亡的极端种族仇恨，到工作场所或教育中不那么极端但极具破坏性的不公正现象。面对这些痛苦的冲突，人们一直在寻求"矫正"的简单药方。其中许多做法，如坚持使用"政治正确"的字眼，帮助人们关注不平等的领域。然而，这样做存在的危险是，仅仅规定正确的行为，几乎起不到什么作用，反而会把真实的情感隐藏起来，因此，为了更大的容忍，只能口头上说些什么，更充分的探索也因担心遭到诋毁而受到限制。开放和非防御的态度可以加深对问题的理解并真正探索差异，正如我们上面所看到的。

鉴于我们的文化遗产，在督导会谈中承认偏见并有时将其视为"错误"是不可避免的，这可能会开启真正的探索，在其中它们可以被挑战和改变。这种坦率的督导并不判断表现出偏见或文化上不敏感的态度的受督导者的基本价值。他们在准备承认困难的思想、感情和信仰方面的勇气确实值得赞扬。通过表达和探索，特别是如果有一种跨越差异的真正的会谈，态度的真诚改变是极可能产生的结果。

第八章

伦理与法律问题：督导中面临的挑战和复杂情景

导论

我们意识到，随着所有助人行业所面临的压力逐渐增加，督导师也正在面临着更大的职业挑战。专业服务需求量增加，而对专业服务质量的社会期望更高、对专业资质的审查更严格、可利用资源不断减少，这意味着督导师必须处理更多、更复杂的利益冲突所带来的挑战，接受可能存在的多重角色的冲突，设置和处理复杂的边界问题，并有效应对来自当事人或受督导者的情绪困扰。本章主要关注实践和督导工作中存在的伦理及法律问题，包括督导工作在培养受督导者伦理能力和伦理成熟度中所起的作用，以及在督导实践中特定的伦理责任。

本章还将探讨违反伦理守则的处理方法、如何应对伦理两难困境，以及在实践中具有挑战性的情况。受督导者将他们遇到的那些棘手的、无法独自处理的问题带到督导中，这常常是督导实践的核心所在。我们希望本章的内容可以为这项工作提供有意义的指导。

伦理

在《柯林斯英语词典》中，伦理学被定义为"对人类行为的道德价值及其规则和原理的哲学研究"。伦理在督导工作中发挥着核心作用：受督导者在临床工作中时常要面对伦理困境，制定伦理决策，同样，督导师在督导实践中也需要遵循伦理原则。目前，督导正日益成为大多数专业助人工作中的关键环节，督导师的工作质量或"规范性"功能（见第五章）的一部分就是关注受督导者的伦理意识及其发展状况，以及专业或组织的伦理守则和标准，并在二者之间不断调整。

基于自己对不同行业的研究，莱恩（Lane，2011）提出，成为专业人员的关键要素是有一套伦理框架。该框架至少涉及以下三个重要方面。

1. **目的**：定义了该行业的服务对象及其与其他职业的差异所在。
2. **观点**：包括该行业共享的知识内容、理论体系和相关研究，这些对该行业所有从业者都至关重要。
3. **专业工作的过程**：包括他们如何与当事人接触，他们在接触之前和接触之后所应采取的行为，以及他们对当事人和其他利益相关者所承担的责任。

为了更好地开展督导工作，我们需要深入了解伦理（Milne，2009；Bond，2015），并且需要了解受督导者的职业伦理框架，以及他们是如何在实践中应用这一框架的。同时，作为督导师，我们也需要认识到，这只是一个框架，督导工作也可以帮助个体发展其伦理成熟度。

在实践中，只关注受督导者如何遵守其职业伦理框架是单一且匮乏的，而只帮助受督导者反思其个人伦理标准也是不够充分的。作为督导师，我们需要认识到伦理实践存在于一整套系统中。个人的道德、价值观和信仰存在于其工作环境、职业特征和文化期望的系统伦理框架中。而这些框架又都存在于个体工作所在的国家法律规定和文化背景中。正如《世界人权宣言》（Universal Declaration of Human Rights）和"黄金法则"（在全世界大部分宗教和哲学流派中都得到体现的一条法则，即待人如待己）所反映的那样，这些标准都存在于一个普世的人类道德伦理框架中。的确，一些行业已经制定了与《世界人权宣言》相联系的全球性的伦理标准，例如，2008年在柏林通过的《世界心理学家伦理原则宣言》（Universal Declaration of Ethical Principles for Psychologists）（International Union of Psychological Science，2008）提出了四条普世性的原则，指导所有心理学家的专业工作：

- 尊重并保护个人和人民的尊严；
- 有关心个人和人民福祉的能力；
- 正直、诚实；
- 对社会的专业责任和科学责任。

迈克尔·卡罗尔曾写过大量关于咨询、辅导和督导行业伦理成熟度的文章。卡罗尔和肖（2013：30）曾将伦理成熟度定义为："运用反思、理性、感性和直觉能力判断所做的行动是对还是错、是好还是很好；执行这些决定的弹性和勇气；（公开或私下）对所做出的伦理决策负责任的意愿；以及从这些经验中学习和生活的能力。"他们认为，伦理成熟度包括六个重要部分。

1. **伦理敏感性**：生长出伦理的"触角"，使我们在任何时刻都能对可能出现的伦理问题与困境有所警惕。
2. **伦理决策**：能够做出符合伦理原则和价值观的伦理决策。
3. **伦理行动**：执行所做出的伦理决策。
4. **伦理对话**：能够向相关人员阐述和证明做出并执行伦理决定的原因。
5. **伦理平和**：能够容忍制定伦理决策的模糊性；处理制定决策时产生的焦虑和恐惧情绪；直面个体可能遇到的内部或外部的评价并接纳所涉及的限制。
6. **伦理的学习与发展**：从可以应用于其他方面的经验中不断学习，并且运用学习到的内容发展个体的道德品质，使用这些经验改变未来处理伦理问题的方式。

关于督导，我们确立了三条伦理责任。

第一条伦理责任是帮助受督导者从伦理上反思其实践，促进其思考自己的实践是如何与其内部价值观及其所处系统的外部伦理价值体系和框架相匹配的。伦理价值体系既不是预先形成的，也不是一成不变的，而是需要不断适应社会生活不断变化的挑战。在这里"伦理是一种过程"（Ramcharan and Cutliffe，2001）是非常重要的概念，在这一过程中，我们要不断关注专业工作的质量，特别要考虑协议、脆弱性、权力和潜在的过度服从、尊重、安全，以及促进个人福祉的水平。

第二条伦理责任不仅帮助受督导者解决当前的伦理困境，而且还要利用这些伦理挑战来发展他们的伦理能力和伦理成熟度，使其有能力应对更富有挑战性的复杂伦理困境（Hawkins，2011b）。这方面的想法建立在洛文格（Loevinger，1976）和科尔伯格（Kohlberg，1981）研究的基础上，他们研究通过伦理成熟度来看待成年人的发展，托伯特（Torbert，2004）将此迁移到专业发展领域。

助人专业人员往往发现，他们所面临的伦理困境无法独自解决，或者超出了他们目前的思维框架，此时咨询他们的督导师是恰当的做法。在这一点中，督导师也可能感受到强烈的压力，促使其给出建议，帮助受督导者选择困境中的一方或另一方，而不只是专注于运用困境帮助受督导者提升他们的伦理能力。

> 一位受督导者有一位无家可归的当事人。一次，当事人前来咨询时感觉饥肠辘辘。她只是想给当事人一些食物，但又觉得这与她向当事人提供咨询帮助的责任相冲突。给当事人东西吃会使他们的关系发生变化。但最终，她还是把自己包里的苹果给了当事人。督导师与受督导者就这一举措进行了探讨，发现实际上这样的行为促进了咨询师及其当事人之间工作联盟的建立。她随后明确表示，一般来说，供养当事人不应该是她作为咨询师的角色所应承担的责任，划清责任界限有助于保持他们之间关系的专业性，但她同时也认为，必要时打破这些规则也是十分重要的。咨询师和当事人在之后的咨询中讨论了这一举措对他的意义，并探讨了他可以如何使自己不再挨饿。这一事件有助于提高受督导者的伦理能力，使其能够在咨询职责范围内以深思熟虑的方式行事，而不仅仅只是使用规则指导其行为。同时，她也学习到了向督导师开放讨论的价值。

第三条伦理责任是伦理实践及督导师的伦理角色榜样。拉达尼（Ladany，2002）关于在其对心理治疗培训的研究中发现，50% 的受训者报告其督导师有不符合伦理规范的行为，即使其中有些人是基于有偏见的个人看法，但这对所有的督导师依然是一个重要问题。在第十五章中，我们将会回顾受督导者所遭遇过的有伤害性的和不恰当的督导体验的相关研究，这些研究表明，非专业的督导行为并不罕见，研究结果对督导师来说有重要的警示作用。

帮助受督导者开展符合伦理的实践工作并发展他们的伦理成熟度，需要督导师充分信奉伦理原则，且自己拥有成熟的伦理能力。在这一点上，只有一些组织在伦理守则中有专门针对督导的部分，或者制定了单独的伦理准则，或者将其作为职业伦理守则中一个单独的部分（e.g. Association of Professional Executive Coaching and Supervision，2007；Australian Psychological Society，2013；American Psychological Association，2014；Psychological Society of Ireland，2017；British Association of Counselling and Psychotherapy，2018）。我们认为，对一个组织而言，通过伦理守则来规范从业人员的临床实践和专业督导是同样重要的，这能使当事人看到与他们工作的专业人员受到这些守则的制约和规范，他们的专业工作受到监督。作为专业机构和组织的成员，我们也希望随着时间的推移，我们能够在临床实践与专业督导伦理的变化和适应上有发言权（见第十三章）。

每位督导师也需要考虑其督导的伦理框架是如何匹配和区别于他们专业实践的伦理框架的，其中包括明确督导目的及其原则和流程。这可以帮助我们为将伦理标准应用于实践承担个人责任，而不是盲目地遵守（或拒绝）既定的伦理守则。如果你所在的组织目前没有相关的督导伦理规范，我们建议与专业同行协商制定并开发自己的督导伦理规范，或者采用其他相关专业的伦理守则。这为督导提供了管理，还对督导伦理规范的形成和制定伦理决策的过程达成了共识。这意味着，当伦理困境出现时，我们对解决该困境有达成一致的方法。督导最好在问题升级到需要进入投诉程序前解决这些问题，正如卡罗尔（2011）所指出的那样，我们必须以自己的伦理原则为基础，因为当面临伦理困境或可能出现的诱惑时，它提供了指导性意见，并且帮助你不必苦苦思索便能做出反应。

在教练、导师和机构顾问的督导培训中心，彼得要求受训者完成句子填空："督导是为……服务的一项共同努力。"随后让各小组之间分享他们的想法，并留意他们的答案之间的差异。然后小组产生了一个比任何个人都更加全面的答案清单，里面的内容通常包括以下几点：

- 受督导者的个体当事人；
- 受督导者的组织当事人；
- 受督导者发展、学习和获得支持的需要；
- 督导师的学习；
- 受督导者所在的组织；
- 督导师所在的组织；
- 受督导者与督导师所属的职业；
- 各方工作的社区和司法管辖区域的法律；
- 更广泛的生态环境。

这种目的感和对利益相关者的认可为见习督导师在督导实践中探索自己所希望具备的伦理原则提供了坚实的基础。基于研究和我们对已有督导经验的反思，我们把一些原则放在实践的核心位置，主要包括以下几点：

- 在与受督导者工作的适当责任和尊重其自主权之间保持平衡；
- 关注当事人的福祉并保护其自主权；
- 在自己能力范围内行事，知道何时寻求进一步的帮助；
- 忠诚 / 正直——忠实于自己所做的承诺，无论其是否明确；
- 反对压迫的实践（见第七章）；

- 对挑战和反馈保持开放性，并积极承诺不断学习；
- 无情的慈悲——能够与受督导者达到关系和谐及共情理解，同时也从我们服务对象的角度无畏地挑战他们。

督导师也可以邀请受督导者一起探讨在督导过程中更广泛的伦理框架，不仅从自己的角度出发，而是从不同的角度出发。

- **从外向内**——邀请受督导者站在其他相关利益者的角度看待同样的问题，如从当事人、当事人的家人、当事人的组织或当事人的职业角度等。
- **未来回望**——邀请受督导者步入想象中的未来，从一年后的角度回顾这一情况：以未来后见之明的智慧，想象他们会为自己做了什么而自豪，还是后悔自己没有做什么？

法律问题

在这个部分，我们探讨作为一位专业助人从业者在法律领域需要注意的一些关键部分，同时，作为助人从业者的督导师，我们还需要注意以下几点：（1）保密限制；（2）对受督导者的实践承担的法律责任；（3）数据的保护与记录的保存；（4）服务连续性的责任。

保密限制

我们与当事人的工作需要在适当的保密范围内进行。这其中就包括督导，因此需要专业助人从业者在一开始的协议中就向当事人说清楚。在有些工作环境中，这种督导包括流程管理、多学科团队和督导小组。

然而，我们为当事人提供的保密服务却是有限制的，在许多国家，有法律或法规要求专业助人从业者报告在工作中遇到的有关虐待儿童、恐怖主义和洗钱的事件，以及在某些情况下可能发生的事件。保密的界限必须在与当事人第一次见面时就明确说明，以便他们了解任何打破保密原则的后果。最明确和最简单的打破保密原则的情况是当事人或其他人有可能受到伤害，最典型的是自杀风险（还有少数情况是对他人实施暴力）或儿童保护问题（最常见的是当事人回溯披露有明确施害者的儿童虐待行为，或者当事人有可能未来遭受进一步的虐待）。作为督导师，我们必须了解本专业相关的本国法律法规，因为强制报告可能存在差异。对在组织和机构内工作的人而言，通常会有明确的法律政策、指定的儿童保护官员或联络官员都会在出现问题时提供指导。

有时，需要突破保密性是非常明显和清楚的，有时却需要我们在督导中仔细思考，然后才能决定是否突破、如何突破和何时突破，以及每个决定可能产生的后果。例如，如果我们认为当事人有对儿童实施性虐待的风险，显然我们必须报告，但这一举措的影响却是多方面的，需要我们仔细思考后再采取行动。我们认为，在签订协议的时候，最好告知当事人，专业助人从业者会在他们的允许下，在督导中讨论他们的情况，除非他们自己或其他人有危险，或者有相关的法律规定。我们还应该告知当事人，专业助人从业者不会偷偷打破保密原则。当事人永远都拥有知情权，专业助人从业者会尽一切努力促进他们在这一过程中的积极参与。

突破保密原则的决定对当事人和专业助人从业者都非常有压力，而不突破保密原则，对他们之间的工作关系也是一个严峻的考验。因此，督导就在以下方面发挥重要作用：容纳从业人员的决策压力；分享关于行动与行动时机的决策；平衡遵守法律法规和保护当事人尊严与自主权的伦理原则之间的关系，使危急情况尽可能安全地解决。

对受督导者的实践承担法律责任

如果受督导者是受训者，那么培训机构通常对受督导者的实践承担法律责任，这一责任通常是由受训者实习所在的组织分担。然而，根据我们的经验，培训机构和大学要求受训者和他们的督导师要有自己的职业保险，如果没有这一保险，他们的实践将不受保障。

如果受督导者在一个组织内工作，那么是该组织而不是督导师个人对受督导者的实践承担责任。然而，不同的组织机构也有不同的要求，他们也可能要求他们的工作人员和督导师有自己的职业保险。

在许多国家中，一旦受督导者合格，他们就会开始对自己的临床实践承担法律责任，督导师就不会被追究法律责任。然而，在美国的一些州，督导师仍有可能因受督导者的不当行为而被追责（Jenkins，2007），在其他一些国家，仍有可能会对执业人员的督导师提出法律诉讼。这种情况通常发生在有证据表明督导师意识到受督导者可能在实践中存在伤害性行为或疏忽问题，而未采取适当的措施加以解决时（Morrissey，2005；Mitchels and Bond，2010）。我们建议督导师在受督导者的实践中对有关风险的讨论、建议、决策和行动等过程都进行明确记录，以备不时之需。

数据的保护与记录的保存

保存记录同样不但是伦理和专业实践的一部分，也具有法律意义。在欧洲，根据一般数据保护条例（GDPR，2018），作为向当事人和受督导者（和个人数据的处理者）提供服务的专业人员，我们必须在实践和督导中保存好我们的工作记录，同时当事人和受督导者有权获得这些记录的副本。在一般数据保护条例（2018）中需要遵循六项原则，以确保我们记录中的个人数据：

1. 合法、公平和透明；

2. 仅用于特定、明确且合法的目的；

3. 充分、相关且限于必要情况；

4. 准确且最新的；

5. 储存时间不超过所要求的时长（在爱尔兰和英国，标准的法律要求储存时间为至少 6 年，不超过 7 年，此后所有的记录都应被秘密销毁。虽然这一准则仅仅适用于儿童，但也有一些组织会有其他的准则，如针对无民事行为能力人的准则）；

6. 以安全的方式进行处理和保存，防止未经授权被加工、破坏，甚至意外损坏。

根据一般数据保密条例，我们的当事人和受督导者（作为我们数据的主体）对与他们有关的记录享有的权利包括知情权及获取、修正和删除权等。为了遵循一般数据保密条例，我们需要与当事人和受督导者共享我们的记录保存政策，该政策至少应包括以下规定：

- 你是谁；

- 对于你收集到的信息，你为什么需要它，以及你会如何进行储存（即安全性）；

- 你遵循的数据保护原则；

- 你作为保存者的责任；

- 你保存数据的方法和策略；

- 如何联系到你行使的权力，如获取相关记录或要求编辑或删除记录。

与某位当事人有关的专业记录也有可能被法院要求披露，如果被传唤，我们有义务提供与该当事人相关的所有文书记录（不得私自扣留或更改任何内容）。这就提出了一个关于过程记录的重要问题，我们的过程记录用于补充正式的文书记录，是我们从个人经验、对当事人的反应和关于当事人的概念化中探索和学习的宝贵方式（正如第三章所建议的那样）。艾斯琳在寻求了法律建议后，建议她的学生和受督导者将过程记录作为即时笔记保存起来，其目的是为了受训者的个人思考，而不是法律要求的与当事人工作的专业文书记录，因此这些过程记录是可以删除或销毁的。为了确保我们的过程笔记不属于法律记录的一部分，重要的是它不能记录在我们所在组织或机构的笔记本上（或者有我们个人抬头的纸上，如果你是个人执业）；不能有当事人的名字或任何可识别的标志；这些笔记要与专业文书记录分开且安全保存。

除了要确保我们专业文书记录的保存符合法律要求外，还需要经常帮助在组织中工作的专业人员按照特定的格式保存记录，随着电子记录的保存越来越多，对每位当事人都有一个共享且透明的记录。无论在组织机构中工作还是个人执业，我们都建议受督导者在与督导师讨论过一位当事人后，便在其文件中添加简短的说明，说明在督导中讨论的与当事人后续开展工作的决定、结果或行动要点，以便保存该咨询过程的记录（如上文所述，这对处理风险问题特别重要）。

此外，作为协议的一部分，督导师与受督导者也需要讨论与督导过程相关的记录的保存问题，以便明确每个人在保存正式记录方面的责任，以及双方（或各方，如在团体督导小组内）如何同时管理这些记录。

服务连续性的责任

我们对当事人持续服务的伦理责任，以及对此加以管理的法律相关制度，对于帮助独立执业的专业人员特别重要，因为对当事人的责任通常由组织分担。我们建议所有个人执业者对自己可能出现的突然丧失劳动能力或死亡的情况提前做出专业和法律的安排。这就包括安全处理当事人的所有记录，并与当事人取得联系告知他们发生了什么，并指导他们选择其他的持续服务。我们发现，迄今为止，只有极少数人对这个问题进行讨论或写下一些自己的想法（although see Bram，1995 and Steiner，2000），因为这种情况如果不是立即发生或可能发生，则往往会被忽略。虽然否认自己死亡的可能性或体质脆弱是可以理解的，也是人类的共性，但如果我们不提前对此事做出安排，我们就没有完全履行为当事人提供服务的义务。因此，这也是在督导中需要讨论的重要问题。针对这个问题，我们的建议如下。

- 让你的一位同事或你的督导师保管一份定期更新的名单，里面列出了你目前所有当事人的姓名与联系电话，并同意他在你生病或发生意外的情况下与你的当事人取得联系，告知他们后续服务的相关选项。这也需要当事人同意（符合一般数据保密条例或其他数据保护条例），并告知他们有不被列入该名单的权力。
- 将你做出的这项安排告诉你的一位亲属，并确保他们有你的同事或督导师的联系方式，这样他们就可以在痛苦、难过的时候把这项任务交给他人。
- 制定一份专业的遗嘱 / 授权委托书，并将副本留给律师，并在你的工作文书记录中留存一份，且对如何保存工作文书记录进行说明（这其中包括所有的拷贝文件、电子记录、钥匙及密码等），还要说明有哪些专业会员、网站、工作电话号码等相关信息需要关闭。

违反伦理的情况

在大多数行业中，有一些行为被认定为"严重不当的职业行为"，包括与当事人发生性关系，利用当事人谋取经济回报，或者对当事人实施暴力行为，这些会导致执业人员被勒令立即停止执业。

尽管我们不承担管理或训练督导的责任，但如果我们意识到受督导者有不当的职业行为，我们也有伦理责任采取相应的行动，这与我们的实践相关，在许多职业伦理守则中都有提及。例如，《爱尔兰心理学会职业伦理守则》（Psychological Society of Ireland Code of Professional Ethics，2011：16）规定：每位成员需要采取行动制止同事或其他科学人员从事带有伤害性或不道德的专业活动，防止造成恶劣的后果。这样的行动包括与同事开展非正式讨论，以确保伤害不再继续且得到矫正，但如果伤害严重或伤害仍在持续，则建议成员向爱尔兰心理学会专业委员会或合适的机构报告。《爱尔兰心理学会心理学家督导指南》（Psychological Society of Ireland Supervision Guidelines for Psychologists，2017：9）进一步指出，督导的主要责任是确定符合当事人利益的最佳做法。具体而言，督导师与受督导者都有责任处理实践或督导过程中出现的违反伦理的情况或错误行为，但是否要进行追责，则需要予以明确的界定和商榷。这在同辈团体督导小组中尤为重要，因为在小组中，每位成员都应该知道他们对什么负责及对谁负责（2017：9）。

在澳大利亚，自 2010 年以来这一责任被制定成一项法律——督导师和受督导者如果在临床实践过程中对他人的职业行为担忧，或者认为他人在实践中存在不当行为，包括不当的性行为、工作时醉酒，或者身体及精神状况可能影响工作（Hammond and O'Donovan，2015），他们有权上报给澳大利亚心理学委员会。

在有些情况下，可以直接判断受督导者的行为是否违背伦理，而在另一些情况下，这样的判断则可能更加困难。在我们所知的一个案例中，当受督导者暴露他正与当事人发生性关系，这显然需要立刻采取相应的行动。督导师告诉受督导者，他的专业工作必须立即终止，他和当事人都需要向他所在机构的伦理委员会报备，并且共同探讨如何处理这一问题。接下来，要对这些情况进行探讨，以便他和当事人都能充分了解发生了什么，还要探讨这件事对这位当事人和对其他个案的影响，对受督导者个人及其专业的影响。

在艾斯琳与个人执业的心理治疗师约翰的督导工作中，出现过一个不那么明确的例子（为了保护当事人隐私，对一些细节进行了修改）。

　　约翰被诊断为纤维性肌痛综合征，伴随着强烈的痛感和疲劳。尽管很有挑战性，但他还是如往常般继续正常工作，因此约翰看起来非常疲劳。艾斯琳对其当事人的福祉和他自己的福祉表示关切，并建议他考虑休息一段时间，直到他的症状减轻后再继续工作。约翰很快向艾斯琳做出保证，自己会在两个个案之间的间隔时间里好好休息。艾斯琳感到进退两难。约翰是否能够判断自己已经因为健康状况不佳而影响到了自己的工作？他继续工作是否会进一步影响他的健康。他"迅速回绝了休息的建议"令她特别担心。在与他探讨这一点时，很明显，约翰希望继续工作的原因有以下几个：由于医疗费用增加而导致的经济压力；不想过早结束与其当事人的治疗工作；在这个健康状况不佳的挑战时期，工作是他享受个人意义和满足感的重要来源。

　　虽然艾斯琳仍然很担心，但她没有证据表明约翰的身体健康问题正在影响他的专业工作，并且她还确信约翰会以适当的方式进行自我关怀。因此，约翰决定减少工作时间，并在个案之间的间隔时间好好休息。他和艾斯琳也在定期督导中对这一点进行讨论，包括他的个案进展情况及他在工作时间是如何照顾自己身体的。

　　在个人执业的从业者中，工作的同时处理疾病问题所造成的困境的情况并不少见，我们建议在这种情况下，要及时购买收入保险，这样，伦理决策就不太会受到对收入的担忧的影响了。

伦理两难困境

　　最常见的伦理两难困境往往只是困境。它们很难进行决策，但需要谨慎加以思考。大多数专业组织都设有伦理委员会或专业行为委员会，负责对伦理守则进行审议和审查，评估伦理投诉并回答伦理提问。一个心理治疗组织的伦理委员会审查了一名成员的伦理问题，即配偶/伴侣作为督导师是否应该受到惩罚（大多数伦理守则都建议尽可能避免双重关系）。虽然支持和反对的情绪都很高，但经广泛协商，伦理委员会最终决定，如果配偶/伴侣是受督导者从业领域有经验的从业人员，可以作为其额外的督导者，但不应成为其主要的督导师。他们认为，这种关系让两个人成为共谋的可能性很大，但当事人却可能无法意识到其中的利害关系。而在这个案例中，伦理委员会的决定是非常明智的，可以说代表了成熟的伦理考虑，并且提供了一些比直接否定或说类似于"每对夫妻在这个问题上都有他们的良心"更好的决策意见。

当督导师面临伦理两难困境时，应该牢记以下几点。

1. 该伦理问题是否严重到需要立刻做出决策？
2. 如果不是即时性的，督导师可以在采取任何行动前与同事、自己的督导师或其机构协商。
3. 这种伦理两难困境如何可以成为培养受督导者、督导师及整体职业伦理能力和成熟度的机会（Hawkins，2011b）。卡罗尔（2011）提出了一系列问题，以帮助我们从各个角度思考两难困境。

（1）需要听到哪些声音？
（2）需要说出哪些话？
（3）需要承认哪些真相？
（4）需要做出哪些关联？
（5）需要挑战哪些假设？
（6）需要审视哪些信念？
（7）需要表达哪些情绪？
（8）需要采取哪些行动？
（9）需要命名哪些关系？
（10）需要揭开哪些秘密？
（11）需要看到哪些优势？
（12）需要阐明哪些限制？
（13）需要庆祝哪些成功？
（14）需要哀悼哪些丧失？
（15）需要绘制哪些心理地图？
（16）需要实现的转变是什么？
（17）我没有面对的恐惧是什么？

虽然并非在所有个案中都需要全面考虑以上所有问题，但这些问题却提示我们，可能有些未被说出的问题或情况需要被关注和表达，其中通常包括我们忽视的基本假设。帮助人们意识到这些问题，可以更容易解决伦理两难困境。

霍金斯（2005：29-31）还告诫我们，不要把重点放在"非此即彼"的解决方案上，因为这两种解决方案通常都是受督导者或处于两难问题中的其他人解决这一伦理困境的限制框架。他在教练督导（coaching supervision）中提出了一个常见的伦理困境：

在督导中可能出现的一个典型伦理两难困境是，一位教练报告，他的当事人要求他保证教练过程是完全保密的，因为他希望在不让公司知道的情况下使用教练项目辅导他去接受新公司的工作面试。他现在所在的公司为他们购买了该教练项目，而这个辅导面试的工作超出了原定协商的范围（Hawkins，2011b：301-302）。

接着，他继续说：教练如何处理这一问题可以被视为他们目前行动逻辑的参考框架（Torbert，2004）。低伦理成熟度的决策方法是，仅仅依照对受督导者或当事人来说适合的处理方法，或者依照伦理守则进行决策。因此，教练陷于决定继续工作是否恰当，或者是否结束该工作，这两种选择都是不够充分的。而更高伦理成熟度的表现则是帮助受督导者探索：当事人纠结的是不同系统的需求如何结合在一起；教练如何参与个人与组织需求间产生的分歧；这在教练过程中引发了什么反应；督导师又是如何被卷入这个过程的。

建立必要的抱持关系，管理挑战情景

督导为难以应对的复杂情绪感受提供了一个空间，使其可以被安全地重新体验，在这个空间中，我们可以反思是什么触发了这些复杂的感受。如果我们发现自己作为督导师总是急于推动进展，想及时提出问题解决方案，那么对我们来说，有足够长的停顿时间是非常重要的，我们要问问自己是否过于急切，是否真的需要一个快速的解决方案。

当处理这样一个困难和复杂的问题时，我们需要意识到，所做出的反应是可以从督导关系三个人中的一个人开始，并向其他两个人传递。以一个有潜在自杀风险的个案为例，可能是当事人首先诱发了这个反应。例如，他们可能会担心自己很快会被自杀的想法淹没。这可能会使受督导者产生惊慌的反应，同时也会让督导师接收到这种反应，这种惊慌的感受最终又回到当事人身上。焦虑反应可能出现在三个人中的任何一个人身上，如果这种焦虑感得以抱持、包容并加以反思，同时受到承认，那么就开启了一次真正的探索，人们更可能体验到人与人之间的联结。当事人可能会因此感受到更有能力抱持和包容绝望情绪，并且可能产生希望感（关于潜在自杀风险的共情式处理方法，see also Hillman，1964 and Orbach，2001）。

督导为我们提供了一个机会，帮助我们思考一种行为反应背后是否可能产生意想不到的结果的所有情况。"对解决方案保持警惕"这句格言提醒我们，即时的解决方案可能会导致更多问题。我们在政治世界里更容易看到这种动态变化，因为在政治世界里，问题往往是从表面被理解的，而采用反应性或看似更直接的解决方案，可能会使情况变得更糟。作为督导师，当我们处于压力之下时，我们也会同样受到这种"一维简单反应"的诱惑，即时的解决方案可以在短期内缓解焦虑，但也可能会进一步导致之后出现更棘手的问题。

> 一位受督导者给她的督导师发邮件说，她认为自己的一位当事人申请庇护失败，在生计上走投无路，她询问是否可以借钱给对方。在这种情况下，有很多方面需要考虑，但这个"饥饿的当事人"却无法等。督导师知道如果借钱可能会影响他们之间的关系，但她却不想仅仅对此说"不"，她向受督导者表示，有一些组织可以为没有庇护的人提供紧急帮助。在结束对话时她提出，在下次督导中进一步反思这个问题。

即使是非常困难的情况，如果把它们放置在"游戏空间"的轨道上，也总是会得到最好的理解和处理。温尼科特（1971）认为这个"游戏空间"是他所谓的"过渡现象"的一部分，这种现象存在于内部和外部世界之间，并允许新的东西出现。我们的反应、焦虑和其他困难的感受都可以保存在这个空间里，以便在制定任何行动方案之前，各种复杂性都能够被理解。

拥有权威性和深入探索的直觉是督导师的重要能力，特别是在面临两难困境时。有时，我们所要求的一些"行动"可能是"做"一些事情，如通知有关部门或联系医生等。而另外一些时候，"行动"明显是不做什么，而是信任督导过程中的讨论，并在下次督导前牢记上次工作的情况及当事人的信息。令人惊讶的是，受督导者经常会报告说，他们的当事人似乎知道他们在督导中被给予了更多的关注，并且对这种关注做出了反应，甚至已经开始发生了一些变化。在其他时候，可能需要做出更加积极的反应，如果是这样，那么可能需要依照督导师的经验来帮助判断，有时督导师可能也需要接受督导（见第九章）。

针对那些有法定责任或要处理危机的职业，例如，那些涉及健康或社会关怀的职业，特别是那些与孩子们一起工作的职业，有一种观点认为，只有在心理治疗和心理咨询中，专业助人从业者才能奢侈地"玩"和"停留在"困境中。我们认为，重要的是要认识到，反思总是很重要的，即使在需要做出快速、果断决策的地方也是如此。一位社工同事告诉我们，如果她提出儿童保护问题需要在督导结束前得到明确的答复，她会发现更容易与受督导者进行反思。这样一个充满思考的自由空间，在这里做出决定不必担心受督导者最终会陷入两难境地。

挑战的类型

基于督导师在培训或督导中最常提出的情况，我们选择了以下一些困难的情况进行更充分的探索。

有竞争需求的利益相关人员

当不同利益的个体对所督导的工作有相互竞争的需求时，可能会对督导造成挑战。在咨询中就有类似的情况，受督导者可能因为当事人的问题十分复杂且根深蒂固，所以认为他们需要长期工作，而其所任职的机构却往往为了满足经济利益需求或尽快减少等候名单而坚持开展短期咨询。特别是当督导师是机构外部人员时，他就很容易与受督导者结成同盟，从而否认机构的权利和对现实情况的考虑，或者漠视受督导者与当事人的需要，仅仅按照规章制度办事。督导师的工作是坚持、承认和处理这些相互竞争的需求，但这往往十分困难，尤其是在双方都带有强烈情绪的情况下。

许多利益相关者可能在同一个组织内发挥作用：如员工和董事或非执行董事，负责提高工作质量或减少成本开支的人。在这种情况下，我们发现督导师与受督导者"站在一边"反对组织或管理层的情况相当普遍。偏袒一方会使局势恶化，并加剧"分裂"的情况（一方被认为都好，而另一方则被认为都坏）。督导师在帮助受督导者理解和整合不同利益相关人员所代表的不同需要中发挥重要作用，命名这些需要，在督导中给各方发声的机会很重要。

角色冲突

1. 将督导师的作用与受督导者培训、专业注册或认证评估的作用结合起来

当学生接受督导是其专业训练的一部分时，督导师通常有一个角色就是为受督导者的工作提供正式评估。此外，专业机构越来越多地要求其成员定期提交工作日志或督导报告，以便进行专业再认证或专业注册。

许多督导师对于将督导的支持性角色和评估受督导者的权威性角色结合起来的方式感到不满意。此外，一些督导师还发现，当受督导者知道他们会对其专业实践进行评价时，他们会很难在督导中开放和暴露自己脆弱的部分。

重要的是，督导师和受督导者都应该清楚，任何评估过程及其如何处理都应该作为协议的一部分加以讨论。在将评估报告发送给培训组织或专业机构前，是否应该跟学生讨论并分享？如何处理对于评估结果的分歧？受督导者是否有机会补充他们的意见？我们主张将这些过程尽可能透明化地讨论。

当与没有达到预期标准的学生工作时，这个过程会更加具有挑战性。这里非常重要的一点是，反馈是有规律的，并且要尽可能早地提出反馈，避免督导师第一次向受督导者提出负面反馈时为时已晚。督导师可能不希望在实践初期就给出负面反馈，使一名苦苦挣扎的学生灰心丧气。然而，如果反馈是有规律、平衡且具体的，与反馈密切关联的工作事实本身可以发挥两个作用：一是帮助学生学习，改进自身不足，从而避免失败；二是意味着如果他们要遭遇失败，他们可能会沮丧，但不会过于惊讶。因此，对于不及格的学生，督导师必须牢记以下几点：

（1）困难的反馈需要在问题第一次被注意到就开始；

（2）尽可能保持反馈过程中积极反馈与消极反馈的平衡；

（3）提供补救措施，帮助学生解决困难；

（4）经常监控，提供相应的即时反馈；

（5）推迟面对问题情景只会使情况更糟。

一名成功与困难斗争的学生最终可能会成为一位优秀的从业者，但情况并不总是如此。有时，在训练过程中挣扎十分痛苦的学生，尽早放弃才是更好的选择。因此，这是一个十分困难的评价标准，如果有疑问，督导师在采取任何行动前都应该与其督导师进行探讨。

2. 将督导师与直属管理者的角色结合起来

正如在与学生工作时一样，直属管理者所提供的督导必须包括对受督导者的工作和业绩的权威评判。这可能包括以下内容：满足学生专业发展的需要；就其今后的晋升途径提出建议；决定为其分配当事人和工作量；管理业绩不佳或违反伦理的行为。因此，负责部门管理工作的督导师在建立安全、开放的督导关系上会面临重大挑战（Pack，2009；McMahon and Errity，2015）。然而，这也有其优势，即管理者可以直接了解受督导者的工作情况，而当管理角色和督导师角色被分割开时，又可能会存在其他挑战（关于这些问题的讨论，see Wheeler and King，2001；Davys and Beddoe，2010：83-85）。

如果受督导者在组织中表现不佳或存在违反伦理的行为，督导师可能需要依照程序进行处理。督导师应与其人力资源管理者协商，以保证程序合情合法。并且，一旦发现受督导者存在不专业或违反伦理的行为，督导师应立即向其提供反馈，并直接讨论后果（这其中可能包括向专业机构报告），或者当其业绩没有提高时，需要告知其后果，以及要求他们做到什么样的业绩表现（包括在适当情况下参与其补救或专业发展计划的实施）。所有这些内容都应该生成一份书面记录并交给受督导者。这一程序保障其有权不被立即解雇且有机会加以改正。它还保护督导师 / 直属管理者免受不公平解雇的指控。

莫里森和哈尔彭（Morrison and Halpern，2012）是两名在卫生服务部门工作的医生，他们为涉及困难或矫正性反馈的管理评估提供了建议，以提高受督导者专业发展机会的潜力。

（1）评估者与被评估者之间共享其控制权。

（2）在常规框架中加入发展性议题，外在目标和胜任力是风险的焦点。

（3）帮助被评估者反思他们的专业经验，以激发其更深层次的学习潜力。

（4）鼓励反思医生工作环境的复杂现实情况。

在担任督导师和直属管理者的双重角色时，重要的是要在签订协议时清楚地说明督导师服务的各位利益相关者，以及他们对督导师提出的要求，以便将所有利益相关者都包括在协议中。必要时，督导师不必从"了解更多"的立场上挑战受督导者，而可以将挑战建立在清楚地知道利益相关者各方需求的基础上。为了让自己对受督导者的工作提出的挑战是富有创造性的，而不是边抱怨边未经思考和消化就同意或反抗，那么督导师对如何给出挑战必须非常谨慎，以确保良好工作同盟的建立。这样，督导可以支持和促进工作的良好发展，工作绩效的改善也将会是真实且持久的。

3. 受督导者的工作超出其胜任力范围

受督导者是否有能力处理特定类型的工作，或者与特定类型的当事人开展工作，这并不是一件简单的事情。一方面，督导师帮助确保受督导者不从事他们没有得到相应训练的工作是非常重要的（如与特定年龄、残疾或有复杂心理健康问题的当事人工作）。另一方面，在我们的经验中，具有复杂情况的当事人往往会带来更多的学习机会，学生和新从业者也会带来新鲜、有活力和开放的立场。如果他们得到充分的督导和开放的学习，他们往往会表现得更好，而在相同情况下，经验丰富的从业者则可能会更加谨慎。然而，重要的是要意识到自己和受督导者的局限性，要么不从事超出我们胜任力范围内的工作，要么确保我们有足够好的督导和良好的培训，以帮助我们胜任全新领域的工作。

督导是受督导者讨论能力问题的一个重要场所；可以讨论和澄清他们有资格从事哪些领域的工作，他们应如何向当前及潜在当事人宣传他们的培训经历；定期审查他们在专业领域持续发展的需求，从而保证其胜任力和专业知识能够持续发展。

有时，受督导者会给他们的督导带来一种无能感，因此有必要帮助他们梳理清楚这真的是胜任力问题，还是有其他因素的影响。考虑到许多人正在处理当事人的复杂问题，并且面临工作量大和要快速处理等待名单上的人的压力，专业人员报告，他们经常会感到自己不称职（Theriault and Gazzola，2005），而且当面对压倒性的需求时，感觉自己就像是一个骗子（McMahon，2012）。有空间来表达和意识到这些感觉的正常性可以帮助解决这些问题并恢复信心。但同时，也有可能给他们的信心再次造成破坏，包括受督导者对当事人的反移情作用（见第六章模式4）或当事人对受督导者能力的无意识攻击（如当事人向受督导者投射自己的无助和艰难的感觉）。如果这些问题得到很好的理解，受督导者的情绪反应较少，且能与自己的能力相联系时，工作通常会令人满意地继续下去。

4. 给予困难的反馈

提供反馈是良好督导的核心组成部分，正如上文所述，如果督导过程包含正式的评估过程，就会变得更加具有挑战性。然而，无论什么设置，所有督导师都会被要求在某个时刻提供一些挑战性的反馈，这是大多数督导师感到焦虑或倾向于避免的事情，特别是当他们认为受督导者不愿意听取反馈或担心扰乱督导关系时（Hoffman et al.，2005；Borders et al.，2017）。

在第三章中，我们展示了鼓励受督导者对自己的实践开展自我批评来督促自己学习的重要性。在可能的情况下，自我评价应该先于他人的评价。在第四章中，我们描述了一个提供有效反馈的指南——CORBS，它代表着清晰、拥有、规律、平衡和具体，这种反馈缺少评判性，因此更容易从中学习。

在第十五章中，我们将对督导中给予反馈的研究进行总结，包括介绍对经验丰富的督导师进行研究的好方法（Grant et al.，2012）。

困难的边界问题

良好的督导需要尽可能多地关注与当事人和受督导者的工作边界，以及在边界内发生的事情。边界为我们的当事人、受督导者及我们自己提供了重要的掌控感。关注边界包括考虑诸如保密（在法律问题中尽可能早地考虑）、会谈时间和地点、费用、礼品等问题，以及我们在会谈内外的角色和联系性质方式（如肢体接触与自我暴露等问题）等（Pope and Keith-Spiegel，2008）。督导中可能出现有边界困难问题的示例包括但不限于以下几点：

- 督导师或受督导者与当事人之间，或者他们彼此之间有其他关系；
- 受督导者的当事人通过频繁的缺席、迟到或延时来试探工作的边界；
- 协议中有费用方面的问题，而受督导者的当事人不按时支付费用；
- 受督导者与当事人，或者受督导者与督导师之间有不适当的社会接触，损害专业工作。

所有这些情况通常并不非常明确，因此需要在督导中仔细考虑。当事人打破边界（如经常迟到或不支付费用）可能是无意识沟通的重要部分（Casement，1985），通过试图理解它们可以学到很多东西。在督导中，讨论当事人的过往历史及促进其发展需要什么样的反应是很有价值的。例如，是否当事人的教养环境过于僵化且受约束，而现在灵活性可能对他们来说很重要；或者在一个混乱且放任自由的教养环境中成长的个体，或许需要一个更加坚定的边界。作为专业人员，因为当事人缺席或不付费会让我们感受不好，所以督导针对这种感受开展工作也很重要，并且准备好与当事人以不加指责的方式讨论打破边界可能意味着什么，以及如何解决问题，从而继续向前。

有些工作，如社会护理工作，其工作设置并不总是在有时间限制的框架下或者在与当事人如何联系的固定设置（如社会护理人员可以与家庭当事人一起散步并完成会谈）中。然而，无论什么工作性质，都需要明确的界限（如确定会谈形式和时间）。偶尔不过于严格的限制边界是有益的，这就需要在督导中进行探索，以确定何时需要坚守边界，何时需要对边界保持灵活。在我们的经验中，学生和新手助人从业者需要一段时间去练习如何坚守边界，因为他们经常发现自己的个人和专业经验还不能帮助其较好地划清安全的边界。例如，在会谈结束时把握好结束的时间是很好的，但偶尔允许当事人超出时间并进行一次重要的沟通可以表现出对当事人的悲悯和对其他重要事件的认可，这也是十分有帮助的。然而，一名学生可能会在绝大多数情况下都这样做，并放弃坚守边界，因为他们会担心拒绝似乎代表漠不关心。

督导的角色是探索什么导致了边界的跨越，跨越边界引发了受督导者和当事人什么反应。在督导中，讨论边界问题是从业人员学习如何将个人与专业、关怀与坚定、协作与权威相结合的最佳场所。作为督导师，我们为受督导者树立保持良好边界的榜样很重要，并在受督导者学习时为其提供一些灵活的可能（如围绕时间和费用的讨论），但这并不是一个规则，而是帮助受督导者体验自信和安全抱持。正如托马斯（2014：140）对心理治疗所主张的那样："当督导师做出了伦理行为的示范时，他们就是强调了专业赖以生存的基本伦理原则。"

在社交接触方面的严格界限（面对面或在社交网络上）对于保护专业关系的隐私性和特权性非常重要（尽管在某些专业背景下可能存在一些有计划的例外，如由心理健康服务专业人员举办的社会活动）。然而，某些时刻计划外的社交接触却是可能发生的，这需要在督导中加以讨论，以考虑其意义和对助人关系的影响。

这种严格的边界设置在督导关系中可能并不必要甚至是不适当的，因为这是一种合作关系，随着受督导者变得越来越有经验，它可以随着时间的推移而改变。此外，一些督导师和受督导者可能在同一栋楼甚至是同一间办公室中工作，因此他们之间可能有一些定期的非正式接触甚至是社交接触。然而，督导是一种发展的、不平等的关系，督导师往往被赋予更大的权力，尤其是在培训期间，或者是管理性的督导。因此，督导师有责任在适当情况下考虑这种权力不平衡是如何影响督导边界的。从对督导关系的研究中我们知道，督导师对边界的明确界定也是受督导者所重视的（Beinart and Clohessy，2017）。关于这一问题的进一步讨论，见第三章、第四章和第七章关于督导权力的相关内容。我们在下文中将讨论督导中个人 - 专业边界管理的问题。

处理复杂的情绪感受

在一些助人职业（如心理咨询和心理治疗）中，关注工作的情感影响是培训和岗位资格认证督导中的重要特点，而在其他职业中（如医学、职业治疗）中则不太占据主导地位。然而，与处于困境中的人一起工作所遇到的情绪挑战越来越多地被各行业所关注。本节我们了解当事人 - 受督导者关系、受督导者个人内部与督导师内部引发复杂情绪感受的情况。

1. 在当事人 - 受督导者的关系中

如果在工作关系中引发了复杂的情绪感受，那么处理这种情况往往是最具挑战性的，而且对当事人、受督导者和督导师这三者中的每位成员而言都是如此。在心理治疗中，这些通常被认为是移情关系所产生的干扰引起的，即由当事人童年关系中根深蒂固的模式引发的情绪感受。助人从业者可能也会有复杂的反移情感受，要么是由同样的情况所引发的，要么他们被迫在当事人的故事中无意识扮演着某些角色（见第六章模式 4）。用这些术语理解复杂的情绪感受可以帮助我们不去认同它们，也就是不把该问题个人化，并且较少因此做出反应——这些情绪反应可以在督导中探索，以便更好地理解当事人。例如，如果我们经常感到被当事人批评或指责，这可能是当事人（无意识）的方式，让我们知道他们对其父母的体验是怎么样的。在督导中探索我们自己的反应（如感到受伤、愤怒或想终止与当事人的工作）可以帮助我们理解当事人对其父母的感受如何，以及这对当事人目前的关系所带来的影响（如在被他人拒绝贬低前先拒绝和贬低他人）。

然而，确定这种来自童年模式的复杂情绪也可以被视为一种防御，避免我们看到，是自己造成了目前困难的工作关系。这可能是因为当事人的批评让我们自身疏忽了自己的部分责任。根据我们的经验，这种复杂的情绪往往涉及过往史、移情 / 反移情问题，也与此时此刻的关系有关。对这些可能性保持真诚开放，并利用督导表达出体验到的复杂情绪，探索如何与当事人讨论和解决这些问题，可以促使咨访关系的加强，使其变得更有价值。那些对这个问题有兴趣希望进一步阅读的人，我们强烈推荐卡伦·马洛塔（Karen Maroda，2004）所著的《反移情的力量》（*The Power of Countertransference*）一书。

2. 处理受督导者个人内部的复杂情绪

受督导者往往会将复杂的情绪体验带到督导中。这可能是在有意识的情况下表现出来的，或者是在督导中自发表现出来的。这些强烈的情感体验可能有各种来源，如组织冲突、角色冲突、团队变化、合作冲突、对当事人的反应（如上文所述）、被工作引发出过去的感受、与当事人会相关的平行过程（见第六章）、过度工作、工作以外的个人困难及对督导师的复杂感受等。它可能是其中多种情况的混合。强烈的情绪使反思变得更加困难，督导的作用则是减缓情绪反应的速度，创造反思情境并提供探索情感的空间。这就要求督导师能够以非应激和非防御的方式对待受督导者，即使这些强烈的情绪体验是针对他们的，也要注意这些反应可以成为督导中的宝贵材料（见第六章模式6）。

关注受督导者在督导中的情绪，会带出个人 - 专业的边界问题，挑战就是既要确保督导不变成个人治疗，又要有空间对情绪进行恰当的加工和探索。正如艾斯琳所提出的那样："作为一位督导师，提供对情感的关注和敏感度不仅表达了一种开放的态度，这可以使受督导者在探索他们的工作时引入更加个人、情绪化的自我，而且也有监测边界的伦理责任，减少受督导者在督导关系中感到过度暴露的可能性"（McMahon，2014a：7）。从根本上说，督导这项工作必须成为所有受督导者的"容器"，如果探索受督导者的情绪与工作有关，那么它就是合理的督导。然而，在督导探索过程中有时会出现更多的个人问题，如果合适，这些问题可以说出来，但需要在其他地方（如个人治疗中）做进一步或更深入的探索。例如，如果受督导者发展自己正在强迫性地"挽救"一位特定的当事人，这个问题可以在督导中探索，以便更好地理解当事人与受督导者之间的关系。然而，如果受督导者总是发现自己很难不成为其所有当事人的"救世主"，这可能就是需要在治疗中探索其个人根源的问题。当然，这种个人动力对工作的影响也可以在督导中探讨，但如果被带入个人治疗中，那么可能更容易处理（见第四章关于个人-专业界限的讨论）。

3. 由督导材料触发的督导师个人反应

任何督导师都不能时刻保持开放、非防御的态度，也无法在所有状况下清楚地反思可能出现的情况。因此，督导师在工作中也会被触发一些个人反应，关注到这一点是重要的督导技能。例如，督导师可能会对受督导者或受督导者的当事人产生负面情绪反应，这可能代表一个平行的过程，可以在督导中进行探索，进一步对当事人进行了解（见第六章和上文）。如果督导师对受督导者的负面情绪反应是持续的，并且与某一特定的当事人无关，此时最好将这种情况带到自己的督导中，以探讨受督导者可能代表谁，或者这对督导师而言意味着什么（即督导师对受督导者的反移情），以及如何更好地处理这一问题。

受督导者可能也会认识到其督导师的反应模式很难处理。例如，我们督导的一位督导师对轻微破坏边界的行为难以容忍，如当事人迟到等，她会更加专注于建议受督导者纠正这种行为，而不是帮助其反思这其中的含义。由于不能进行讨论，她的受督导者学会的便是，或者不将这种情况在督导中进行汇报，或者顺从并全盘接受督导师的立场，且将这种不容忍的态度传递给当事人。无论是哪种方式，当事人的行为都没有得到充分的反应，受督导者在督导过程中的学习也受到了抑制。

即使是最有自我觉察的督导师也无法辨别自己所有的反移情、偏见和随着时间的推移而发展起来的特殊工作方式（如他们的盲点和亮点）。最重要的是保持对反馈的开放和对自我及关系中的自我的持续了解。良好的督导协议应该包括定期回顾和反馈，督导师应在回顾时积极征求受督导者对督导过程的反馈，哪些地方感觉好，哪些部分需要改进。除了帮助发展信任关系和加强督导联盟外，督导师在督导中表现出非防御、开放及好奇的态度关注此时此刻的关系，可以为受督导者提供一个有价值的元信息沟通和关系性工作的榜样（见第六章模式 5）。

结论

在本章中，我们看到在督导中保持反思是很重要的。对于具有挑战性的复杂情况及出现伦理困境的情况更是如此，因为这往往使保持反思的空间变得更加困难。这些情况引起的焦虑可能会导致匆忙和被动的决策，从而产生没有预期到的后果。我们还看到，这些情况可能意味着督导师必须做出指令性干预，特别是对缺乏经验的受督导者。这些情况往往需要督导师做出明确和明智的判断，并表现自我反思的能力，而不是盲目地采取行动。以下是在这一复杂领域工作的一些指导方针。

1. 无论情况如何，都要保持开放反思的立场。
2. 学习辨识何时开放的立场关闭了，并向自己提出问题：发生了什么让我很难再进行自我反思？这将帮助我们再次变得更加开放。
3. 学会在何种情况下要做出果决的判断，但要确保这不是出自反应性，而是知道此时需要采取果断的行动。
4. 当你的受督导者和／或你自己被强烈的情绪反应困扰时，保持深呼吸，并在回应之前等待并思考，而不是直接做出反应。
5. 如果你不能把事情放下，那就在督导中寻求帮助，而不是和其他人随意聊聊，虽然内心中随意聊聊的愿望可能很强烈。
6. 请注意，如果你在受督导者的描述和反应中感觉过度投入，无论在自己的督导工作中还是在督导督导师的工作中，请思考这对你来说意味着什么。这可能意味着你在一些你还没有理解的方面过度投入了。

7. 当你出现违反伦理的行为时，应考虑如何做出反应，并在必要时上报给权威人员或伦理委员会，如有疑问，请自行寻求督导。

　　这些指导方针可以帮助督导在有破坏性且充满情感的时候能够以稳定且深思熟虑的方式工作。消极和过度介入的督导都会使本就令人担忧的工作雪上加霜。

督导师的培训与发展

导论

本章既写给那些培训督导师者，也写给那些对发展自我成为督导师感兴趣者。纵观历史，从业人员如果要成为一位督导师，通常无须接受特别的培训，而是由于其是该领域内的资深人员而自然承担了这一角色。在过去的 10 ~ 15 年里，人们越来越认识到，督导是一个独特的实践领域，涉及特定的胜任力，需要集中培训。沃特金斯和王（Watkins and Wang 2014：179）曾指出，人们对于督导培训的态度出现了积极的巨大转变。许多专业团体现在都为其成员制定了督导师培训和认证的政策或指南，包括美国心理学会（APA，2014）、爱尔兰咨询与心理治疗协会（IACP，2018）和欧洲导师与教练委员会（2019）。然而，并非所有的督导师都接受过专业的督导培训。例如，对心理学家的调查显示，大多数督导师偶尔也会参加一些督导工作坊（64% ~ 84%，Milne et al.，2011），只有一小部分人参加过正式的督导培训（17%，Townend et al.，2002；16%，

McMahon and Errity，2015）。

在本书中，我们试图详细描述多角度且复杂的督导实践，以及它如何需要从专业培训中获得知识基础、能力与胜任力。我们认为，所有的督导师都需要一段时间的正式培训与发展。在本章中，我们将概述督导培训的目的和益处，并将成年人学习原则作为培训的重要基础理论。我们同时还为规划和设计督导培训课程提供指导，包括核心课程的描述、关键的培训要素及进阶的督导培训模块。另外，我们还为督导的督导提供相关指导，这是督导发展的一个重要组成部分，并考虑督导的评估和认证，最后，我们会强调督导师个人与专业持续发展的重要性。

督导培训的目的与益处

佩奇和沃斯克特（2015：231-237）将督导培训的目标描述为促进受训者做到以下几点。

- 了解各种理论、模型和方法。
- 发展和实践一系列督导干预和反馈的技术。这需要创造一个进行实验、犯错、测试风格和冒险的机会。
- 提高对个人和专业优势及发展领域的认识。
- 能够发展自己的知情风格和督导方式，整合理论与实践。
- 发展对于伦理和专业实践问题的意识，以提升作为督导师的专业认同，并将其渗透进实践标准的各方面。

一些调查和访谈的研究报告认为，督导师接受过督导培训是有明显好处的，包括以下这些证据：

- 作为督导师的信心会更大（McMahon and Errity，2015）；
- 增强了自信和理论知识（McMahon and Simons，2004）；
- 在签订协议、使用模型、提供反馈、管理边界和处理系统／组织问题等方面有更高的意识、自信和技能（Ooijen and Spencer，2017）；
- 更多地意识到在督导中的角色和责任，并更多地关注受督导者的学习（Younge and Campbell，2013）。

有关督导培训对督导师后续工作质量的影响的研究比较有限（Watkins，2012），但有少数迹象表明有积极作用。例如，与没接受过培训的督导师相比，接受过培训的督导师通常可以做到以下几点：

- 被观察者评价为较少专制，鼓励受督导者在督导中发挥积极作用（Barrow and Domingo，1997）；
- 被受督导者评价为较少教条且具有支持性（Stevens et al.，1998）；
- 发现受督导者高度评价督导的价值，并报告他们与督导师之间有更高的信任和融洽关系（White and Winstanley，2010）；
- 受督导者很少认为提供了有害或不充分的督导（Ellis et al.，2014）。

迄今为止的这些研究结果证实了督导培训的价值，但仍需要在这一领域开展更多的研究，特别是评估培训前后督导胜任力的变化。

成年人学习的主要原则

所有的督导培训都应该建立在成年人学习理论（成年人教育学）的原则上，即基于关于成年人如何最好地学习的知识。我们在借鉴弗雷尔（Freire 2001）、诺尔斯等人（Knowles et al.，2015）、克拉克斯顿（Claxton，1984）、霍金斯（1986、1993、1994）及阿吉里斯和肖恩（1978；Schön，1983）等作者的工作的基础上，建议督导培训课程要纳入以下成年人学习的主要原则：

- 利用所有参与者的经验，并鼓励自我导向的学习方式；
- 重点关注受训者目前确定的需要；
- 在如何开展、回顾和执行督导培训方面进行合作；
- 认识到课程受训者的不同学习风格（见第二章）；
- 运用参与者当前在工作场所面临的真实挑战和问题；
- 鼓励多种类型的学习——命题（理论学习、知道"是什么"）、实际操作过程（知道"怎么做"）、表象（通过故事、隐喻、艺术方法学习）和个人体验（从生活体验中学习；Heron，1981；Eraut，1994），从而帮助受训者发展多元智能（Gardner，1999；Hawkins and Smith，2013），并关注体验式学习周期的不同阶段（Kolb，1984；见第二章）。

督导涉及知识、技能和技术，但也需要双方将自己的全部投入工作中，所以往往也涉及态度、情感和意识。因此，督导培训要超越提升胜任力，发展良好的实践胜任力和人际能力，如同理心、非反应性、洞察力和复原力（Hawkins and Smith，2013：246-

248；Marchant，Marken and Payne，1988：40）。

在上述基础上，霍金斯和史密斯（2013：150-163）为设计督导培训课程提供了一些很好的建议。

1. 从注重自我意识开始，通过体验学习的过程发展能力。

2. 在受训者和同龄人一起进行督导的小组中，通过高度反馈，发展个人的"权威感、存在感和影响力"。

3. 以最生动的方式教授最基本的技巧和技术，如使用演示、记录、说明性的故事、参与受训者自我反思的机会等。提供大量的机会来练习和接受反馈。

4. 只有在体验学习已经开始后，才教授理论知识。

5. 即时学习：当学习者已经意识到学习的必要性，并可以将学习应用到近乎接受它时，学习才最有效。

6. 实时学习：通过解决学习者当前尚未解决的真实问题得到提升，而不是基于过去的案例研究。我们将此视为真实扮演而非角色扮演。

7. 经过初步训练后，学习者需要经过长期的督导实践，以形成他们自己的自我意识、技能、理论，以及对实践的体验和反思的整合。

规划和设计督导培训

人们越来越认识到优质督导对员工发展和复原力的价值和必要性，我们注意到，要求为其员工提供内部督导培训的组织不断增加。如今，组织资助员工参加正式的督导培训课程也更加常见，这有助于他们在工作场所建立督导专长。

无论你是否正在规划和设计一个正式的督导培训方案（如爱尔兰的心理咨询与治疗督导培训，正式课程需要 100 小时的课堂培训和 50 小时的督导实践：IACP，2018）或更短的定制督导日或课程，都有一些关键问题需要决定，其中主要包括以下几点。

1. 在受训者开始督导前还是督导后进行培训？

2. 是组织单一学科还是跨学科的督导培训？

3. 学习活动的最佳组合是什么？

4. 核心课程需要涵盖什么内容？

下面我们给这些问题提供了一些指导。

在开始督导前还是督导后接受督导培训

对一些人而言，更可取的做法似乎是在其开始进行督导工作前就接受培训，这样他们在开始前就更清楚他们在督导中提供什么，以及如何开展督导。但这种方法的局限性在于，与所有预先培训一样，受训者除了自己被督导的体验外，没有直接经验可以在课程中加以反思和工作。

我们建议在所有助人行业的基本培训中都涵盖一些督导培训，包括如何成为有效和积极主动的督导师的技能，以便他们可以更好地督导自己（Watkins and Wang，2014：182）。我们还认为，所有新手督导师在其实践工作的第一年里接受正式的培训课程是非常重要的。如果新手督导师没有得到可以作为他们新的角色榜样和支持的良好督导，那么培训需要在他们开始督导工作之前进行。在没有进一步支持的情况下就简单地开设督导培训课程是不恰当的。培养那些对他人持续专业发展有重要作用的良好督导师，不但需要基础培训，还需要持续学习，并对督导实践进行反思和督导（下文会进一步讨论）。如果新手督导师不能在其组织内部得到督导支持或资金帮助，那么在督导培训期间，受训者可以考虑建立一个持续的同辈支持小组，以反思他们正在发展的督导实践训练。

是组织单一学科还是跨学科的督导培训

为那些有相同专业理论背景或流派取向的人提供督导培训是有好处的。例如，对心理治疗的从业者而言，他们的流派取向可能是系统性的、精神动力学的、认知行为的、人本的及整合的。这可以帮助新手督导师审视自己如何将曾经的训练运用到督导角色中，以及他们可以怎样运用自己独特的理论和模式帮助受督导者发展胜任力（特别是与那些还在接受训练或执业早期的新的受督导者一同工作时）。然而，与不同助人职业和流派取向的人一起接受督导培训，有助于督导师学会在不同的文化和框架下工作，并察觉和减少他们在督导中使用的一些行话、局限性和假设。这可以使督导师更像一位"共同探究者"，为受督导者提供一个有价值的反思与探索的学习空间，而不是相信他们必须保持权威的专家立场（关于整合模式跨学科培训的好处，see Hewson，2009；Holton，2010；Moore，2016）。

单学科和跨学科的督导培训各有优势，培训师可能需要判断哪种模式更适合其特定的环境。我们发现，在一个督导师培训组里有不同专业的人参加效果更好，可以在较早的阶段促进个体实践和思维的灵活性。这也符合目前学界对督导工作的认识，因为督导涉及一系列超学科界限的技能和能力。许多受训督导师也对跨学科模式的督导感兴趣，将督导师的培训和认证视为他们最初专业训练之外的宝贵工作机会。此外，一些专业人员被期望作为多学科团队的一部分，开展跨专业督导。在督导培训中包含多学科组合是对这类工作的有效准备。

在跨学科或跨模式的督导工作中，我们要确保受训的督导师了解在其胜任力范围内工作的重要性（符合所有专业伦理规范）。尽管督导师不需要在其受督导者实践的各个方面都是专家，但是他们需要对其受督导者的专业、工作设置和当事人群体有充分了解（正如专业督导指南中所述，e.g. APA，2014），并知道何时向受督导者推荐其他资源或督导支持。

学习活动的最佳组合

正如我们上面所讨论的，督导培训需要使用混合型的学习方法。我们建议包括以下内容（see also Milne et al.，2011；Hawkins and Smith，2013）：

- 教学（包括一部分在线教学）；
- 反思性练习和日志记录；
- 指定阅读材料；
- 个人／小组的读书汇报；
- 大型／小型团体讨论；
- 对督导案例进行讨论；
- 对真实扮演和角色扮演的聚焦反馈；
- 督导视频的聚焦分析；
- 参加督导的督导；
- 在培训间隔设置督导实践的时间；
- 记录和分析自己的督导过程；
- 设定个人学习目标（针对培训课程和培训课程后）。

督导培训课程需要有各种各样丰富的体验成分，包括受训者在三人小组中轮流担任督导师、受督导者和观察者，然后给予彼此结构性的反馈。受训者通常会报告说这是课程里最有价值的部分，在所有三个角色中，大家的体验都是学到很多。

在体验式活动中，培训必须关注如何帮助受训者学习与不同的受督导者建立信任、开放、察觉差异及相互探索的关系。我们应该努力提供温暖、开放和信任的培训环境，让受训者即使在有不可避免的恐惧和脆弱的情况下，也能够探索他们的体验和不足。这是一项艰巨的任务，正如芭芭拉·迪恩利（Barbara Dearnley，1985：54）所说：

我逐渐意识到，详尽探究督导实践是一件非常暴露的事情，远比讨论自己困难的案例更加暴露，就好像大众已经达成了共识：一个人有足够的经验进行督导会导致令人困扰的个人期望，即督导师不应该说错话和做错事。

成为一位督导师会减少我们给自己公开学习的空间，因为成为专家会让我们确信自己应该知道答案，并且要确保对自己所做的事情了如指掌。盖伊·克拉克斯顿（Guy Glaxton，1984）将阻碍成年人学习的四种信念总结为：

- 我必须有能力；
- 我必须掌控一切；
- 我必须保持一致；
- 我必须感觉舒服。

当执业者成为督导师时，这四种信念很容易被强化，而当督导师开始培训其他督导师时，这些信念就会得到双重强化。

督导师的培训课程需要创造挑战这些信念的氛围，在这样的氛围里，犯错误、尝试不同的方法及表现脆弱都变得十分有价值。为了营造这种氛围，督导培训课程的培训师必须树立自己并不是"超能力控制专家"的形象，而是仍然保持开放并需要持续学习的体验丰富的督导师，也对自己的脆弱性持开放态度。

为了确保体验工作中的安全，在技能实践课程中关注讨论和引入材料的保密性至关重要，需要在培训中明确约定。这包括签订协议，尊重并对与受训者、培训师及其工作相关的个人或敏感信息保密，并努力避免识别第三方的身份，特别是当事人及其同事的基本信息。在有关受训者、团体或组织的培训工作中（见下文），由于存在其他受训者可能会识别同行专业人员的风险，因此需要受训者密切关注。

核心课程需要涵盖什么内容

督导师培训课程的核心课程需要关注关键督导胜任力的发展（见第四章；see also Watkins and Wang，2014）。在这里，我们重新回顾一下，督导师培训需要培养受训者以下知识和技能。

1. 建立和维护督导关系，包括签订协议，注意边界、职责和角色（见第四章）。
2. 评估和反馈，包括关注受督导者的发展需要（见第四章、第五章和第八章）。
3. 督导的理论、模式和方法，包括督导的干预技术和策略（见第五章、第六章和本章）。
4. 处理差异、多样性和权力等问题的能力（见第七章）。
5. 处理伦理、法律和专业问题的能力（见第八章）。

6. 反思性实践和终身学习，包括对成年人学习原则和督导研究的意识（见第二章、
第十五章和本章）。

我们希望那些设计培训课程的人能够使用本章和本书中的内容，并围绕这些核心领域设置他们自己的核心课程。

在决定督导培训核心课程的内容顺序时，首先要建立每个人（或其组织）特定的学习目标（同时可以在培训结束时进行评估），然后确定课程受训者的督导与受督导经验。这两种角色的经验会成为有效的学习材料，并影响课程受训者对培训课程的态度和假设。

在我们早期的督导培训过程中，我们天真地憧憬着课程受训者相信督导是一件好事，并渴望学习如何进行督导工作。但很快，我们的幻想就破灭了。我们发现，许多从业多年的社会工作者、心理学家、医生、治疗师、行为教练或感化官从未接受过任何正式的督导。还有一些人具有非常负面的督导体验，过度批评的督导师使他们缺乏自信，甚至有些督导师还会利用他们分享的自己的弱点或不确定性来攻击他们。

我们发现，如果我们在课程初期尽可能降低受训者所有糟糕的督导体验所带来的影响，并改变他们对督导的消极态度，就能帮助课程受训者变得更加开放，因为这不仅降低了他们内心对于课程的抵抗，甚至可以变成非常有用的学习材料。作为督导师，我们可以探索如何使我们的受督导者不再重复我们和其他受训者所经历的消极体验。

我们同样也从这些经验中吸取了教训，避免出现这样的过程，即我们对督导及其益处非常信奉、视为福音，而课程成员却持有消极态度。在一些培训课程上，我们组织了一场辩论，一些受训者说明督导的有效性和好处，而另一些受训者则争论督导的成本和副作用。辩论进行到一半时，我们会要求他们改变立场，进行激烈的交流，开始争论相反的情况。这确保了该课程不会使受训者被分为支持督导和反对督导的对立派系，而且使受训者对督导的潜在问题和好处都得到了明确认识。

接下来，我们提出了督导的定义、流程图和模型（见第五章），并考虑了成年人学习原则在督导实践中的应用，让受训者有机会评估他们自己的学习风格（见第二章）。在核心督导培训中，我们建议包括三种督导模型，它们分别关注了不同但同样关键的方面，并共同为督导工作提供了一个综合的基础。

1. CLEAR 模型（见第五章）。它提供了督导过程中每个阶段的流程图：协议、倾听、探索、行动和回顾。

2. 七眼督导模型（见第六章）。它提供了督导工作需要在不同领域之间往复变化的流程图。

3. 整合发展模型（见第五章）。它展示了督导如何针对受督导者发展的不同阶段进行

细微的调整。

在这一介绍工作之后，我们开始培养受训者在签订协议和建立督导关系方面的知识和技能，包括确立边界、角色和职责，以及设置受保护的督导空间和时间。除了明确的外显协议外，那些隐藏的、未被讨论的内隐协议内容也同样重要。督导师与受督导者可以当着小组成员的面，在一个"真实平台"上签订协议，在这一过程中，一位受训者可以在挂图上记录其观察到的协议中的明确的外显部分，另一位受训者则可以记录下他察觉到的未被讨论的内隐内容，其他受训者则可以进行观察。

接着，我们专注培训受训者学习如何使用以上三种督导模式的技能，并通过角色扮演和回看录像的方式发展他们对自己干预风格的察觉。我们还提供讨论机会，并练习提供反馈和评估，关注权力、文化多样性、伦理和两难困境。自始至终，我们都强调持续关注督导关系质量的重要性，并支持受训者发展他们的关系意识和技能。

我们已经在本书的其他章探讨了协议、提供反馈和评估的内容，以及关注督导关系，在接下来的各章中，我们将重点探讨和说明另外几个关键要素的培训：督导师的干预技能、使用录像与人际历程的回忆、伦理决策制定和跨文化督导。

督导培训中的关键要素

以下几个领域在督导培训中可以被设置为单独的学习要素加以训练。

督导师的干预技能

在任何基础督导培训中，一个非常重要的领域是回顾受训者的干预技能，为课程受训者提供机会，通过适当的方式调整和发展他们的督导技能。一个有用的工具是包含六种干预措施的赫伦模型（见表 9-1）。赫伦（Heron，1975）开发了一种方法，将任何可以促进受训者督导技能成长的所有干预措施分为六类。这种方法对个体和团体都同样适用。虽然干预措施可能并不详尽，但它们的用途是为了帮助我们意识到我们所使用的这些不同的干预措施中，有些会使我们感到舒适，有些我们应该避免。在此基础上，通过实践，我们就可以开始拓宽我们的选择。在确定每种干预措施时，重点要考虑的是干预措施对当事人或受督导者的预期效果。这并不意味着任何一种干预措施比其他类别的干预措施更有效和更重要。

表 9-1 赫伦的六类干预措施

常规的	给出建议，直接指导（例如，你应该写一份报告说明情况，并将复印件放进当事人的档案中）
提供信息的	说教，指导并告知信息（例如，在这里，一个系统的干预可能会更有帮助，我可以给你一篇有用的文章供你参考）
面质的	给予直接的反馈和挑战（例如，我观察到当你谈论这位当事人时，你似乎有些困惑，也感到不确定）
疏解情绪的	释放压力，展现出真实的反应（例如，这里你真正想对你的当事人说的是什么）
促进作用的	反思的，鼓励自己解决问题（例如，你可以多说一点吗，你会怎么做呢）
支持性的	赞同、肯定和确认（例如，我可以理解你的感受）

赫伦（1975）认为，这六类干预措施在使用时只有基于对当事人或受督导者的关心和关怀时，才具有真正的价值，当个体缺乏关心或过度使用时都会适得其反。当督导师缺乏意识，以一种非熟练或强迫性的方式采取干预措施时，就会造成相反的效果，而这种扭曲的干预方式则主要是为了满足督导师自己的需要。

在使用该模型来帮助督导师觉察他们自己的干预风格时，让他们根据自己主要使用的类型和他们感觉最不舒服的类型来对自己进行评估是非常有帮助的。然后，所有受训督导师与另一位受训者开展个人督导实践，第三位受训者则记录他们所使用的干预措施。这样，受训者可以有机会练习和发展他们较少使用的一类干预措施。对于许多新手督导师，这就提供了一个机会，让他们思考作为督导师而不是从业者，他们的干预风格可能需要有所不同。例如，一位非指导性风格的咨询师可能会发现，他以前的培训和工作经验导致他主要使用"促进作用的"咨询干预风格，然而作为督导师，他却可以结合使用"提供信息的"和"面质的"督导干预措施。

受训督导师也可以使用该模型来描绘他们自己的督导风格。一些受训者记录他们的督导过程，然后对其使用的每类干预措施进行评估。另一些受训者则可以利用这种模型回顾自己与受督导者工作的焦点，探索他们每个人希望督导风格的重点如何改变。

斯隆（Sloan，2006）、邦德和霍兰（2010）详细探讨了赫伦模型在督导中的应用，并为如何发展每种干预措施提供了有价值的指导。艾斯琳还对赫伦的干预模型开展了观察性研究，为每类干预措施在社区心理健康跨学科督导实践中的应用提供了指导（McMahon et al., in prep.）。

使用录像与人际历程回忆

使用录像可以为督导培训增加额外的维度和内容，促进督导和反思技能的发展。

卡根（1980）及其同事在 20 世纪 60 年代提出了在心理治疗培训中使用录像的方法。他们发现，如果在 24 ~ 48 小时内回看我们曾经参与的互动视频录像，我们身体反应会与在会谈现场相同，但同时会有更多的空间反思我们个人、另一个人及关系中发生了什么。

在督导培训的过程中，我们使用卡根（1980）在其人际历程回忆方法中提出的非常有用的反思性问题（见表 9-2）。人际历程回忆的问题给了受训者许可和结构，使其关注材料并给出明确反馈，这通常被体验为督导师在回顾受督导者工作时所给予的"提供信息的"和"支持性的"干预。

表 9-2　人际历程回忆的关键问题

1. 你在那一刻有什么感觉
2. 你当时在想什么
3. 那一刻你的身体有什么感觉
4. 你当时做了什么或你当时会做什么
5. 那一刻你愿意做什么
6. 如果你这样做，会有什么问题或风险
7. 这位受督导者会认为你是一个什么样的人
8. 这一片段会让你想起过去的什么情境吗
9. 你有什么与这一时刻相关的画面或联想吗
10. 这种情境引起了你哪些其他感觉或想法

注：这些问题改编自卡根（1980）和他的人际历程回忆方法。它们可以用来帮助督导师或治疗师回顾他们的工作视频。

在培训督导师或督导的督导时，使用视频有很多好处，主要包括以下几点。

1. 帮助受训者以非判断的方式关注督导现象。
2. 提高对非言语信息的敏感性。
3. 能够关注课程或整个关系的更广泛模式如何在几分钟的微观世界中反映出来。
4. 更加意识到平行过程。
5. 注意到我们自己以前的无意识反应，并对某些能够触发我们的事情降低反应程度。
6. 注意到是什么阻碍了我们的充分存在。

观看和反思其他督导师的视频也是一种富有成效的学习形式，它可以帮助受训者在使用督导模型时提高自我觉察意识。美国心理学会有一系列督导视频，对于分析督导实践很有帮助。在表 9-3 中，我们列举了一些可以用来帮助提高反思过程的问题。

其他从业者也描述了在督导过程中使用视频增强医疗实践的有价值的工作（Larsen et al.，2019），以及使用人际历程回忆让督导师和受督导者回顾和讨论他们所记录的督导过程（Hill et al.，2016）。

表 9-3　督导中的反思性问题

1. 你注意到督导师在关注什么
2. 你认为他们为什么要这么做
3. 你认为在这次会谈中取得了什么进展
4. 你是否注意到当事人、受督导者和督导师有任何阻抗
5. 你注意到督导师使用了哪些策略
6. 你认为督导师忽略了你的哪些工作
7. 这位督导师做了哪些你可能忽略的事情
8. 找一个象征来代表你与当事人、督导师之间的关系
利用七眼督导模型时可运用的反思性问题
1. 他们使用了 7 种督导模式中的哪一种，他们忽略了哪些
2. 他们是如何从一种模式切换到另一种模式的
3. 你认为是什么让他们切换的，切换是有效的吗
4. 以下哪些方面存在，但没有探讨 　• 平行关系 　• 受督导者的反移情 　• 督导师的反移情

伦理决策制定

在第八章中，我们讨论了发展出自己的伦理原则，以及熟悉相关职业协会的伦理准则的重要性。我们引用了迈克尔·卡罗尔的六阶段伦理决策模型（Carroll and Shaw，2013）。卡罗尔和肖（2013）还有一个非常全面的培训督导师伦理决策的课程，我们将其作为我们课程中审视伦理困境的框架，其中的一些内容要么是由参与者提出的，要么是由我们自己根据过去的经验提供的（见表 9-4）。

表 9-4　督导培训中的伦理决策清单

1. 伦理敏感性 · 创造出个人的伦理原则清单 · 阅读伦理守则和相关文献 · 讨论关于伦理和跨文化问题的案例 · 分享成员自身经历中的关键事件
2. 伦理决策 · 辨别伦理问题或两难困境 · 找出所涉及的潜在问题 · 回顾相关的伦理指南 · 确定可以找谁商讨 · 考虑可能且可行的行动方案
· 列举各种不同选择的后果 · 决定最佳行动方案
3. 伦理行动 · 预估执行该决策的潜在困难 · 探索采取行动的内在恐惧和阻力 · 建立必要的支持和战略，以应对潜在的困难和阻力
4. 伦理对话 · 向相关人员阐明和证明做出和实施伦理决策的原因 · 受该决策影响的其他利益相关人员是谁 · 你现在或将来会如何向他们解释你的行动 · 你将如何向媒体、你的家人或未来他人的可能询问解释你做了什么
5. 伦理和平 · 与伦理决定的模糊性共存 · 处理做决定时的焦虑和恐惧 · 面对一个人的内部和预期的外部批评性判断 · 接纳相关的限制
6. 伦理学习和发展 · 从可以应用于其他地方的经验中制定学习方法 · 利用学习来发展一个人的伦理性格，并展示这种道德经历将如何改变你未来处理问题的方式

资料来源：改编自卡罗尔和肖（2013）。

　　在培训课程中也需要时间来探讨边界管理问题（如个人与专业的边界），给出困难反馈，并在督导中参与其他敏感和具有挑战性的情况。第八章的材料为培训中的伦理和两难问题的讨论及角色扮演提供了良好的基础。

跨文化督导

　　督导培训需要包含对跨文化督导和督导实践中权力失衡的关注（Gilbert and Evans，2000；Ryde，2009，2019；Scaife，2019）。朱迪·赖德（2009）强调，跨文化督导的培训必须是在体验和行为层面上的改变，而不仅仅是在认知和理论层面上的改变。在赖德（2009）的文章和本书的第七章中，朱迪提出了许多体验式的练习方法，其中就包括将她的白人意识模型用于训练。

一种培训方法是让人们分享一些他们的文化背景。许多西方白人倾向于认为自己根本没有所谓的"文化"，与其他文化的差异是通过他们与"正常"的方式之间衡量出的差别来确定的。让课程成员了解自己的文化规范、假设和价值观，以此解决这个问题是很重要的（Ryde，2009，2019）。这可以在一开始就提出，例如，让他们分享自己名字的由来，这对所有人而言都与文化相关联。

那些参加跨文化督导课程的人要明白，他们必然植根于自己的文化假设，尽管这之中有许多假设是无意识的，然后再学习跨文化差异的内容。这将变得十分复杂，尤其是在第七章所描述的三角督导关系中。我们已经设计了几个练习来探讨这个问题。示例如下。

- A 对 B 说："我想让你知道有关我的文化背景是……"
- B 说："我听到的是……"
- A 再进行澄清。
- B 说："根据我所听到的情况，我将以……不同的方式来与你进行督导。"
- A 再根据 B 提出的建议反馈什么对他来说是有帮助的。
- A 和 B 反转角色，再进行步骤 1 ~ 步骤 4。
- 在探索了他们之间的差异后，A 和 B 会再次分享那些他们可能没有意识到的相似之处。

接下来可以使用第七章中的片段，并要求小组成员都回答以下三个问题。

1. 在从业者和当事人的行为中有什么文化假设在运作？
2. 他们需要如何改变自己的思维方式和行为，使他们更具有跨文化工作的能力？
3. 你会如何督导从业者？

这可以根据督导片段的内容，进行一次督导过程的角色扮演。

同样重要的是，跨文化督导不仅要在进阶模块或基础培训中涉及，而且所有的督导培训课程都要包括文化多样性意识的内容。所有的培训机构也必须关注其培训结构、方法和课程中的文化假设、偏见和歧视。吉尔伯特、埃文斯（2000）和赖德（2009）提供了非常有用的培训案例，他们试图解决他们自己机构的偏见，并发展他们跨文化工作的能力。他们为培训机构提供了一个简单且有效的审查方案，以检查它们在种族、性别、性取向、宗教、政治信仰、隶属关系、阶级、地位、年龄和残疾等方面的构成情况。这其中包括以下内容：

- 从不同的群体中招聘；
- 员工的构成；
- 员工之间的互动模式；
- 当事人群体的构成；
- 培训课程。

赖德（2009）、吉尔伯特和埃文斯（2000）研究了培训课程的内容偏向于西方理解，并可能疏远其他文化的方式。反思所教授的理论和所采用的学习过程中固有的文化偏见，以及评估受训者的方式非常重要。

督导培训进阶模块

到目前为止，我们已经概述了我们认为需要在督导培训核心课程中涵盖的内容。在本节中，我们将描述除了核心培训之外，还可以提供的额外督导培训模块，并且可以根据受训督导师的学习需求和他们的工作环境进行选择。它们分别是：

1. 心理治疗督导；
2. 团体督导与团队督导；
3. 系统 / 组织督导；
4. 进阶督导培训。

以下我们将介绍这些课程包括的内容，我们通过描述我们自己开设的课程的一些内容来对这一点加以说明。

心理治疗督导

在理解如何处理治疗关系和督导关系的相互关联的心理动力学过程，以及在更广泛的系统环境方面进行更深入的学习，该模块比核心课程走得更深更远。我们使用七眼督导模型来教授这一领域，并开发了一系列不同的体验式练习来培训督导师运用 7 种模式，还有一些练习将这些督导模式融入他们自己的个人风格中。第六章对这 7 种督导模式进行了详细的描述。

模式 1 的训练：当事人

在练习三角中，受训者都有机会聚焦模式 1 进行相互督导练习。观察者重点关注督导师在模式 1 中的工作情况，以帮助受督导者创建当事人的完整形象。受训督导师帮助他们的受督导者练习技能，使他们能够准确回到会谈中实际发生的事情，回顾他们看到和听到的内容，并试图将这些实际情况与他们的先入之见、假设和解释区分开。他们还练习帮助受督导者关注他们与当事人相处的时间边界、到达和离开时发生的事情，因为最丰富的无意识材料通常往往在边界处最活跃。另一种模式 1 的培训练习是，让受训督导师练习邀请他们的受督导者作为当事人行事和发言，促进受督导者获得更具体的当事人生活体验，然后与受督导者一起探索这种体验。

模式 2 的训练：从业者的干预

通常，从业者会在促进当事人发生改变的过程中遇到僵局时来寻求帮助，他们会带着"我该怎么办"的问题来寻求督导师的指导。受训督导师需要发展的技能是避免仅仅告诉受督导者"该做什么"的陷阱，或者陷入辩论与提供选项的陷阱（如第六章所述），而是要促进共同探索，尊重独特情况的复杂性（督导师不能完全了解情况），由此释放能量，创造新的选择。考虑到在督导中体验性工作对发展从业者能力的重要性，受训督导师与他们的受督导者一起进行快进的角色扮演排练也很重要（见第十五章）。

模式 3 的训练：当事人与从业者的关系

在实践三角中，受训督导师练习促进从业者站在他们所属的关系之外，从一个新的角度重新看待它。中国有一句谚语，意思是最后知道大海的是鱼，因为它们沉浸在其中，即"当局者迷，旁观者清"。在这种情况下，督导师帮助从业者成为一条飞鱼（旁观者），这样他们就可以看到他们游泳的水了，进而产生的问题就是："你们的关系是什么颜色的？""如果你是一只墙上的飞蛾，你会注意到你和当事人之间是如何共舞的？""如果只有你和这位当事人被抛弃在荒岛上，会发生什么？"

模式 4 的训练：从业者

在这种模式下，受训督导师尝试在个人 - 专业的边界上进行工作，帮助从业者探索与当事人的工作所触发的个人感受或既往史中的创伤经历，这是很重要且很微妙的督导工作。在练习三角中，受训督导师需要专注于发展他们的技能，无论在督导工作开始签订督导协议及即刻的微小协议时，还是在个人问题出现时，都要对受督导者的个人经历进行探索（例如，探索受督导者对探索其个人经验与工作关系时是否感到舒适）。受训督导师也要练习帮助他们的受督导者探索自己的感受，这可能对他们理解当事人正在经历但无法直接表达的内容非常有用，还可以探索他们的个人反应、联想及过往史如何影响他们与当事人的工作。

模式 5 的训练：督导关系

在这一部分，受训督导师需要发展的技能不仅要关注他们被告知的受督导者的工作内容，还要关注在治疗室里督导关系中"此时此刻"正在发生的事情（Schön，1983；见第二章）。在练习三角中，受训督导师练习调整和探索他们在督导关系中发生的事情，以及这将如何与可能的平行关系联系起来（当事人与从业者的关系与督导关系之间的平行，见第六章）。根据我们的经验，练习三角中观察者的角色在练习这种模式时特别重要，因为站后一步，观察者往往能够更好地识别行动中可能存在的平行关系。在实践过程中会有一个"暂停"时段，让观察者与受训督导师讨论对平行关系的观察，然后受训督导师以此来与受督导者练习讨论这些关系。

模式 5 的训练还包括对督导关系和工作的回顾、讨论及重新签订协议，特别是在探索困难和提供具有挑战性的反馈方面放松心态，提升技能。

模式 6 的训练：督导师的自我反思

在这种模式下，受训督导师必须发展技能，不仅关注呈现的材料及其对"此时此刻"督导关系的影响，而且必须在听取当事人情况介绍的同时，关注他们自己的内在过程。在练习三角中，受训督导师再次培养了以一种非判断性和推测性的方式，尝试与受督导者分享他们的内在过程，并作为与当事人关系中隐藏内容的可能指标。为了发展这一技能，可以在练习三角中设置一个"停止 - 开始"的过程。例如，在 20 分钟的练习中，督导练习 10 分钟后暂停，让受训督导师用 2 ~ 3 分钟安静地核查他们内心的感受、想法、幻想和身体反应，然后恢复角色扮演和练习分享体验，探索其与受督导者工作的潜在感受。这种方法在督导中的强大作用和有效性常常令受训者感到惊讶。

模式 7 的训练：更广泛的背景

督导师必须以系统整体的视角来理解工作所呈现的系统背景是如何影响从业者、当事人和他们自己的行为、思维模式、情感基础及动机的。受训督导师需要练习自己的技能，关注更广泛系统中利益相关者的需要，了解系统背景的文化如何可能产生幻想、错觉和共谋。对模式 7 的关注还需要高水平的跨文化能力和伦理敏感性（见第七章和第八章，以及本章中的练习内容）。我们要求受训督导师与受督导者一起练习使用图片雕塑（在挂图上描绘各方）或物体雕塑（使用物体象征性地呈现联系模式），在更广泛的系统层面上绘制出各种外部利益相关人员。

使用所有 7 种模式

当受训督导师熟练地掌握七眼督导模型后，就需要有机会整合七个不同的视角。我们邀请他们在练习三角中工作，每个人都有机会督导其中一个人，而第三个人则根据七眼督导模型的指南绘制受训督导师干预的进展。无论在中途还是在最后，观察者都需要向受训督导师反馈他对 7 种模式的使用，并帮助他们探索使用不同模式的潜在机会，以帮助发展和扩展他们的工作方式。

我们经常使用一个有用的训练练习，以发展跨 7 种模式的技能，那就是"支持鱼缸练习"。在该练习中，两位受训者分别担任督导师和受督导者，另外一位或两位受训者担任"影子督导师"，还有一位或两位受训者担任"影子受督导者"，坐在主要角色的椅子后面。训练组的其他成员作为观察员坐在这些中心参与者周围，注意（如上所述）7 种模式的工作过程。影子督导师和受督导者可以根据现场情况选择暂停练习，并根据 7 种模式中的一种提出建议或反思。在恢复练习时，督导师或受督导者可以选择是否使用其影子的建议或反思，这为使用不同的工作模式开展实践提供了机会。督导师或受督导者也可以暂停练习，向他们的影子询问建议或反思。支持鱼缸练习也可以用来练习不同干预风格的工作（Heron，1975）。

团体督导与团队督导

团体督导

正如我们将在第十章中所要探索的，提供团体督导有很多种原因，但它需要有与个体督导不同的和额外的技能来进行。因此，提供团体督导需要具体的培训，包括关注以下内容：

- 团体督导与个人督导的优势与劣势；
- 团体督导的建立，包括团体成员的筛选、与团体成员签约及团体成员间的协议；
- 团体督导中的促进方式；
- 团体动力和团体发展的阶段，包括处理个人需要、冲突和竞争；
- 利用团体的所有资源，并作为团体督导师管理多个角色；
- 将七眼模式应用于团体督导中；
- 回顾和评估团体督导工作；
- 在团体中使用创造性的方法。

与核心课程一样，首先回顾受训者的个人和专业经验，然后看看他们对这一特殊课程的学习需求是什么。这个过程很重要，因为它为课程成员如何与团队协商工作协议提供了示范。

课程还需要为受训者提供机会，以便其探索个体督导、团体督导和团队督导之间的差异，并鼓励他们提出自己与团体合作时所经历或预期的挑战。培训师还可以使用"暂停时段"来提供反馈，受训团体督导师和培训师可以冻结行动，并与团体督导师对正在发生的事情和接下来行动的方向开展一个简短的督导。第十章为团体督导的一些主题提供了针对性的基础。

团队督导

课程有时安排在机构中，提供给那些区域性的职业治疗师、社会服务领域的主要人员、当地年轻白领、心理学家或精神病顾问，他们督导一个团队。因此，重要的是，所有参加这类课程的人都是接受过培训和经验丰富的督导师。如果没有，应该在他们参加前先接受一些基本的督导培训。

第十一章概述了我们教给团队从业者、顾问或督导师的一些模型和技术，以让他们与他们督导的团队一起使用，也可以在课程中探索他们的工作。课程成员可以通过利用其他受训者组建他们想要探索的团队，积极参与探索他们督导的团队的动力（正如前文所提到的，需要特别注意保密）。然后，他们将雕塑带入生活中，并让其他课程成员尝试各种方法来督导同一团体（关于雕塑的描述，见第十一章）。

对于团体督导和团队督导技能的教学，另一种有用的策略如下：

1. 将团体分为 A、B 两个小组；
2. 首先，让 A、B 两个小组分别单独讨论一段时间，探索他们的学习需要，以及他们在练习督导时要做的工作；
3. 然后，A 组为 B 组提供一位督导师和一位观察者，B 组也对 A 组做同样的事情；
4. 在指定的时间后，督导师和观察者返回自己所在的小组，加工三种类型的经验——督导师、观察者和接受督导的成员的；
5. 该练习还可以包括小组成员对访问督导师的结构性反馈。

这个练习可以持续几轮，或者直到课程的每位成员都有机会担任每个角色后再停止。

与所有督导培训课程一样，在可能的情况下，团队督导课程应该呈现出一个"反思 - 学习 - 再反思"的三阶段过程，这样课程成员可以进一步探索他们在行动学习阶段的一些新观点，然后回到课程中进一步反思和促进他们的学习。

系统 / 结构督导

结构内部的督导需要具备与督导独立从业者或团体不同的额外技能，包括了解工作场所嵌入系统的复杂性和各种利益相关者的需要（Hawkins，2011c）。这类课程需要包括以下内容。

- 详细了解和建构参与工作的不同利益相关者，包括当前和未来的当事人、同事、团队、部门、专业团体、组织、合作伙伴组织、资助者、当事人家庭和当地社区。
- 考虑各种利益相关者需要的协议签订方式（Hawkins and Turner，2020）。
- 通过角色扮演、结构式反馈的方法将各种利益相关者的意见引入督导中。
- 处理利益相关者的冲突，建立适当的边界。
- 了解组织文化，以及督导如何在发展广泛的学习文化中发挥作用（见第十二章和第十三章）。

进阶督导培训

对本课程而言，学员应具备核心督导培训的知识、能力和技能，并可能参加过其他的督导培训课程。我们自己运行进阶督导课程的多年经验让我们相信，培训的重点应该是为督导师提供一个学习空间，使他们能够回到从早期督导培训中获得的知识和技能，因为他们在自己的工作中应用了这些技能。这意味着与早期课程相比，本课程的结构性更低，更多由学生主导，因此有足够的机会让督导师探索他们如何将所学知识应用到工作环境中，以及如何处理他们督导实践中的困难情况。

当督导师达到这一阶段时，一系列其他学习是有用的。这些课程可以在高级课程上教授，也可以作为单独的模块提供，其中包括以下内容：

- 深入探讨预先准备的或课程中记录的督导实践录像；
- 如上文所述，使用人际历程回忆技术（Kagan，1980）反思录像或实际练习的详细动态；
- 关于督导中伦理困境的案例研讨会（见上文所述）；
- 关于发展跨文化胜任力的工作坊（见上文所述和第七章）；
- 关于处理评估、评价和认证等问题的研讨会；
- 探索督导师在不同工作环境中所面临的挑战性情况（见第八章）；
- 讨论如何制定组织中的督导政策，以及如何在文化和精神风貌、战略和结构层面带来机构的变革（见第十二章和第十三章）。

督导的督导

所有对督导师的培训的核心是使其接受高质量的督导，并发现如何成为一位有效能且积极主动的受督导者。其中最重要的不仅仅是有督导经验的督导师，而且可以在好的角色榜样与不固着于自己所接受的督导风格之间保持平衡。这也有助于个体有一系列经验去发展自己的督导风格，学习如何根据不同背景、不同受督导者的需要及发展阶段来调整督导风格。

然而，我们认为，接受高质量的督导和接受督导培训还不足以使一个人成为高质量的督导师，督导的督导，有时也称为督导顾问也是一个重要的组成部分。对新手督导师而言，督导的督导使他们将督导培训、阅读和督导实践中学习到的知识整合起来，帮助他们形成自己独特的督导方式，也适用于他们的督导情境。同样，督导的督导也提供了理论学习和专业实践之间的关键联系，在发展一个人的基本专业技能时，督导的督导提供了必不可少的连接，成为学习督导课程与从事督导实践之间的桥梁。

督导的督导也为督导师提供了反思的空间，让其反思作为督导师的督导实践和督导风格，自己督导关系的性质，以及自己建立关系、行动和干预方式如何对督导工作和过程产生影响。

督导师的督导师也可以帮助成长中的督导师注意他们在一次或多次督导会谈中所呈现出的督导模式，并将这些模式与从督导培训课程或相关书籍与文献中学习到的模型与框架建立联系。例如，督导师的督导师可以帮助他们在实践中探索七眼督导模型中所有7种督导模式之间的相互动态联系。这一工作帮助督导师发展他们对督导理论和督导实践的理解。督导师的督导师也可以帮助他们不仅反思自己所给予的督导，也可以反思他们自己的受督导经历，帮助他们探索和连接所有与督导相关的知识和经验。

对某些专业而言，除了督导特定的持续性专业发展能力外，还需要定期督导实践，以便获得作为督导师的持续专业认证（e.g. IACP，2018）。我们认可这一点，因为我们认为需要对所有的工作进行持续督导，并提供反思和发展空间，以确保在我们的整个职业生涯中开展良好的督导实践。

督导师培训与发展的评估和认证

虽然我们欢迎督导领域研究、培训和认证的增长，但重要的是，持续学习的乐趣不应被满足外部需求的需要及由此引发的焦虑所掩盖。

认证开始于某种形式的评估。我们认为，所有的评估过程都应该从个人评估自己开始，并公开接受挑战，直面自己的优劣势。在此之后，应该有某种形式的360度结构化反馈，包括受督导者、其他受训督导师、培训师及受训者的督导师。这样做的目的是支持受训督导师获得自身的权威，减少他们对他人权威的依赖或反应程度。在理想的情况下，评估也应该在已有的关系中进行，这种关系承认所涉及的主体间性和权力维度（见第七章）。

督导与团队发展中心开发了受训督导师的 360 度评估，其中包括对他们进行一系列督导胜任力、能力和潜能的评分，并接受多位利益相关者的反馈：

- 他们自己；
- 他们的受督导者；
- 他们的朋辈督导师；
- 他们督导的督导师。

然后，我们可以根据所有四方给出不同评级，并让受评估的人思考他们如何以不同于其他人的方式看待自己的熟练程度和学习需要，认识到他们的优势，并规划他们作为督导师的未来发展。

如果认证是由专业或学术机构开展，那么重要的是避免一方面过度依赖个人自主，另一方面将权威制度化的双重危险。

个人自主的危机

认证只不过是个人自我和同行评估的橡皮图章，从而取消了某一职业的资深从业者将新成员推荐给合格专业人员社区的责任。这涉及挑战他们的自我认知，挑战他们培训团队中的同侪共谋，并确保他们已经接受的培训和经验具有必要的深度和广度，适合他们将要开展的督导工作。最重要的挑战是，寻求认证的督导师要意识到自己的劣势和个人偏见，并能够以开放和非防御性的方式对这些反馈做出反应，从而开展进一步的学习，获得下一步的发展。

权威制度化的危机

认证的另一个危险是，专业机构越来越固定其专业要求，而且这些要求越来越多地基于受训督导师参与的培训时间和活动的量化记录，而不是根据受训督导师通过培训获得的能力与素质。但重要的是，评估过程必须在一种直接的关系形式内进行，而不仅仅是由遥远而未知的委员会审查文书得到证明。专业机构有不断提高专业认证标准的趋势。这可能是为了提高培训标准和专业能力，但也可能是由某些专业限制进入本已拥挤的市场大门的社会经济过程所驱动。它也可以由集体的心理过程驱动，这个过程寻求完美，而不是接受人类的无知和错误。在第一章中，我们谈到了"恰到好处"的督导和认证过程必须评价某人作为一位"恰到好处"的督导师，并且是一个致力于继续学习和发展的人。

认真管理督导师的评估和认证更为重要，因为经过认证的督导师往往必须将督导师的角色和为他们的受督导者认证提供评估报告的角色结合起来。他们要思考如何有效和敏感地做到这一点，并将支持和挑战结合在健康的关系中（见第八章）。

督导中个人与职业的持续发展

我们相信持续的专业发展和个人发展对所有助人从业者而言都是必不可少的，也包括对督导师。这种持续培训和发展是必要的，原因很多：

1. 保持和发展个人的工作质量；
2. 了解该领域的最新发展、研究和新的方法与技术；
3. 反思什么工作做得好，什么工作需要发展；
4. 接受同行和培训师对自己实践的反馈；
5. 探索一个领域中正在出现的新挑战。

我们建议所有督导师每年至少参加一次督导工作坊、会议、大师班或进修课程，并了解督导领域的最新出版物。

结论

在本章中，我们强调了体验性、实用性的督导培训的重要性，这种督导培训基于成年人学习的原则，涉及行动学习周期的所有阶段，并且适合课程学员所提出的督导类型。但是，督导课程绝不能代替为自己督导实践接受高质量的督导。

在没有健康的督导传统和督导实践的团队、组织或专业中，试图通过偶尔设立或派遣员工参加督导培训课程来解决这一缺陷是不现实的。当督导培训成为创建组织学习文化的战略计划的一部分时，它会起到极为有效的作用。着手营造一种恰当的组织或团队氛围，会使督导工作蓬勃发展。这一点我们将在第十二章和第十三章中详细探讨。但首先，我们先回顾团体督导、同辈团体督导和团队督导领域的动态发展。

第三部分

团体督导、同辈团体
督导和团队督导

团体督导和同辈团体督导

导论

到目前为止，本书强调的重点主要是个体督导。这是因为，个体督导比团体督导更常用。此外，在讨论更复杂的团体督导之前，个体督导能让我们在更简单的情境中注意和陈述许多关键议题和过程。然而，迄今论及的诸多议题，如签订协议、督导方式、伦理的重要性、跨文化的和反压迫的实践等，也适用于团体督导和团队督导。

本章将阐述多个议题。第一，我们将讨论团体督导的优势与劣势。第二，我们将讨论团体督导的不同风格，以及组长（团体督导师）在每种风格的团体中所扮演的角色。第三，我们将讨论督导团体的设置、协议的签订，以及督导团体的组建。第四，我们将阐述一些使用七眼督导模型的督导技巧。这些技巧非常有用，因为它们很好地利用了"一个团体拥有多位参与者"的特点。第五，我们将讨论团体督导师理解和关注团体动力的重要性。第六，我们将讨论与同辈团体督导有关的议题。

团体督导的优势

一个人选择团体督导而非个体督导的原因可能有以下几个方面。第一，这可能与节约时间或金钱成本有关，也可能与专业人员数量不足有关。很明显，如果缺少可以做督导师的人，或者他们的时间很有限，那么督导师很可能通过组建督导团体来照顾到更多的受督导者。然而，在理想的情况下，团体督导应该是一种积极主动的选择，而非团体成员和督导师之间被迫达成的妥协。

第二，团体可以在同辈之间提供一种相互支持的氛围。在这种氛围中，受督导者可以分享自己的焦虑，并意识到其他人也面临相似的议题。

第三，从同辈和督导师那里，受督导者收获了反思、反馈、分享和信息，整个团体也因此获益。因此可以说，这种设置较少受督导师的那种伴随督导师过度影响或督导师依赖危险的支配。在运转良好的情况下，一个团体也可以挑战督导师的盲点、削弱督导师的权力——这些都可以增强受督导者的开放性（Akhurst and Kelly，2006）。

第四，督导团体为督导师提供了一个途径，督导师可以检查其他团体成员对所呈现的材料是否也有相同的情感或直觉反应。

督导团体可以呈现的生活体验更广泛，其中可能会存在各种性别、年龄、种族和人格类型的人。因此，在督导团体中，对于受督导者或当事人，我们更有可能产生共情。布里吉特·普罗克特（2008：xvi）认为：“团体督导更全面，能产生更多新鲜的灵感和想法；更少强者的怜悯、不容置疑的影响和狭隘的聚焦点。”

第五，我们能有更多机会使用有创意的行动技术作为督导的一部分。我们将在本章后面阐述（see also Proctor，2008；第十章）。

第六，如果受督导者把自己工作的一部分带到督导团体中，就可以从发生在督导团体中的督导中获得学习，因为只要有可能，督导过程就会反映出受督导者的工作情境。这就为受督导者提供了一个机会，让其学习督导师是如何管理团体的，以及在督导团体中，团体动力是如何被反映出来的（见第六章）。

团体督导的劣势

团体督导也有一些弊端。团体督导无法像个体督导那样清晰地反映个体工作的动力。此外，还需要应对团体动力。如果能够意识到并利用它们，通过理解其在督导团体过程中的角色，提升受督导者的自我觉察能力也会有益处。但是，督导团体进程也可能会破坏或削弱督导的进展。督导团体可能会被卷入"集体思考"及集体共谋的形式中。督导团体也可能建立非常强大的规范，难以挑战。有时，这些规范可能是由督导团体的带领者建立的；但是，无论起源如何，在这些规范的威力之下，个体成员可能会因为感觉受到胁迫而不敢提问。有时，督导团体中会存在一种竞争的氛围，如果意识不到，也会具有破坏性。

督导团体的动力也可能成为人们关注的焦点。我们曾经处于这样的督导团体中：这些督导团体逐渐关注他们自己的动力，而几乎放弃了对受督导者工作的关注。我们将在本章后面讨论团体动力。

团体督导的最后一个不足是：没有足够的时间督导每个人自己的工作。

一个团体督导的训练小组罗列出了他们自己团体督导的优劣势（见表 10-1）。

表 10-1　团体督导的优劣势

优势	劣势
更多的智慧和洞察力	更多的混乱，"受督导者的轰炸"
"我并不孤单，别人也有类似的困难，没关系"	团体迷思
从他人的案例中学习	竞争：成为最佳从业者、督导师、团体成员或最有权力／等级最高者；成为最需要帮助或担子最重者
从他人那里得到力量和支持	没有足够的时间讨论自己的案例
性价比高，每小时能收获更多	受督导者需要投入更多的时间
更有可能通过组织进行学习	团体动力占据主导地位，需要太多时间
暴露我们的盲点、聋点和哑点	对受督导者在与当事人工作时的反应，团体做出相应的反应，或者说，使用我们分享的内容来评判我们
团体成员可以成为个人突破和投入的见证人	在团体成员了解当事人或当事人的背景时存在边界问题

团体督导的方式和重点

除非团体成员非常有经验，否则他们大多会接受督导团体的督导师的领导，并使用类似的风格和焦点对个案进行干预。因此，督导师要能够意识到，他们正在示范一种对受督导者材料的回应方式，这是非常重要的。与普罗克特（2008）指出的四种主要的团体类型（权威型、参与型、合作型和同辈型）类似，我们创建了一个四象限模型，每个象限代表一种不同的团体督导风格（见图 10-1）。在象限 A 中，督导团体的督导师更直

接地带领团体，并重点关注团体过程。在象限 B 中，督导师仍处于中心领导地位，但关
注受督导者的工作内容更多。在象限 C 中，督导团体成员承担更多的领导责任，同时着
眼于工作内容。在象限 D 中，督导团体关注自己的进展，并对此承担责任。

　　每个象限都有自己的缺陷。如果督导团体仅仅采用某一个象限的风格，缺陷就会显
现出来。象限 A 的督导团体可能成为一个治疗团体，关注成员的个人需要，但忽略了工
作。象限 B 的督导团体可以成为团体督导师显示其专业知识的论坛，并与团体成员建立
起依赖关系。仅仅关注象限 C 的督导可能变成具有相互竞争的同辈建议，通过提供"如
果我是你"的解决方案，团体成员试图超过彼此。象限 D 的督导团体可能会变成共谋过
度的同辈支持团体，并且像象限 A 中的督导团体那样，只关注团体内部，而不太关注
工作。

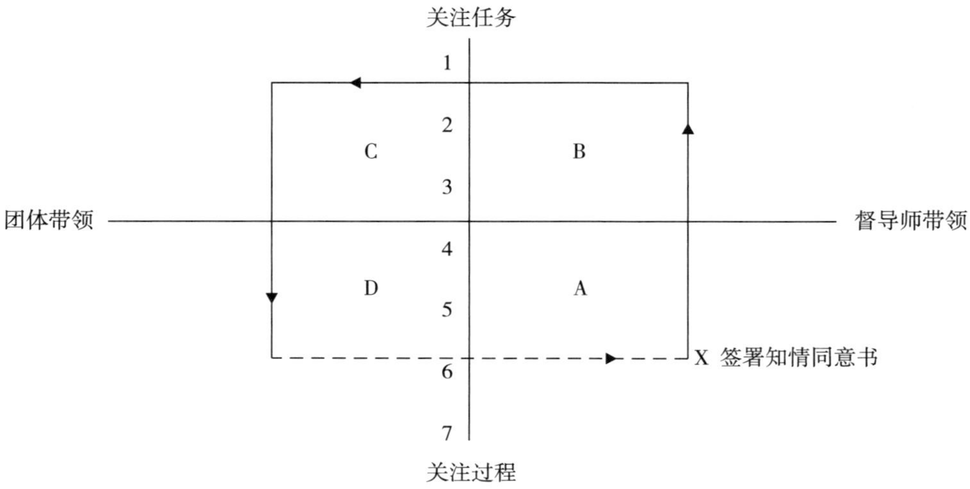

图 10-1　团体督导风格模型

　　根据团体成员、利益相关者和团体发展阶段的需要，良好的团体督导需要在所有这
些象限的风格中灵活移动。在大多数情况下，一个督导团体从象限 A 开始，进入团体形
成和签订协议的阶段；然后进入象限 B，开始处理工作任务；随着成熟度和自我责任感
的提高，督导团体逐渐进入象限 C 和象限 D。需要注意的是，一旦建立良好的督导团体，
就会在四个象限内进行循环，避免因固守一个象限而受其缺陷的影响。

　　这种模式也可以与七眼督导模型联系起来（见第六章）。每一个关注点都可以放置在
图 10-1 的纵坐标上：关注受督导者工作模式和咨访关系的模型，集中在象限 B 和象限 C；
更多关注"此时此地"的团体督导经验和关系的模型大多位于象限 A 和象限 D。

　　我们建议，督导师需要意识到自己所喜欢的团体督导风格，同时培养阐述和适应不
同风格的能力。这样可以随着时间的推移，根据督导团体的需要，讨论不同的可能性，

签订协议并投入工作。

除了考虑督导团体工作的风格之外，团体督导师还需要有能力管理多个同步进程，并在这些进程中扮演多个不同的角色，包括"谈判者、教师、培训者、模特、调解员、裁判和导演"（Proctor，2008：71）。如图 10-2 所示，团体督导包含在许多层次的情境中。

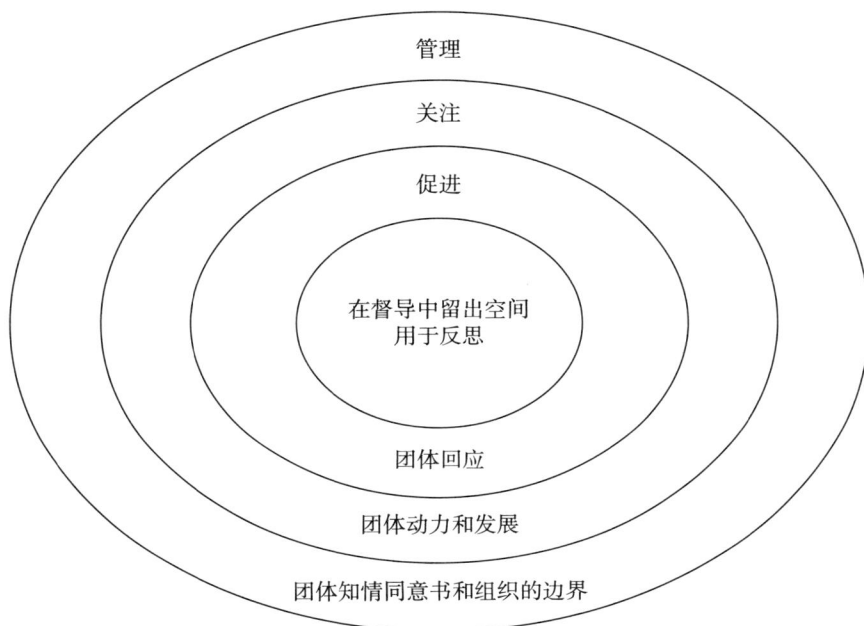

图 10-2 中的文字：
- 管理
- 关注
- 促进
- 在督导中留出空间用于反思
- 团体回应
- 团体动力和发展
- 团体知情同意书和组织的边界

图 10-2　团体督导过程的同心圆

在督导团体中促进反思性督导的核心技巧，类似于一对一的工作。然而，要想充分利用督导团体的丰富性，团体督导师必须促进团体成员的回应，并将其反过来，与受督导者的工作联系起来（图 10-2 中的第二个圆环）。

图 10-2 中的第三个圆环关注团体动力，关注团体过程的发展阶段和发展需要。

图 10-2 中的最外面的圆环是确保督导在适当的设置和边界内进行。就像下面讨论的那样，团体的协议不是一次性事件，而是一个必须定期重新回顾的过程。协议涉及的人可能比团体成员和督导师更多，因为团体督导可能发生在一个组织中，或者团体成员可能由多个不同的组织资助。与这些组织的边界和关系是督导师必须关注的一个重要情境，这可以让人们觉得督导拥有恰当的包容性。

签订协议

在团体开始前签订协议

一个督导团体的建立方式，可以为整个团体发展设定基调；同时，考虑到督导团体的复杂性，签订协议是特别重要的（Proctor，2008；Steen，2012）。在团体开始签订协议时，明确意图和边界是很重要的。团体成员可能认识彼此的当事人；他们可能在同一个组织或团队中工作，并可能在其中有不同的地位；团体成员之间可能存在职业竞争、未完成事件或联系紧密；在过去、现在或未来，团体成员之间可能存在工作关系。由于存在这些因素，清晰思考团体构成和目标就变得非常重要。例如，我们中的一个人被一个组织叫去成立一个督导团体，而那里的员工对督导知之甚少。在与联络人讨论的过程中发现，他们很明显有一个秘密议题，即设立一个讨论组，用来抱怨高管和组织有多么糟糕，而不是关注与当事人进行的工作。在这个组织中，如何明确地管理员工动力和激励员工士气显然需要关注；如果不加以处理，也没有签订协议，那么这些秘密议题的存在会导致的结果是，无论双方怎样努力，也无法创造出一个为当事人工作的空间。与一对一督导一样，重要的是要确定督导的主要目的是什么、谁是利益相关者、督导师对谁负责。如果涉及的人更多，保密问题就会更复杂。

在组建督导团体之前，需要反思以下几个问题。

- 督导团体的规模，每次团体的时长，团体会面的频率。我们建议督导团体的成员人数最少为 4 人，最多为 7 人，最理想的是 5 人至 6 人。太多人会导致拘束、每个人的时间更少；而太少人会导致团体很难维持，因为可能存在缺席。团体的时长通常是 1.5 小时至 3 小时，具体时间取决于督导团体的规模和目的。
- 督导团体成员，例如，在组织/团体中，是否应当包括不同资历的人（见第九章）；督导团体是应当包括不同的受训背景和工作场景（或者说与不同当事人群体工作）的受督导者，还是应当更同质。
- 是成员固定的封闭团体，还是在团体生命周期内有会员加入的开放团体。如何管理他们的离开和加入？
- 对承诺和出勤率的期望。例如，团体成员需要参加每一次督导吗？
- 如何处理团体成员缺勤。

与团体签订协议

首先，督导团体需要就团体成员如何一起工作签订一份明确的协议。该协议应包括以下内容。

- 基本规则和规章制度，包括保密、出席、缺勤处理、计时、记录、向其他利益相关者（如专业团体或雇主等）反馈／报告等。
- 团体成员的期望，以及如何能（或不能）满足这些期望。
- 利益相关者的期望也需要包括在内，如当事人、雇佣机构、专业团体和培训机构等。
- 每次督导的结构。
- 督导师的角色、职责和期望。
- 团体成员的角色、职责和期望。
- 团体是否真的能够覆盖团体成员所有必要的督导，或者他们是否需要额外的个体督导或专门的督导。
- 如果团体成员认识另一个人呈现的当事人，团体将如何处理这种情况。
- 任何评估过程，以及如何在团体中进行反馈。
- 何时、以何种方式对协议进行回顾和发展。

正式回顾团体协议是必要的，以便团体可以根据经验继续发展。

作为团体早期阶段的一部分，督导师还应致力于建立一种团体氛围，使团体成员感到足够安全，可以自在地谈论他们的困难，分享他们的不足。督导师可以通过以下几种方式做到这一点。

- 让每位团体成员分享他们对团体督导的期待和担忧。
- 请每位团体成员分享在以往的团体或督导经验中哪些是有益的，哪些是困难的。
- 建立一些简单的基本规则。
- 督导师通过分享自己对团体的期待和担忧，以及在团体中自己的进步和脆弱，从而树立榜样。
- 让每位团体成员分享自己的优势、需要发展的领域，以及希望团体如何帮助他们实现职业发展。
- 让每位团体成员完成这句话："为了让我在这个团体中有最大程度的收获和给予，你需要了解我的一点是……"

简单的团体规则有助于避免或限制破坏性的团体过程，并营造一个安全的环境。然而，除了安全之外，也有必要鼓励冒险。矛盾的是，除非有一些冒险行为，否则整个团体会感到非常不安全；督导师需要树立一个既乐于提出挑战和反馈，又乐于接受挑战和反馈的榜样。

最后，对任何一个团体来说，督导师都仰赖于善意。我们相信这是通过"集体努力"发展起来的（Hawkins，2011a）。在团体督导中，我们通过发展团体宗旨和目标来实现这一点，其中包括提高与当事人工作的质量，支持我们自己、我们的实践、个人和集体的学习。拥有共同的目的和目标可以帮助所有成员意识到，我们在同一条战线上，并且拥有共同的任务，而这不能由团体督导师单独完成，我们需要相互负责。

团体的结构

对团体督导师而言，如何构建团体有许多选择。选择哪一种，取决于团体的类型和规模，以及督导师自己的风格和偏好，以下是五种可能的选择。

选择一：让每位团体成员陈述，他们想将什么议题带到团体中，然后对这些竞争性的请求进行协调，以决定顺序及每个人应有的时间长度。

选择二：这是选择一的一种变体，探讨谁的问题最能代表团体当下的"核心关注"。具体做法是，询问团体成员，让他们确定，除了自己的议题之外，通过探索哪些议题可以学到更多，然后从大家最感兴趣的议题开始工作。这就确保了在工作中心的人最有能量，同时也是团体最有兴趣的话题。

选择三：将团体时间平均分配给所有在场的人，这样他们就都知道每次团体见面时，他们都会被关注到。如果团体规模太大或时间太短，这个选择就不太现实了。

选择四：团体会安排一个时间表，让每位团体成员提前知道，他们将在什么时候陈述工作的某个方面或某个案例，这可能会涉及提前分发笔记提纲。这将使团体更侧重于概括地对案例进行研究，而非只关注当前的问题和困难。选择这种结构的团体成员通常会有其他的督导，以满足他们更迫切的督导需要。

选择五：相信突发状况，并等待和观察，看有什么问题和需要会出现，以及团体的兴趣会向哪里移动。

以上五种备选方案，也可以采取先从核查上次会谈中所探讨的议题后续发生了什么开始。

在团体督导中应用七眼督导模型

在实施督导时，七眼督导模型中的所有 7 种模式（见第六章）都很重要，但是在应用每种模式时，需要使用不同的技术进行团体设置。下面我们展示了如何使用每只"眼睛"或模式，以便考虑所有团体成员所拥有的更广泛的资源。这样可以确保在某个人介绍自己的工作时，其他团体成员都可以积极参与进来，同时也不必过度依赖团体督导师。

模式 1：分享对当事人的回应

一种非常简单的技术是，让一个人扮演当事人，说一段不长的独白（3 ~ 7 分钟）。然后，团体中的每个人都可以对当事人提出一个问题，或者发表评论，接着询问扮演者：哪个问题或评论让他最投入，会跟随这个提问或探索的思路走。

此技术的另一个变体是，在扮演之后，要求扮演者坐在团体外面，聆听团体讨论他们听到的内容及其在他们心中引起的反应。然后邀请受督导者回来，让他说出自己认为有用的内容。

模式 2：头脑风暴可能的干预措施

当受督导者分享与特定当事人工作或在特定工作情境中工作的困境时，团体督导师可以邀请团体成员头脑风暴可能的干预方法，并让受督导者聆听。构建头脑风暴的一种可能方法是，邀请每位团体成员完成一个句子："如果这是我的当事人或工作情境，我可能会……"听完后，督导师可以从中选择可行的干预措施，以快进的角色扮演方式进行演练，并让另一位团体成员扮演当事人或同事等相关角色。

模式 3：聚焦于当事人与受督导者的关系

当呈现了当事人及对当事人的回应之后，团体成员可以完成以下句子："你与该当事人的关系，使我想起了……"也可以使用以下句子中的隐喻："如果你们的关系是一种颜色 / 一首音乐 / 一个电视节目 / 一顿饭，我想那是……"

模式 4：探索受督导者的情况

团体督导可以从签到开始，要求每个人简短地分享一件工作和生活中发生的或觉得很容易分享的事件。这会增强团体内部的亲密和信任，并使受督导者在轮到他们接受督导时更容易分享相关的个人信息。我曾经参加过的一个团体，在每次会谈开始时，都会让每位团体成员打分（1 分最低，10 分最高），以评估他们的工作和个人生活的状况，这可以提供一个快速地了解和分享的起点。

模式 5：聚焦于团体动力

团体督导师定期关注团体动力非常重要，也需要经常提醒团体关注团体中发生了什么。在本章的后面，我们将讨论对团体动力中可能出现问题的处理方法。此外，督导师还可以利用团体情绪和动力的变化探索平行过程（见第六章），即从业者与其当事人或工作情境之间发生的无意识事件如何在团体进程中展现了出来。

模式 6：受督导者作为协同督导师，分享自己的反应

更复杂的模式是：在受督导者介绍当事人时，每位成员需要关注自己的个人反应，然后与团体分享。个人反应可以是思考、图像、心理感觉、身体感觉或幻想。不用要求每个人都说出来，但每个人都应该有机会说，从而可以体验和对比不同的反应形式。重要的是，在不同的反应中，没有哪一个比另一个更好，因为它们只是经验，而团体督导师应当鼓励受督导者信任他们的直觉反应，然后再对其加以理解。

此模式还使用了平行过程的原理。在通常情况下，受督导者带到督导中的案例是由于其在与当事人的工作中有些地方没有被处理或被消化。通常，当事人的历史或受督导者叙述方式的不同动力会被团体中的不同成员感受到和识别出来，而督导师的工作是帮助陈述案例的受督导者判断哪些反应是对进一步探索有帮助的。

对团体督导师而言，让所有人都给予回应是非常有益处的：这样，陈述案例的受督导者只需要倾听就够了，而不会被回应所淹没，或者需要做出回复，或者需要与所有人互动。在大家都分享了自己的回应之后，受督导者可以说明，哪些回应特别引发共鸣，让自己感到惊讶，或者引起了自己的兴趣。以下是来自罗宾·肖赫特的一个例子。

在由治疗社区的员工组成的一个督导团体中，一名新员工提到，她与一位当事人的工作遇到了困难。起初，这位当事人表现出热情，并坦诚地说出自己遇到的困难，但很快，这位当事人要么会错过咨询时间，要么就几乎不交流。当这名新员工开始介绍自己的当事人时，我发现自己走神了。我只是不想被打扰。我一直在问看似恰当的问题，但随后，我吞吞吐吐地说出了自己的真实感受：我对此并不感兴趣——这似乎不对我的胃口，而其他人看起来都非常投入。然而事实上，团体出现了分歧：一半人积极投入，另一半人完全走神，但他们像我一样努力装作积极参与的样子。这名新员工非常吃惊地看到她对当事人的矛盾感觉——既表现出积极参与和认同，又表现出不想了解的样子——在团体督导中准确地重现出

> 来了。在这之后，整个团体才真正开始非常好地工作并且讨论得很深入，因为他
> 们看到，大家不仅可以分享负面的内容，而且确认了其与个案的相关性。

我们发现，在督导团体中，回应的这种分歧是经常出现的。这既有利于揭示当事人的历史或陈述中的隐秘面，也有利于揭示下一步探索或发展的方向（如抑郁症背后的良性愤怒）。

模式 7：探索更多的系统层次

如果受督导者带来的议题与其所在机构或其他利益相关者有关，或者在探索受督导者提出的当事人议题时，有必要探究更大的系统背景，那么团体督导师可以要求不同的团体成员站在不同的利益相关者的立场上进行倾听。例如，我们当中的一个人有一次做团体督导师，受督导者呈现了与所在机构的成员冲突的问题，我们就要求督导团体的成员从不同的角度倾听：一是从团体成员的角度；二是从受督导者所在机构负责人的角度；三是从机构的角度；四是从机构的当事人的角度。在阐述与同事冲突的过程中，督导师定时要求受督导者暂停，并让其听取其他团体成员的回应——这些团体成员把自己视为受督导者的不同利益相关者，给出自己想象中的回应。

那些接受过恰当训练的人，可以通过使用心理剧中的雕塑技巧，或者通过构想出更多的系统背景来进一步发展这种方法（Whittington，2012，2016；Hawkins and Presswell，2018）。

运用所有 7 种模式：大家都来做督导

为了达成"大家都来做督导"的目的，将一把椅子给呈现案例的受督导者，另一把椅子给督导师。在督导过程中的任何时候，督导师都可以将督导的角色和椅子转移给团体中的另一位团体成员，或者另一位团体成员通过拍手的方式来选择接任这个角色。

将该方法与七眼督导模型结合，每位团体成员都被分配做 7 种模式中的一种。由团体督导决定，应该从哪种模式开始启动督导过程，然后，分配到该种模式的团体成员便开始担任督导师开展督导。他可以通过拍手的方式退出督导师的角色；同时，团体中的任何人也可以通过拍手的方式接任督导师的角色；而团体督导师也可以通过拍手的方式提议更换不同的模式。

"大家都来做督导"的方法让受督导者有机会在共同督导中获得自信，有机会在 7 种模式下开展工作并观察其他人如何使用这些模式。它还让受督导者有机会了解这些模式是如何组合在一起的。尽管乍看起来，这种方法似乎很不自然且杂乱无章，但是督导的

最终效果却是惊人地全面和深刻，同时，也使团体成员以一种看起来轻松的方式，尝试使用他们平时通常不会使用的不同的督导模式。

团体成员参与督导的其他方式

当督导团体是从业者培训的一部分时，团体督导师可能会在每位受督导者进行探索之后，要求每位团体成员简要分享，以便让这个案例或工作议题与他们在培训中所学的理论知识建立联系。

团体督导师也可以邀请个体扮演他们的当事人，让其他团体成员尝试试验他们如何与该当事人开展工作。

为受训中的从业者安排时间，接受来自其他团体成员的反馈同样重要，注意平衡欣赏性反馈和发展性反馈，还包括他们在团体中是怎么样的，以及他们是如何呈现他们的工作的。

如果是经验丰富的从业者团体，并且他们正在锻炼自己的督导技术，那么团体督导师可能会使用不同的团体结构，将更多的督导工作指派给他们，并鼓励他们的发展。霍金斯和史密斯（2013：159-160）开发了一种名为"实习督导团体"的方法。团体成员在团体中轮流进行督导，通过"暂停"来观察督导过程中发生了什么，并对担任实习督导师的督导工作予以现场督导。

团体动力与阶段

我们发现，与一对一的会谈相比，团体通常会激发出更强烈的感觉，这就是团体可能拥有巨大变革力量的原因。管理这种强大的力量是团体督导工作的关键部分；在团体开始前，我们认为，重要的是督导师需要反思与团体相处的舒适程度，并利用他们自己的督导对此进行探索。有些人有点害怕，他们觉得，自己在一对一的情形下更加自在。

如果了解团体动力，就易于将团体视为一种资源，而非必须驯服和控制的不守规矩的动物。团体成员的各种个人需要和社会需要将被激活，包括对认可、亲密、自主、挑战和安全的需求（McMahon，2014b）。督导师必须确保团体成员在心理上感到足够安全，并且不忽视团体动力。督导师需要找到方法，引导大家意识到动力的存在，从而关注它并从中学习，同时不会取代团体的主要焦点。

对此时此地动力的关注是团体督导过程的重要组成部分，但必须注意团体督导与团体治疗的区别。要做到这一点，需要确保有良好的设置，并提醒督导团体关注集体努力的主要焦点——通常是为了支持和发展受督导者的工作和能力。

　　大多数理论及我们自己的经验表明，督导团体通常会经历多个明晰的阶段。这有助于团体督导师理解和认识这些阶段，并据此调整督导方式。这些阶段不应被视为事先确定或不可避免的。在大多数情况下，督导团体首先要处理边界、成员资格、团体规则和期望。舒茨（Schutz，1973）称此为"包含"（inclusion）；塔克曼（Tuckman，1965）称此为"形成和规范"（forming and norming）；斯科特·佩克（Scott Peck，1978）称此为"模拟社区"（pseudo-community）；比昂（Bion，1961）称此为"依赖阶段"（见表 10-2）。这也是在团体督导中签订协议的阶段。此阶段需要确定和澄清的议题有保密、对团体的承诺、如何分配时间、关注什么，以及将什么排除在外。

　　在明确了督导团体的基本结构之后，往往会有一段时间来测试督导团体内部的权力和权威。这可能采用竞争和比赛的形式："谁做得最好？""谁最关心他的当事人？""谁遇到的案子最棘手？""谁做出的评论最有洞察力、最有见地？"，等等；也可能是以团体成员挑战督导师或抵制督导师指导的方式出现来测试督导师的权威。比昂称这一阶段为"战斗／逃跑阶段"；舒茨称之为"权威阶段"；塔克曼称之为"风暴阶段"；斯科特·佩克称之为"混乱阶段"。

　　只有成功地应对了这些阶段，较好地平衡并满足了团体成员关于接纳、权威和情感的需求（舒茨的关键团体动力），督导团体才能在相互尊重的氛围中高效地开展工作，团体与督导师的关系才不会存在依赖或竞争。这就是塔克曼所称的督导团体的"表现"阶段、比昂所称的督导团体的"工作小组"阶段、斯科特·佩克所称的督导团体的"社区"阶段。通常，督导团体会时不时不可避免地回到早期阶段，因此，在团体的整个生命周期中，对相关动力的理解至关重要。

表 10-2　团体／团队的阶段：不同模型的比较

塔克曼 团体的阶段	舒茨 关键性的动力主题	比昂 基本假设	斯科特·佩克 社区阶段
形成	包含／排除	依赖	模拟社区
风暴	权威	战斗／逃跑	混乱
规范	情感	匹配	清空
表现	—	工作小组	社区
哀悼	—	—	—

　　玛格丽特·里奥奇写了大量关于督导和团体动力之间交互作用的文章。她为受训中的治疗师制订了一系列完整的团体督导的详细计划（她称之为研讨会），说明了管理团体阶段的重要性，知道如何应对督导团体发展并促进积极团体行为。在其中的一部分中，

她直面竞争和权威的问题：

> 会不会是研讨班回避了"谁是这里最好的治疗师"这个问题？这无疑是个烫手山芋，而更棘手的问题是："谁是最糟糕的治疗师"……如果每个人都尽力做到最好，那么"竞争"这个议题就能促进团体的工作。如果人们太害怕被拒绝或遭受嫉妒，也会产生干扰。研讨班的问题是，利用学生的竞争、阻抗和移情服务于帮助当事人的工作（Rioch et al.，1976：24）。

里奥奇指出，督导师也会受到团体动力的影响：

> 老师和督导都是非常竞争性的，他们不愿意暴露失败、无能或不安全感。重要的是，他们应该给他们的学生树立榜样：这个榜样，不是无法达到的完美，而是愿意从自己的不完美中学习（1976：25）。

接纳来自团体成员的依赖和权威投射，并能够看到它们的本质而非团体成员个人的事情，这也是督导师角色的一部分。里奥奇总结了一些经常出现的、对团体督导师的矛盾心理，它突出地存在于受训者身上：

> 作为投入严肃学习中的成熟年轻人，学生会有意识地将督导师视为老师和有资源的人，而非被推翻的对手或照顾自己的父母。但不经意间，青少年时期的叛逆和孩子气的依赖都是存在的，并且是很活跃的，这一点在所有群体中都是一样的（1976：226）。

督导团体的另一种常见动力是进行模拟治疗（下一节将此描述为"寻找病人"）。有问题的团体成员可能会被同情（例如，对自己的工作感到沮丧或困惑的人），但也有可能被微妙地贬低。这就需要团体成员通过进入更舒适的助人角色来减轻焦虑和无能感。

这与所谓的"角色代入"（Barnes et al.，1999：111）有关，在这种情况下，一个人可能（无意识地）在整个督导团体中扮演一个角色。例如，比较容易建立情绪联结的成员会经常成为替督导团体容纳和表达情绪的人，而其他人则可以很容易变得更理性。重要的是，督导师应帮助督导团体注意到，这种动力何时发生，以便督导团体中的每个人可以更顺畅地转换角色。

最后，在督导中咨询案例的呈现方式也可以用于解释团体动力。例如，如果一位受督导者讲了其当事人的故事：这位当事人正在努力实现目标，他为没人帮助他而生气，那么，很有可能受督导者在督导团体中也有同样的感觉。讲述当事人故事的方式及督导团体的回应方式也可以为理解团体动力提供线索。

有这样一个例子。有位学员在我们的课程中遇到了困难。她呈现了一位濒临绝望的当事人，该当事人想知道，现在才开始工作是否太晚了。督导团体给出了帮助性的建议，但似乎没有起到任何作用，直到督导师说，也许，她是害怕在上课过程中，情况变得太糟了，而要把事情纠正过来，对她这位咨询师来说已经太晚了。对这位学员来说，这是一个巨大的解脱，因为她意识到，自己正试图通过当事人向团体成员表达自己的绝望。

同辈团体督导

许多专业人员很难在他们的组织中或当地找到合适的个体督导，或者由督导师带领的团体督导，因此，建立同辈督导团体可能是更现实的选择。许多年前，彼得带领了一个治疗社区。他的直属主管是一家大型心理健康慈善机构的助理主任，既没有治疗也没有督导的直接经验。我们发现，对各个职业的资深从业者而言，通常督导他们的高级主管具有很少的临床经验，或者根本没有，而且这种现象很普遍。针对这种情况，彼得利用治疗社区协会的设施为治疗社区内的资深从业者建立了一个同辈督导团体。事实证明，这是一个充实而有意义的团体，它可以专注于整个社区的问题和动力。在彼得和其他初创成员离开后，该团体继续很好地存在着。

后来，彼得有一个针对自己治疗的三人同辈督导小组，其中一位是心理咨询师 / 治疗师，另外一位是临床心理学家 / 治疗师。每次会谈时，三位成员中的一位成员轮流担任督导师，另外两位成员分别接受 40 分钟的督导。在每个人的督导结束时，受督导者向督导师分享自己认为有帮助和有困难的地方，然后督导师分享自己对这次督导的看法。随后第三位成员分享看法，该成员一直在观察，提供积极的和发展性的反馈。这满足了三人团体中每位成员的需求：他们不仅接受了心理治疗方面的督导，还思考和学习了如何开展督导。

同辈督导既可以是个体之间的互惠（有时也称为"共享督导"），也可以是一个工作团体：它自行决定工作情境、工作方法和专业水平的多样性或相似性。上面的故事说明，不仅可以在你的直接工作场所内，而且可以在你所在机构内的其他相似工作场所或与其他机构的人员一起进行同辈督导。我们帮助很多人建立起自己的同辈督导系统。这其中有地区儿童之家的院长进行相互督导；另一个地区的一群主要官员，定期开会进行同辈督导；私人执业心理治疗师和高管教练，与有经验的同辈建立了督导团体；在社区精神卫生团体中，建立了跨学科的同辈督导系统。

同辈团体督导显然具有许多优势，但也存在许多缺点和陷阱。在没有指定团体带领者的情况下，更需要一个牢固而清晰的结构，并且需要团体成员投入更多。盖伊·休斯敦（Gaie Houston，1985）写了一些同辈团体可能掉入的陷阱或游戏（Game，这是交互分析中的术语）（Berne，1967）。

- **"竞争成为最有能力的那个人"**：休斯敦描述了这样一个团体。在该团体中，每位成员为了炫耀自己的工作做得有多么好而变得非常争强好胜。他们经常谈论自己的当事人，例如，"我的当事人如此合作……我的当事人说，我为他们提供了很多帮助。""这是一次激动人心的经历。"她接着写道："其中的所有陈述加起来就是'我的比你的更好'。"每个人都感到紧张，他们知道，如果一个人获胜并拥有最大的或最好的，那么其他人就都输了（Houston，1985）。
- **"这不是很可怕吗"**：在这个游戏中，同辈团体成员围坐在一起，强化了彼此的无助感。游戏的一个变种是，花时间分享，你为这个"权威机构"或"医院"工作的疯狂程度。另一个变种是，治疗师或咨询师花时间说明：当事人有多么可恶、恶毒和具有操纵性，他们如何每次都试图抵抗我们的最大努力。
- **"我们都很棒"**：同辈团体成员可以避免被他人批评的焦虑，或者避免让他人发现这种焦虑，方法是给同辈团体中的其他成员堆砌溢美之词，这是为了得到赞美性的回馈，而预先采取的隐秘付出。这是一种内隐的"收取保护费"的形式，从长远来看，团体会非常害怕新成员加入或老成员离开，因为这可能会挖掘被掩盖的真相。约翰·赫伦（John Herson，1975）将此称为"共识性共谋"（Consensus Collusion）。
- **"谁是最好的督导"**：这是一个更直接的、通常未被公开或注意的竞争，以填补因没有团体督导师而带来的空白。它可能表现为：团体成员竭力做出最有智慧或最有用的评论，或者分散对这种方法或方法有效性的争论。同辈团体通常没有任何机制来应对他们的团体动力，遗憾的是，指出进行过程中团体动力的团体成员可能会在竞争中陷入困境，而无法成为督导师。
- **"寻找患者"**：一个团体就像一个家庭一样，可能会把一位成员视为患者，成为其他成员不舒服或困难感觉的焦点，而这些是他们自己不希望拥有的。然后，团体中的其他成员得以撤退到助人职业的安全的、已知的角色中，尝试集体治疗这位被选中的患者。例如，一位试用期的管理者就可能被选择来承担同辈团体对于暴力的恐惧。当其他成员"帮助"该成员探索他的恐惧时，他们也保护自己免于面对同样的恐惧。

这些游戏并不只存在于同辈团体中，但是，由于没有指定的带领者（或其中一个人）负责观察这个过程，因此同辈团体更有可能落入其中的一些陷阱中。

如何构建同辈督导团体

由此可以明显地看出，同辈督导有很多陷阱，但如果组织得当，它也有很多优势（Counselman and Weber，2004；Kuipers et al.，2013；Turner et al.，2018）。以下是建立和运行成功的同辈督导团体的一些建议。

- 尝试组建一个价值观相同而取向不同的团体。在相似的语言和价值体系中开展对话很重要，但是，如果你们都接受相同的培训，工作风格也相似，那么该团体可能会变得共谋性高，而缺乏更多样化的视角。

- 该团体不能多于七位成员（见前面的内容），还必须有足够的时间，以满足所有团体成员的需要。如果同辈督导团体中的七个人都有大量的当事人需要督导，那么这种形式并不好，除非该团体定期进行督导，且每次至少持续 2~3 个小时。

- 明确承诺。团体成员认为自己应当做出承诺，但是，如果在做出了承诺之后又无法履行，那么是没有用的。必须鼓励团体成员分享他们对督导的阻抗，并在可行的情况下分享他们如何能避免，否则就破坏了督导团体。例如，一位团体成员可能向督导团体报告，自己可能忙于其他更紧迫的事务，而另一位团体成员可能会说，他很容易头痛。

- 制定清晰的协议。需要明确会面的频率、地点、时间限制、保密性、如何分配时间，以及如何管理流程。这包括解决诸如问责制、保存记录，以及为雇主或专业机构提供出勤记录的责任（见第八章）。

- 明确说明，当督导团体中的一位成员认识另一位成员督导案例中的当事人时，该如何处理？在讨论该当事人时，认识他的人需要离开团体吗？是否需要在其他地方对此个案进行督导？

- 制定基本规则，包括向成员提供直接的、平衡的和专属的反馈，避免居高临下的建议，要平等地划分时间（不一定要在单次督导会谈中）。

- 明确不同的需求和期待。一些成员可能期待更多地关注自己的个人议题，而其他人认为已经超出了舒适圈。有些人可能希望自己与当事人的所有工作都被该团体督导所覆盖，而另一些人可能还会在其他地方接受个体督导。一些人可能希望对自己的下一步工作有更多建议，而另一些人可能希望使用角色扮演或其他体验性技术。尝试发现是否存在任何隐藏的团体议题或个人议题，例如，希望在成员之间发展现有同盟关系或竞争关系。鼓励所有成员明确地说明，在自己分享之后，他们希望从督导团体中得到什么。例如，是需要被倾听，需要得到反馈，需要帮助他们探索对工作的无意识反应，还是帮助探索下一步该如何做、在各种选择之间进行取舍……如果你不知道受督导者想要什么，那么试着问以下问题："是什么让你今天带来这个特定的议题？""在这种情况下，你需要的是什么？"——通常这会很有用。

- 确定非正式活动的时间。通常，如果没有预留时间用于社交或非正式活动，那么了解他人最新消息、闲谈卦或进行个人联系的需要可能会对团体的其他任务产生干扰。在开始和 / 或结束时，一些同辈团体安排了较短的社交时间。

- 明确大家希望担任的角色。谁来掌控时间边界或应付任何干扰？谁来安排房间？推动团体顺利开展的主要责任是每次由一人承担，还是在团体进行的过程中逐渐明晰？根据我们的经验，在每次督导会谈中，指定一个人推动团体的顺利展开最有效，因为，此时可以清楚地控制团体的过程和工作。

- 在每次督导中，花一些时间（5 ~ 10 分钟）就督导进行的过程让每个人提供反馈，既需要说做得好的地方，也需要指出存在困难的地方。

- 要计划常规的、正式的回顾环节，对所有成员扮演的团体角色进行反馈、检视团体动力、重新讨论协议。很多在第十一章中提到的探索团体动力的练习和方法都可以用于同辈团体回顾环节。

许多用于组建团体督导的建议也适用于同辈团体督导。

结论

与个体督导相比，团体督导有许多明显的优势，如团体督导提供的学习机会更多、视角也更多。但是团体督导也存在许多潜在的缺陷。带领团体督导的人需要留意团体动力并与之工作，他们需要接受一些团体领导力和团体动力方面的培训。同辈团体也需要一个体系来关注他们自身的进展，以便能使督导工作健康地开展，而不会产生偏离或破坏。

督导的形式应该反映被督导的内容，所以，团体督导的某些形式是非常适合团体受督导者的。团体督导还有助于扩大反思个人工作时所采用的视角范围。但我们建议，对于需要深入的个案或需要详细探究的复杂案例，团体督导应当是个体督导的一种辅助，而不能取代个体督导。例外情况是，对资深执业者而言，因为他们可能很难找到有足够经验的督导，同辈团体督导就足够了。这样他们不仅可以发展出个人能力，而且可以发展出一种整合的自我督导方式（见第四章）。

第十一章
团队督导和团队发展

导论

在第十章中，我们讨论了督导团体中可能产生的一些动力。在本章中，我们首先讨论团队督导与团体督导的不同之处。然后我们阐述高效团队的特征。对于只督导个人的督导师，这些内容也是相关的，因为团队议题、复杂的团队动力往往是由个人受督导者带来的。然后，我们使用 CIDCLEAR 模型（Hawkins，2011a）概述团队督导的重要阶段。此外非常重要的是，当有需要时，所有督导师都应当具备足够的能力，推荐团队发展的适当形式；在本章中，我们定义了多种可行的方式。最后，一些督导师要督导团队领导者，这些领导者的关键任务之一是发展自己的团队，为了帮助他们，我们描述了一个六步骤的督导方法（also see Hawkins，2017a；第十二章）。

团队督导

我们认为，团队督导也是一种团体督导，不同之处在于团体中的成员以团队的形式一起工作，督导主要关注其成员如何以个体和集体的方式与当事人一起工作。团队督导不同于团队发展和团队教练，团队发展侧重于提高团队绩效和运作功能，团队教练是持续推动团队发展的特殊形式。团队督导也关注团队动力，因此也可以促进团队发展，虽然这不是它的主要焦点。

认识到在团队情境下的督导与其他形式的团体督导不同很重要。参与团队督导的团体不仅是为了聚在一起进行督导，还有在团体之外相互联系的工作。因此，第十章介绍的许多团体督导方法都与团队督导相关，但团队督导还需要考虑其他因素。

与同一位当事人工作的团队（如精神病医院的精神卫生团队或家庭医疗人员等）和采用类似方法在同一地区与多位不同当事人工作的团队（如全科医生执业或实地社会工作团队等）是有差异的。

受督导团队中的所有成员都认识当事人是一件既有利又有弊的事情。因为通常在督导时，你关注的不是"外面"的当事人，而是当事人进入每位受督导者内心世界的方式。

在一个寄宿儿童之家，工作人员珍妮正在探索她对一个名叫罗伯特的难以相处的男孩的深深愤怒。团队中的其他成员纷纷参与进来，提出应付罗伯特的办法。督导师不得不非常努力地为珍妮重新打开空间，让她探索罗伯特激发了她的什么感觉，让她想起了谁，并帮助她想出更多可选的回应方式。团队督导师指出，珍妮认为很难缠的罗伯特，在不同人的眼里，几乎可以被视为不同的罗伯特；通过这一点，督导师试图为珍妮创造思考问题的空间和新方法。有两种说法是正确的：罗伯特是一个非常支离破碎和善于操纵的男孩，他向每位员工展示十分不同的自己，每位员工受到他的影响也不一样。而这取决于员工自己的个性、经历和反应方式。

在这种情况下，保护珍妮的探索空间至关重要，否则珍妮很快被大家视为无法与罗伯特相处的员工，并会秘密地选择珍妮承担与罗伯特工作时的无助感。如果任由团队成员向珍妮灌输应对这个男孩的"好"主意，那么督导可能会加剧团队内部的分裂，从而加剧罗伯特个人的分裂。在处理了珍妮的无助感、帮助她理解此过程，并为自己产生更多创新性的选项之后，团队督导师可以把注意力转回到团队上，探索团队成员与男孩相处的不同经历和对男孩的不同看法。这样他们就可以将分散在整个团队中的碎片化感受拼接在一起。

在开展团队督导时，团队选择的问题也会再次出现。首先，必须确定团队的边界在哪里。是否应当包括助理人员、文书人员或受训者？如果团队是跨学科的，那么学科之间相互包容或排斥的议题可能会更激烈。

其次，团队督导不仅需要处理团队成员与当事人的工作，还需要处理团队成员之间的同事关系。在第六章中，我们强调了督导中与同事而非当事人有关的议题究竟会有多少。虽然有时在个人督导中处理同事关系是有用的，但是在各方都在场时处理这些关系会更有效。在团队督导中可以探索同事之间的冲突需要在人际层面解决的程度，这些冲突或者是团队动态的症状，或者是更广泛组织及其利益相关者内部的系统性冲突（Hawkins，2017a，2018），或者是从业者与当事人动力的集体平行状态（Thornton，2019）。

团队督导假设，除了团体中的个体之外，整个团队可以被视为一个也需要被督导的实体。作为一个实体，团队不仅仅是各部分的总和，它也有自己的个性和内在精神生活。同样重要的是，需要注意团队督导与其他形式的督导不同：团队督导不可避免地要关注团队发展。

史蒂夫·法恩曼（Steve Fineman，1985）对一个社会工作部门进行了研究。他观察了五个不同的团队。在保持高士气和低压力方面，其中一个团队明显比其他四个团队做得更好。成功的关键因素之一是团队领导者对团队进行了卓有成效的督导：

> 相互信任的建立与团队领导者促进支持的活动有关。事实上，团队领导者与工作人员一起就专业问题进行综合性会谈，根据他和其他人的报告，他做出最认真和最敏感的判断。而这可能是有助于营造支持氛围的关键因素（Fineman，1985：106）。

虽然团队督导的主要焦点是团队当事人的工作，但是了解什么有助于团队的高效工作非常有用，我们将在下面加以讨论。

高效团队的五大原则

关于构成高效团队的关键因素，已经有大量研究（Katzenbach and Smith，1993；Hackman and Wageman，2005；Wageman et al.，2008；Hawkins，2011a）。卡岑巴赫和史密斯（Katzenbach and Smith，1993）发现，高效团队具有以下特征：

- 共同拥有的目的和目标；

- 明确的团队绩效目标；
- 共同的方法；
- 相互负责；
- 互补的技能和风格；
- 技术的 / 功能的；
- 问题解决 / 决策风格；
- 人际风格和人格类型。

彼得（Hawkins，2017a）认为，高效团队通常会遵循五个关键原则：使命、澄清、共同创造、连接和核心学习。彼得发现，一个团队要想成功，就需要明确的使命。这包括一个明确的目标和评估团队绩效的确定的成功标准。然后，团队必须澄清自己的使命，包括目的、目标、核心价值观、工作方式、角色和期望。更重要的是，要有一个令人信服的成功愿景。在这样的环境中，生存是一种不同的挑战。团队需要不断地共同创造，并关注他们共同工作的过程，这样，使命便会对工作绩效产生有益的影响。然后，团队必须与外部联系，以吸引当事人、员工和利益相关者，并改进与他们的关系，以提高组织绩效。这五个特征的中心是"核心学习"。通过核心学习，团队后退一步，反思他们自己的表现，以便巩固他们的学习成果，为下一个周期的努力做好准备，并提升他们的集体能力。

一个高效团队需要在这五个方面都有效率。尽管这些原则之间暗含着明显的递进关系，但其实它们是一个连续的循环，它们之间也有持续的对话。因此，在通常情况下，如果不清楚使命，那么团队需要与所有利益相关者开展对话，以建构自己的使命。高效的团队会花时间进行评估，反思规则内部及规则之间的模式，并更多地了解团队的内部功能与外部功能。伟大的团队是那些确切地知道自己需要什么，并对他们的集体目标怀有激情的人。他们对彼此的成功、挫折和学习有着浓厚的兴趣。团队与关键利益相关者之间有着真正的伙伴关系。这不是偶然发生的，而是会发生在五个原则各就其位、相互联系、相互平衡的时候。我们将在下一节中更详细地探讨与团队督导相关的五个原则。

团队督导的三要素

团队督导与其他形式的团体督导不同。明确了这一点并考虑高效团队工作的五个原则之后，团队督导需要关注团队工作的三个重要方面：团队成员的个人当事人的工作；团队功能；团队参与机构及其他利益相关者的工作（见表 11-1）。

表 11-1 团队督导的三要素

	督导当事人工作	督导团队运作	团队参与机构及其他利益相关者的工作
焦点	团队与其当事人的工作	团队是如何以整体大于部分之和运作的、如何协同工作的	团队如何参与机构其他部门的工作，如何与其他利益相关者（如其他机构、资助者和监管者等）合作
督导模型	• CLEAR 阶段模型 • 七眼督导模型	• CIDCLEAR 阶段模型 • 团队运作的五个原则	高效团队五原则模型中的"使命"原则和"连接"原则
特殊的方法	所有团体督导的方法，再加上关注一个以上的团队成员与同一位当事人一起工作的情况	澄清团队目的、团队目标和团队角色 团队雕塑	扮演利益相关者的系列角色（站在利益相关者的立场上）
陷阱	人们对当事人工作的反应可以体现出团队的动力	团队动力主导了督导过程	团队将自己的困难归咎于组织和资金提供者

当事人工作的督导

这种督导的重点是使用 CLEAR 模型和七眼督导模型进行，方法与第十章中应用于团体督导的方法相同。督导师需要注意的主要区别有以下几点。

- 许多团队成员可能都认识这位当事人。团队成员自己的反应和回应，可能会干扰对受督导咨询师空间的保护。而这位受督导者是关键人物：因为他汇报案例的过程可以用来探索团体成员自己的反应，以及与当事人互动的方式（见前面的说明）。
- 有时候，与当事人工作的人可能不止一个。这种情况特别会发生在医院、社区心理健康团队、全科医疗团队和社区社会工作团队中。这里建议督导师与所有跟同一位当事人工作的人一起工作。
- 分歧可能会出现在如何与当事人工作上，这可能反映出团队动力，或者不同学科间的紧张关系或冲突。督导师需要意识到这些问题，并经常对其加以评论，或者当注意力转移到团队运作时，将焦点重新转移到这些问题上。

团队功能的督导

在这里，督导的焦点从团队的当事人转向团队本身，包括团队动力、发展和学习。通过研究高效团队，我们知道，成功的团队建立在以下几个方面：

- 拥有一个只有通过合作才能实现的、清晰的团队目标；
- 清晰的团队目标与可衡量的结果（即关键绩效指标）；
- 召开高效会议，回顾团队表现，共同决定如何持续改进；

- 团队通过不断学习，能够灵活地做出改变，回应不断变化的需要和环境，同时，团队也推动了所有成员的学习和发展。

迈克尔·韦斯特（Michael West）在英国国家卫生服务体系中领导了许多非常有影响力的研究项目，这些研究项目表明，与拥有低效团队的医院相比，在拥有高效团队的医院中，患者死亡率更低（West et al.，2006）。他还表明，这不仅仅是一种相关关系。这是因为，在团队效率提高了的医院，患者死亡率降低了；而高效团队数量减少的医院，患者死亡率会上升（West and Dawson，2012）。这表明，团队督导师发展技能以改善团队功能是十分重要的。团队督导师可以使用霍金斯的"五原则模型"中的如下四个原则，促进团队的内部运行（第五个原则"连接"将在下一节讨论）。

使命

如果团队不清楚成立原因，或者不清楚高层领导或利益相关者对团队的期望是什么，那么团队督导师有必要帮助团队明确团队的使命。这可能涉及促进团队与他们需要汇报的组织高层开展对话。

澄清

即使团队有清晰的来自更大系统的使命，团队督导也可以帮助他们掌控局面、生成集体目标。这包括明确他们共同努力的方向：哪些是他们在一起能做而分开不能做的，他们的集体目的和目标，他们的角色和实现这些目标的关键过程，他们对彼此的期待，以及他们将如何相互负责。

共同创造

团队一起工作的方法有很多，从团队督导师参加团队会议开展过程干预，到安排工作坊探索和发展团队共同工作的动力。可以使用以下陈述句探索团队更深层的动力。

- 这个团队不成文的规则是……
- 关于我在这个团队中的工作，我觉得很难承认的是……
- 我认为，我们避免谈论的内容是……
- 关于其他人，我想说但没说出口的是……
- 这个团队隐含的议题是……
- 当……时，我们处于最佳状态。
- 妨碍我们处于最佳状态的是……

塑造团队：从社会戏剧中，我们借鉴和发展了一种方法，用于探索团队和团体的潜在动力。

- **第一阶段**：要求小组成员找到一些物体或符号，用来代表小组的核心。这些物体或符号都放在房间正中央。
- **第二阶段**：不经讨论，要求小组成员站起来，然后在房间里走动，直到他们走到一个可以代表自己在团体中位置的地方。他们可以观察自己所处的位置距离中心有多远，他们接近谁、远离谁。然后，要求他们在这个地方停下来，并保持姿势不变。这通常需要几分钟的时间，因为每个人的移动都会受到其他人移动的影响。
- **第三阶段**：邀请每位小组成员做这样的陈述："在团体的这个位置上，我觉得……"
- **第四阶段**：给每位小组成员机会，让他们探索自己想换到团队中的哪个位置，以及这种换位对自己和他人的影响。例如，一个处于小组外部的人可能会说，他最理想的状态是在团队中间。在表达了这个愿望之后，督导师邀请他通过自己的方式进入中心地区，并看一看这种转变对他自己和其他人的感觉是什么样的。
- **第五阶段**：要求小组成员重构这个小组，问他们这样一些问题："如果这个小组是一个家庭，会是一个什么样的家庭？""谁将扮演什么角色？""你认为谁会是病人？"如此等等。问题也可以是："如果这个小组是一个电视节目，它会是什么节目？""谁将扮演什么角色？会发生什么具体的事情？"人们也可以尝试自己的框架，有无数种可能性——食物、动物、国家、交通方式、神话和莎士比亚戏剧……
- **第六阶段**：将一把椅子当作"创意顾问的椅子"。邀请每个人坐在椅子上，并说这样一句话："如果我是这个小组的创意顾问，我会……"这让每个人都有机会以一个超脱角色约束的视角看到整个体系，并从外部发表意见。

核心学习

重要的是，所有团队都要抽出时间，从他们的日常工作中抽身出来，看一看他们如何集体学习、如何发展团队集体能力、如何促进所有团队成员的学习和发展。一种简单的方法是让每个人都从其他小组或团体成员那里收到反馈，或者说一下过去一段时间在团队工作的过程中，什么是他们欣赏的，什么是他在对团队做贡献时感到存在困难的。每个人都可以将小组视为一个整体，说出他们最欣赏的是什么，他们感觉最困难的是什么。这些信息提供了三个内容列表，即团体最看重和需要建设的是什么、团体想要改变什么，以及什么是团体缺失且想要引入的。

彼得之前的著作讨论了运用高效团队五原则工作的许多方法（Hawkins，2017a，2018）。

团队在参与更大的机构或利益相关系统时的督导

越来越多的人认识到，一个高效团队不仅需要内部的良好运作和与当事人的有效工作，而且需要在与所有外部利益相关者工作时保持高效（Wageman et al.，2008；Hawkins，2017）。这些变得更加重要，因为所有机构的环境都变得越来越不稳定、不确定、复杂和模棱两可（VUCA），且我们生活在一个高度变化、高度复杂的时代（Stiehm and Townsend，2002）。团队需要适应来自团队上级、资金提供者不断变化的需要，以便保持工作效率。例如，对在公共部门工作的团队而言，外部利益相关者包括他们所在组织的董事会和执行委员会、地方委员会，以及来自地方政府和中央政府（有时是区域政府）的资助人。对于非营利部门（或者说"公益部门"），外部利益相关者也包括执行委员会、信托委员会、地方专员及地方政府、中央政府（有时是区域政府）不断变化的资助政策、其他资助者（如信托基金、商业捐助者和公共筹款）不断变化的关注点。

在这样的环境中，团队目标总在改变，而督导可以帮助团队在其工作中不断澄清环境需求、重新调整目标。重新调整使命是高效团队五原则模型中"使命"的一部分。

连接

在五原则模型中，团队督导师也可以在"连接"原则方面提供帮助。在个体督导中，七眼督导模型关注开展工作的更大的社会和组织环境，关注团队如何与所有利益相关者联系也很重要。所有的团队都存在于更大的环境中，他们既影响环境，也受环境的影响。因此，社会工作团队存在的背景包括他们工作的当事人、所在的整个组织、所合作的其他机构、当地的纳税人、控制其活动的理事会及所在的社区。

连接原则也涉及团队如何集体利用合作资源，包括来自团队上级、下级、同级及组织之外的资源。通常，可以用于帮助团队的资源比团队意识到的更多。团队可以提高接触外部资源和与外部资源合作的集体能力，从而提高团队的弹性和敏捷性。通过雕塑和扮演利益相关者，督导可以探索更大的系统。通过这些，团队督导师可以帮助团队描绘利益相关者、探索他们的需要和观点，站在不同利益相关者的角度与其他团队成员交谈。这有助于帮助他们探索如何获得更高的效率，并在各方面成为更有效的合作者。

因此，团队督导师需要在团队督导的上述三个方面和高效团队的五原则（每一种都要求使用不同的方法）上进行工作，每个方面都需要不同的方法。团队督导师还需要能够连接个人、人际、团体、组织及更广泛的系统动力，从而不仅帮助团队与当事人开展高质量的工作，而且在更大的系统中与所有利益相关者开展有效合作，并为他们创造价值。

为了提高效率，团队督导师需要熟悉发展团队的方法，并接受一些训练。相关的方法有很多。我们在下面列出了一些使用最广的方法，这样团队督导师就可以发现更多进一步提高团队督导胜任力的方法。

发展团队的不同方法

如果团队不高度关注自身的发展，那么团队就不会高效。团队督导师可能会极力建议受督导团队采用某些特定的团队发展形式，如果团队意识到他们有许多可能的选择将会非常有用。推动或找出团队发展方式的困难之一是，在团队发展方面有许多假设和限制性的信念。在团队督导和为团队发展提供建议的过程中，我们必须挑战一些有局限性的思维模式。霍金斯和史密斯（2006）总结了这些思维模式和解决方法，我们列在表 11-2 中。

表 11-2　团队发展工作的十种限制性思维模式：挑战

局限性的思维模式	解决方法
1. 团队建设只需要在团队刚形成时进行	最好的团队致力于终身学习和发展
2. 只有当事情变得困难时，团队才需要发展	如果你在离婚法庭上第一次提出关系问题，那就太晚了
3. 团队表现是所有团队成员表现的总和	一个团队的表现可以超过其各部分之和，也可以低于各部分之和。关注团队的附加价值非常重要
4. 团队发展即更好地与他人相处	团队发展还涉及团队如何与所有利益相关者建立联系并与更大的组织使命保持一致
5. 团队发展是指团队有更好的会议	当团队或其中一部分与团队的利益相关者接触时，团队表现就发生了。团队会议本身是一个训练场，而不是赛场
6. 团队发展只能在场外进行	团队发展在场外进行对团队有所帮助，但核心发展是在一起热火朝天工作的时候
7. 团队发展就是团队之间的相互信任	人与人之间的绝对信任是一个不现实的目标，尤其在工作团队中。一个更有效的目标是团队中彼此足够信任，以暴露他们的不信任
8. 在团队中，冲突是一件坏事	太多或太少的冲突对团队都没有帮助。在更大的系统中，伟大的团队可以创造性地解决互相冲突的需求
9. "除非我们一起做同样的事情，否则我们就不是一个团队"	团队的定义是拥有一个只有团队协作才能实现的共享企业
10. 团队发展本身就是目的	只有当团队发展与提高团队的业务绩效相联系时，团队发展才有价值

资料来源：霍金斯、史密斯（2006）。

彼得对不同的团队发展过程进行了分类，试图为该领域带来一些清晰的信息，以利于推荐给团队发展或提出团队发展要求的人，以及提供团队发展或教学与研究的人（Hawkins，2017a）。具体的分类包括如下五个方面：

1. 团队发展；
2. 团队建设；
3. 团队促进；
4. 团队过程咨商；
5. 团队教练。

团队发展

发展团队能力，以便能共同完成任务的所有过程都可以称为团队发展，而不论是否有外界帮助。团队发展可以采取多种形式，包括拓展练习、增进情感联结的社会活动、对团队自身行为的分析、对工作过程和外出休假的回顾。然而，很少有研究证据表明，团队联结和团队活动会对团队表现产生影响（Katzenbach and Smith，1993；Wageman et al.，2008；Klien et al.，2009；Kriek and Venter，2009）。

团队建设

团队建设是在团队发展的早期阶段帮助团队发展的任何过程。因此，可以将团队建设视为团队发展的一个子类别，聚焦于塔克曼（1965）所说的"形成和规范"阶段。许多作者，如瓦格曼等（Wageman et al.，2008）、哈克曼和瓦格曼（2005）及霍金斯（2017a）认为，通过聚焦团队目的、目标和期望，可以更好地实现"团队建设"这个团队发展的早期目标。

团队促进

团队促进是指要求一位（或几位）特定人员通过管理团队的过程来促进团队发展，从而使团队成员有时间专注于任务本身。团队促进者需要在很多方面为团队提供帮助，其中包括以下几点：

- 解决特定的冲突或困难；
- 对团队运营和相互联系的方式进行回顾；
- 实施一个战略或规划过程；
- 开展异地离场活动。

很明显，在团队促进方面，还有许多其他可能的请求，但通常团队促进者需要关注的是特定过程的实现，而不参与具体内容或团队绩效。

团队过程咨商

团队过程咨商是促进团队发展的一种方式。团队顾问坐在团队旁边，看他们如何开会或为未来制订计划，然后对团队"如何"完成任务的过程进行反思和回顾。沙因（Schein，1988：34）将过程咨商定义为："咨询顾问的一系列活动，帮助当事人感知、理解在其环境中发生的事件，并对此采取行动。"过程咨商可能包括多个对团队会议过程（会议前、会议中和会议后）的反馈和询问；也包括一些干预措施，以便让团队能够反思自己得到收获的过程。

团队教练

近年来，一些重要的作者都试图澄清从业者如何定义和理解团队教练。哈克曼和瓦格曼（2005：269）提出，团队教练是"与团队直接互动，旨在帮助团队成员在完成工作时协调和适当使用集体资源的方法"。这清楚地表明，团队教练涉及整个团队的工作，而不仅仅是团队成员的工作，并强调关注任务和资源的最优利用。

大卫·克拉特巴克（David Clutterbuch，2009：77）将团队教练定义为："通过反思和对话帮助团队提高绩效并实现目标的过程。"他说明了团队教练如何把过程和结果结合起来。另外，他非常详细地阐述了团队的持续学习过程（2009：123-198）。

在早期的著作中，彼得将团队教练定义为："通过澄清团队使命、改善团队的内外部关系，让团队的作用超过其各部分之和。因此，它不同于给团队领导者做教练，告诉他们如何领导团队；也不同于在团体背景之下的个人教练"（Hawkins and Smith，2006：62）。他进一步提出，团队教练不仅需要关注任务、过程及团队成员之间如何相互联系，而且需要关注团队如何与所有利益相关者联系并创造共同的价值（Hawkins，2011a）。他继续定义"系统性训练"，即"系统性团队教练是这样一个过程：无论团队一起工作还是分开工作，团队教练都与整个团队一起工作，帮助他们改善集体绩效，学会如何共同工作，并帮助他们培养集体领导力，以便更高效地与所有重要的利益相关者开展工作，在更大范围内改进业务表现"（Hawkins，2017a：77）。

因此，我们认为，团队教练与其他形式的团队发展方法不同。团队教练是整个团队和教练之间的一种关系，他们共同努力提高这几个方面：团队的集体表现、一起工作的过程、与所有利益相关者接触的过程，以及他们集体和个人的学习和发展。

正如我们上面所定义的那样，团队督导的重点是团队与当事人的工作。团队督导师开展工作时需要使用前面提到的五个高效团队原则。五个原则中的每一个都要求不同的教练方法，也要求团队督导师能够将个人、人际、团队、组织及更广泛的系统和商业发展动态联系在一起。这不仅有助于提高团队绩效，还可以为他们所服务的系统创造更大的价值。

团队督导的阶段：CIDCLEAR 模型

在第十章中，我们概述了督导小组的几个阶段：规划、建立、启动、签约和发展。所有这些阶段都适用于团队督导。此外，团队督导还包括一个额外的维度。

彼得提供了一个团队教练的过程模型（CIDCLEAR 模型），它表明，在第五章的 CLEAR 阶段之前，还有另外三个阶段，分别是签订协议（初始阶段）、询问和诊断，以及设计和整个团队签订协议（Hawkins，2011a）。

签订协议（初始阶段）

在刚开始的时候，只与团队领导者、团队督导师和团队发展的资助者签订协议。这不同于与整个团队及其成员签订协议。后者通常发生在开始了一段时间的询问和诊断之后。

询问和诊断

团队督导师需要单独与团队中的所有成员及可能的团队利益相关者见面，或者使用问卷，从所有重要人员那里收集数据。英国续约协会（Renewal Associates）有一个简单的基于互联网的团队 360 度反馈工具，可以用于这项任务。

成功的询问既要以调查目的为出发点，也要有能力有意提出率真的问题。问题示例如下。

- 有哪些团体目标是团队成员无法单独实现的？
- 团队什么时候表现得最好？
- 团队什么时候表现得最糟？
- 你们会议的目的是什么？
- 你们对彼此的期望是什么？
- 你们为什么现在找我做团队的督导师或顾问？为什么是现在？
- 你怎么知道这次教练对你来说是成功的？
- 会发生什么特定的不同的事情？

设计和整个团队签约

基于询问和诊断阶段的结果，团队督导师更好地了解了团队、团队成员及利益相关方的需要，并能向整个团队提供一份草案建议。他们会知道团队督导的三个方面（以当事人为中心、以团队动力为中心及以团队和更大的系统为中心）的聚焦需求的平衡在哪里。

从过程的询问阶段开始，接下来是团队分享和探索，然后我们与团队及其成员签订更为清晰的协议，协议用以说明他们、他们的组织及利益相关者需要从团队督导和团队发展的互动中获得什么，具体而言就是，成功是什么样子的。有时，我们会要求团队一起完成以下四个陈述句。

- 如果……那么作为一个团队，这次的团队督导和发展对我们而言是成功的。
- 如果……那么这次的团队督导和发展对我们的当事人而言是成功的。
- 如果……那么这次的团队督导和团队对我们的组织而言是成功的。
- 如果……那么这次的团队督导和团队对我们的利益相关者而言是成功的。

然后，我们可以问："为了实现成功，他们对彼此的需要是什么，他们需要从我们这些团队督导师这里得到什么。"

明确的协议不仅对团队督导的成功至关重要，也示范了团队成员之间签订协议的方式，不仅包括通常如何见面，也包括每个人如何根据督导的需要积极主动地与团队进行协商。

通过询问、诊断和签订协议，团队督导和团队发展将聚焦在三个方面（当事人、团队动力及组织 / 利益相关者）。

督导团队领导者：团队领导者督导六步法

需要认识到，大部分的团队督导和团队发展工作不是由外部的督导师或团队教练完成的，而是由团队领导者自己完成的。这里存在很多挑战，因为他们正试图应对一个复杂的团队系统：自己是其中的一部分，同时也是团队动力的关键贡献者。许多督导师迟早会发现，他们正在对团队领导者进行督导，而督导内容不仅包括与当事人的工作，还包括如何督导和发展团队。本章迄今论及的诸多内容将有助于督导师承担这一复杂的督导任务。此外，根据多年督导团队领导者的经验，我们还有以下内容想要分享。

对团队领导者而言，督导更为重要，因为个人几乎不可能了解团队动力的多个层面或团队的更广阔的系统背景。为了建立和维护整个团队的工作同盟，团队领导者需要时刻保持觉察。彼得发现，领导者可以非常恰当地领导和发展团队，但是，存在于更广阔系统中的、未被察觉的团体动力和政治会破坏这种努力。

对团队领导者的督导师进行训练是很重要的：不仅需要在个人工作和督导方面进行训练，也需要在团队发展和团队领导者的督导方面进行训练。另一方面，如果在个体督导中团队背景情境很重要，那么这些训练也可以用于个体督导。

在督导过程中有清晰的协议很重要（Hawkins and Smith，2013）。督导师和受督导者需要明确：关于团队领导者的督导究竟是包括在他们的督导关系中，还是在另外的背景下进行。我们建议，督导师不要不知不觉地就开始对团体领导者进行督导；只有在他们自己有团队发展经验并接受过一定团队督导训练的情况下，才能开展这样的督导。

督导团队领导者的另一个风险是：被可能呈现于眼前的潜在信息所淹没。就其本质而言，团队领导者不仅携带包括团队、团队历史、任务、进展和动力的数据，还包括团队中的个人及其人际动力的数据，以及团队运作所处的组织和更广泛的系统环境的数据。通常，团队领导者会被他们试图掌握、处理和理解的所有信息所淹没；然后，他们会试图将大量的数据以混乱的方式呈现在督导师面前（像这些数据呈现在团队领导者面前一样）。重要的是，督导师不能被平行出现的数据所淹没，至少当事情发生的时候要对此过程进行评论。这样的后果之一是，需要花费大量的督导时间来听故事，而很少有时间在更深层水平上探索究竟发生了什么，有什么需要改变——不仅是团队，也包括团队领导者与团队的关系，以及团队领导者自身。

重要的是要记住，在督导时，你能影响系统的唯一部分是团队领导者，在那里督导有最大的影响。为了应对这个议题，霍金斯（2017a）开发了一种特定的督导方法，用于督导团队教练和团队顾问。我们将其加以修改，用来督导团队领导者。

步骤 1：签订协议

首先需要询问团队领导者，他们想且需要从团队督导中得到什么。具体的有效做法是，一开始就把结果记在心里，同时问他们这个问题："这次督导如果对你、你的团队、你的组织和你所服务的当事人来说都是成功的，那么你需要在本次督导结束时完成什么？"

然后你可以问团队领导者："你最想从我这位督导师（如果在团体中进行督导，还包括团体成员）这里得到什么来达成目标？"

无论这两个问题的回应是什么，都应当提醒他们，在后续过程中，需要在各个方面平衡自己的注意力；在过程结束时，需要回顾此步骤中订立的目标是否实现，以及它是如何被提出来和如何实现的。

步骤 2：设置场景和背景

要求团队领导者在一分钟内提供他们团队的背景信息。这个短时间的框架可以帮助团队领导者关注关键问题。

步骤 3：探索团队的功能和动力

邀请团队领导者在白板上用符号、图像和颜色表示每位团队成员，并画出他们之间的联系，这是一种图片雕塑的方式。可以通过以下问题来讨论这幅图片。

- **个人**：在这个团队中，对个人而言正在发生什么？
- **人际**：个体之间的空间正在发生什么？
- **团队动力**：可以问这个问题："如果这个团队是一首音乐／一顿饭／一个地理位置……那它会是什么？"

步骤 4：探索更广泛的团队情境

在探索了团队动力之后，需要让团队领导者探索更广泛的团队情境，包括以下几点。

- **团队目标和意图**：团队想要／需要／渴望实现但现在无法达成的目标是什么？
- **利益相关者的参与**：团队需要与哪些关键利益相关者建立联系？在每段关系中需要改变什么？
- **更广泛的系统情境**：团队需要／想要／渴望在其更广泛的系统情境中创造什么样的转变？团队需要转变什么以适应他们想要的变化？

步骤 5：明确三方协议和意愿

邀请团队领导者进入不同的角色。

- 作为集体团队的角色，陈述团队想要并希望从团队领导者那里得到什么。
- 然后做回团队领导者的角色，表达与团队合作的意愿。
- 然后把团队领导者的角色放在一边，进入团队所在的更大组织或系统的角色，邀请他们表达更广泛的组织想要且需要从团队领导者和团队的关系中得到什么。

步骤 6：在团队和团队领导者中发展出所需的转变

基于之前步骤中的发现，鼓励团队领导者回答以下问题。

- 在团队中，为了满足各方的期望，需要哪些转变？
- 在团队领导者与团队关系方面，需要哪些转变？
- 团队领导需要哪些转变？
- 团队领导者的具体承诺是什么？

在这个过程中，促使团队领导者将学到的内容付诸行动非常重要（Hawkins and Smith，2018）。这要求领导者做到以下几点：在下次与团队见面之前排练他们需要使用的最重要的"台词"，或者找到可以改变自身内在动力的正确情感状态，并将自己调整至这种状态。

重要的是，在督导结束时，需要再次回到协议，与受督导者一起检视在督导中最有帮助的方面是什么，还有哪些是对工作和学习应该更有帮助的，从而可以在督导空间中有持续的发展。

结论

无论你是在团队中工作、在团队环境中开展督导、执行团队发展工作，还是督导与团队工作的人，定期关注运行过程中的动力都很重要。即使你督导的是在与团队工作的个体，充分理解团队动力也很重要，这样，你就不会把所有的问题都简化为是出现在个人或人际参照系中的议题。

一个良好的团队督导，其关注点需要在团队的当事人、团队过程及内部和外部关系之间达到平衡。然而，正如我们所见，如果团队领导者也是这个团队的督导师且是团队动力的一部分，那么他们就需要借助自己个人的督导或与外部团体教练合作，退后一步，专注于团队功能的更广和更深的部分。

一些自我督导的结构化模块可以成为团队督导会议的常规组成部分。例如，在每次会议结束时，花 10 分钟让每位团队成员描述："在这次会议中，我认为最有价值的是……""我认为，在下次会议中，我们能做得更高效的事情是……"也可以定期进行其他的模块，例如，每三个月对团队的运作情况进行一次评估。所有日常紧密工作的团队都需要定期从有压力的一线工作中抽出时间，后退一些，看看他们自己是如何单独和集体运作的，以及他们是如何与自己所在的、更广泛的系统相联系的。可能采取的形式有团队工作坊，团队发展过程，与团队督导师、教练或顾问合作，也可以作为更大的组织变革和发展计划的一部分。

无论团队决定以何种方式管理自己的动力，重要的是需要记住，在进展顺利的时候，就应当开始关注团队的过程，不要到危机来临时才关注。当冲突、伤害和恐惧的程度提高时，就很难看清发生了什么，也很难承受改变带来的风险。然而，对一些团队来说，只有当他们遇到危机时才会有足够的动力面对正在发生的事情。有时，危机能创造出新的学习机会。

　　在本章和前面几章，我们已经谈及组织的情境。在第四部分，我们将聚焦于组织中的工作，以及在此背景下督导的关键作用。

第四部分

组织内的督导

面向组织的学习型文化

导论

在第六章介绍的七眼督导模型中，模式 7 关注的是督导发生的情景。核心情景之一便是组织文化，咨询工作和督导均在此运行。在第三章中，我们曾提及组织文化不仅可以影响和架构督导，还可能妨碍有效督导的开展。在第七章中，我们探索了更广泛的社会文化对当事人及受督导者的影响。

在本章中，我们将阐释普遍存在于助人组织中的不同类型的文化及这些文化是如何影响督导工作的。在第十三章中，我们探讨如何推动组织变革，以便创造一种更有利于员工的学习和督导的文化。

什么是文化

通过对人类学和组织文化的大量研究，我们将文化定义为影响不同群体的行为和存在方式的外显和内隐的动机、信念、假设和价值观。

近年来，源自人类学的对文化的解读被更多地用来理解组织的深层背景。霍金斯和史密斯（2013：109-110）引用了研究组织文化的不同作者所下的定义。

……在这里事情是如何完成的？（Ouchi and Johnson，1978）

……组织成员共享的价值观和期待。（Van Maanen and Schein，1979）

……让组织保持凝聚力的社会黏合剂。（Baker，1980，in McLean and Marshall，1988）

……某一特定群体典型的思维、言语和互动方式。（Bråten，1983）

……人们赋予其所处社会环境的理所应当且共享的意义。（Wilkins，1983）

……传统、价值观、政策、信仰和态度的集合，构成了我们在组织中所做所想的普遍性背景。（McLean and Marshal，1988）

……反映在你进入组织工作三个月后不再关注的事情。（Hawkins，1997）

文化不仅体现在组织高标志性的特征中，如组织的标识、有影响力的事件和培训项目等，还存在于低标志性的特征中，如重复的故事等。

韦克（Weick）认为，组织的基础是通过日常对话不断演化出的集体意义："组织是分享主观意义感的网状系统，而主观意义感是通过发展和使用共同语言及日常社交互动来维持的"（1995：38-39）。

从本质上而言，组织中的所有事情都有象征意义，意义的模式反映在多种表达形式中——语言、交流模式和物理设置。例如，每次会议是如何召集和进行的，谁挨着谁坐，谁会打断发言，不同主题的时间分配，弥漫着什么样的推理方式，等等。

因此，督导的组织文化不仅体现在像政策这种高标志性的特征中，也能够在低标志性的特征中被准确地看到：督导的地点、谁来进行督导、督导的频率、督导对员工而言被赋予的重要性是什么，以及当出现时间压力导致有些东西需要被取消时，他们对于督导优先级的认定。

信奉的文化和实施的文化之间可能存在分歧，这类似于阿吉里斯和肖恩（1978）对"解释的理论"和"行动的理论"所做的区分。一些社会服务部门就督导的关键作用和员工持续发展制定了宏大的政策，然而一旦出现员工短缺，督导首当其冲被取消。

其他作者（Heald and Deluz，1994）认为，组织文化代表了组织的无意识，因为它根植于体验事情发生的方式中。因此，他们认为文化与所做的事情无关，而更多地与如何看待、倾听和体验事情有关。在每一次督导会谈中，组织文化不可避免地影响、渲染且被展现出来，督导师理解组织文化并对其加以反思非常重要。

文化的水平层次

霍金斯（1995，1997）、霍金斯和史密斯（2013），以及格尔茨（1973）和沙因（2010）发展出组织文化的五水平层次模型，每个水平都受下一水平的影响。

- **人造物**：仪式、符号、艺术、建筑、使命宣言和政策等；
- **行为**：关系和行为模式，文化规范；
- **思维模式**：看待世界和建构经验的方式；
- **情感基础**：塑造意义的情感模式；
- **动机根源**：驱动选择的基本期望。

沙因（2012）利用睡莲的形象来阐释这个五水平层次模型（见图 12-1）。睡莲的花象征着人造物层次，它是文化最能够被注意到的部分，如建筑、标识、使命宣言和年报等。刚刚露出水面上方的睡莲的叶子代表文化的典型行为。如果人造物表现了组织的凸显价值，那么行为则是价值观的行动体现。很多组织陷入了言行（他们所说和所做）不一的困境中。

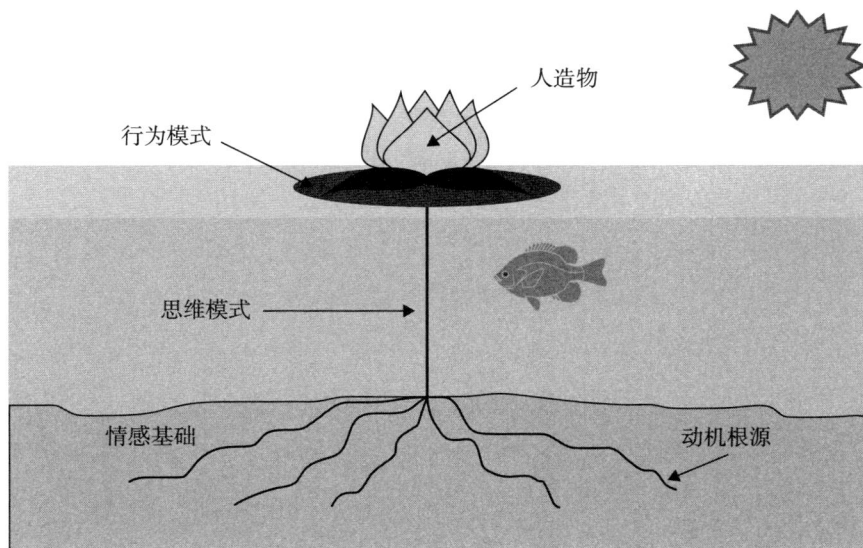

图 12-1　组织文化的五个水平层次

处于表面之下的思维模式代表了文化的信念体系。它们进而发展出了情感基础或组织氛围。动机根源则是个人目的和动机与组织目的和动机的结合。

导致督导功能退化的组织文化动力

在担任多个健康服务机构、社工部门、假释团队、学校、大学、咨询和心理治疗组织及志愿者组织的组织顾问期间，彼得逐渐认识到存在于所有助人行业中的某种特定和典型的问题文化模式，他将这些文化动力称为以下几种：

- 寻找个人的病态部分；
- 过度警惕和官僚文化；
- "小心你的背后"；
- 危机驱动；
- 成瘾型组织。

我们并不想创造另一种组织文化的类型或分类，因为已经存在很多分类方式了（e.g. Handy，1976；Harrison，1995）。相反，我们将这些模式视为主流组织文化中可识别的系统动力。的确，一个组织在同一时间内可能包含不同的模式。每一种文化模式都将会围绕督导过程创造不同的动机、情绪感觉、态度、行为和政策。若放任不管，每次督导都将无法达到真正的目的，甚至会致错误。

寻找个人的病态部分

这种文化类型基于视所有问题均为个人问题，而非关注组织动力或系统功能（Foulkes，1948；Obholzer and Roberts，2019；Thornton，2019）。如果一个部门的运转出现问题，那么持有这种文化观的管理者首当其冲便是寻找有问题的人，通过处理、"治愈"或开除有问题的人，从而使问题得到解决。这样的管理者往往是部门负责人。

这种方式能够应用在各种层级的组织中，并很快功能退化，沦为替罪羊文化。一个儿童收容所可能会报告，只要他们能找到办法把汤米转移到其他地方，他们所有的麻烦就能解决。然后，当汤米被转移走之后，萨利又成了问题儿童，直到她也被转走，以此类推。

我们还与一些团队合作过，这些团队把所有的问题都集中在一位成员身上：他们都叹气说，只要杰克能提早退休就好了。这样的态度促使团队作为整体在解决团队问题时无能为力，因为每位团队成员并没有承担相应部分的责任。

在一个大型的志愿组织中，个人居住机构（individual residential establishments）被选为该组织的"问题儿童"。言下之意就是如果这个"家"能被清理出来，那么整个组织就不再会有问题了。

在这种文化类型中，督导就可能变成以问题为中心，旨在解决病态问题。在我们的一个督导培训班中，一位养老院的院长回到养老院，将督导作为其中期项目。他在一次员工会议中宣布将从詹姆斯开始督导。詹姆斯立刻抗议："为什么是我？我做错了什么？"

在这样的文化中，我们也发现员工有时会说："我这周不需要督导，因为我没有任何问题。"团队负责人告诉我们，他们将督导定位在"出现问题"的基础上。这种文化造成的一个观念就是，如果谁接受督导，那一定是他遇到了什么问题，或者更有害的想法是，他一定有什么问题。而"学生最应该得到定期的督导，新员工次之，资深员工不需要督导"的政策更强化了这样的观念。这种低标志性特征传达出的信息非常清晰，即如果谁想在这样的文化中出人头地，他就得证明自己无须接受督导，而且只有那些未经训练、经验不足、胜任力不够或缺乏自信的人才需要督导。

被这样的文化模式所裹挟的督导无法将督导视为一种预先应对的过程，督导的重点可以是一种"赞赏式询问"，其出发点是发现他人的长处和做得好的地方。换言之，督导可以是以健康为初衷而非基于问题的。库珀里德和斯里瓦斯塔瓦（Cooperrider and Srivastva，1987）曾写过文章，讨论关于赞赏式询问，以及组织如何朝着他们询问和关注的方向改变。

过度警惕和官僚文化

伊泽贝尔·孟席斯（1970）在其关于医院护理文化的经典著作《社会系统作为对抗焦虑的功能》（*The Functioning of Social Systems as a Defence against Anxiety*）中对这种形式的组织进行了广泛的论述。这种形式的组织是高任务导向、低人际联结的。政策和规则涵盖了所有可能发生的情况，所有会议都有紧凑的议程。自孟席斯这本书出版以来，许多人所称的"风险社会"有所增加，由于害怕被投诉、媒体曝光和法律案件，组织变得过于警惕。戴维斯和贝多（2010：80）描述了一个"为了应对风险并全神贯注于安全……我们必须保持安全"的社会。在这种类型的文化中，督导最关心的是检查所有任务是否正确完成，以及目标是否达成。我们与团队领导一起工作，他们对员工的督导就好像拿着一份机械师的检查清单。当他们把检查清单上的每一项都勾选后，就认为督导结束了。当他们走出办公室门时，可能说："顺便问一下，你怎么样？"然后连答案都没有听到就走开了。督导的管理功能或质量功能占主导地位。

对受督导者而言，督导只是报告"他们工作完成了什么和没有完成什么"的方式。再次说明，这种文化以问题为中心，在匆忙寻求标准答案的时间里几乎没有理解的空间。皮奇和霍纳（Peach and Horner，2007：229）警告说："督导的唯一目标是通过对从业者及其工作结果的微观管理和监督来消除风险。"

"小心你的背后"

这种形式的文化在高度政治化或高度竞争的地方非常普遍。一些部门因为内部小团体的权利斗争而四分五裂。有时可能是基于政治或种族原因，但更常见的是派系划分和站边的问题。在这种氛围下，大量精力都耗费在保证对方没有全部的可用信息上，担心他们可能会利用他们所知道的信息来对付你。同时，你要确保尽你所能来暴露他们。在查尔斯·汉迪（Charles Handy）的《了解组织》（*Understanding Organizations*）一书的序言中，他指出：

> 在所有组织中，都有个人和团体在争夺影响力或资源，存在意见和价值观的差异，存在优先事项和目标的冲突。组织中都有压力团体和游说团体，派系和阴谋集团、竞争和竞赛，以及个性冲突和联盟纽带（1976：vii）。

在助人行业中，尽管权利和竞争通常是被否认的，然而它们却变得更加强大，如暗影一般不被觉察。

这种形式的文化可以发展成等级森严的组织，组织的氛围保证安分守己的人能得到提升。这导致员工掩盖自己的困难、不足或问题，因为分享这些会对他们有所损害。在一位受训受督导者的经验中，我们看到了对自我保护的描述：

> 因为害怕被评判，你在督导之前要想好呈现什么问题。为了避免被伤害，你要选择问题最小的事件（Singh-Pillay and Cartwright，2019：86）。

在这样的文化里，督导过程中发生什么事情取决于你的督导师是谁。如果督导师和你处于同一个利益小团体中，那么督导会变成心照不宣地吐槽另一个小团体的过程。如果督导师是另一位团体的成员或你不信任的管理者，那么督导会变成掩盖问题、吹嘘自己功绩的过程，以确保你看起来处于有利位置。

危机驱动

助人组织通常在管理资源方面捉襟见肘，同时需要满足当事人的高水平需要，因此这导致了工作方式是反应式的，而非预先应对式的。这种反应式的工作方式也影响组织中督导的工作方式。在一门督导培训课程中，某个团体的成员建议督导师应该扮演像超人一样的角色。

在我们拜访过的一些医院和部门中，员工一直被打断，因为他们总在应对突如其来的危机。在这种类型的组织中，员工无法恰当地应对工作，也没有时间事先计划，只能聚焦于紧张的时刻。在下面的这个故事中，当事人选择了这样的文化并意识到，如果你想得到关注，就得制造危机。

> 　　当彼得第一次在成年人心理问题治疗社区工作时，割腕似乎具有传染性。甚至没有割腕前科的人也会这样做。工作人员总是握住那些被草率包扎的手臂，冲进当地急救部门。最终我们成功地阻止了危机的泛滥，并召开了员工会议来反思这个事情。彼得意识到，那些割腕的人比其他住院病人得到了更多的关注。我们这些组织成员正助长了这样特定的危机文化。工作人员向社区明确表示，今后工作人员不会探望服药过量或割腕的患者，而是更关注那些避免这些行为的当事人。很快，危机数量急剧下降。

在其他组织中，员工告诉我们唯一能得到主管时间的方法是他们的部门里有危机。这样，平时对谁都没有时间的主管才能紧急召唤相关的员工去见他。在另一个志愿组织里，助理主管可能会坐飞机飞过来，在就近的咖啡厅或酒吧，甚至是在车里开展督导，然后再坐飞机飞回总部。

在这样的文化中，督导很少占据优先级，且经常因为各种原因被取消。即使开展督导，也会感觉进行得非常匆忙，只不过是为了在下一波危机之前或攻击压倒所有人之前解决问题。

成瘾型组织

彼得曾经广泛参与戒毒中心的工作，并接触了成瘾型组织的概念。多年前，他和罗宾·肖赫特为舍夫和法斯尔（Schaef and Fassel）所著的《成瘾型组织》（*The Addictive Organization*）一书写了书评。在这本书里，作者描述了组织里成瘾的四种主要形式。

1. 组织中的关键人物是成瘾者。主管或 CEO 是酒精依赖者，或者是全部生活都沉浸在工作中的工作狂。

2. 组织中的一些成员复制他们的成瘾或共同依赖模式。舍夫（1992）引用了一个令人震惊的统计数据：在一项对美国护士的研究中发现，83% 的护士是酗酒父母的最大的孩子。

3. 组织本身就体现了成瘾的本质，引诱成员对其高度依赖及疯狂工作。这其中隐含的信息是，如果你想在这里待下去，就得放弃午休时间或疯狂加班。

4. 组织像个瘾君子。组织系统以一种类似成瘾人格的平行方式运行。这个组织变得无法面对自己的真相和困难，开始为不诚实和虐待行为进行辩解和防御。

成瘾领域有一个早已确立的概念便是共同依赖，即伴侣、家庭或工作同事服务、包容并保护成瘾者及其成瘾行为（see Schaef and Fassel，1990）。在成瘾型组织的例子中，所有员工要么表现出成瘾行为，要么相互依赖、形成串通。

我们邀请正在阅读这本书的读者反思自己所工作或督导的组织，然后回答以下问题。

1. 这个组织大家庭的秘密是什么——大多数人知道但不能公开谈论的事情？这些事情为什么不能被谈论？

2. 谁的行为不能被谈论或被面对？

3. 曾经激励组织工作人员的理想和愿景是什么？

4. 以下这些导致家庭系统不能正常运转的规则（Subby，1984），有多少条也适用于组织？

- 不可以讨论问题。
- 情感不能公开表达。
- 沟通最好是间接的，一个人在另外两个人中间传话。
- 要强大、良好、正确且完美。
- 让我们骄傲。
- 不可以自私。
- 照我说的做，而不要按照我做的做。
- 不可以玩乐嬉闹。
- 不要捣乱。

如果一个组织有成瘾的文化，在尝试其他发展模式之前，重要的是打破否认和不诚实。舍夫和法斯尔（1990）尖锐批评了组织发展的许多方式，这些方式都助长了组织中的当事人沉浸在成瘾当中。他们的批评包含以下几点：

- 压力管理计划帮助个体管理者开发出使工作狂工作时间更长、强度更大的技术；
- 员工投入计划变成管理层控制的一种手段；
- 使命宣言成为短期内掩盖组织困难的"幌子"。

转变文化模式

转变文化模式的第一步是意识到文化的存在。这远非说起来那么简单，正所谓"当局者迷"。新人或参观者经常能对你们的文化提供见解。霍金斯和史密斯（2013）也提出了一些有用的练习，帮助你走出理所当然，并在前面所提到的五个文化水平层次上看到自己文化更深层的模式。

仅仅增加对文化的意识就能导致一定程度的改变。个体和组织可能会突然意识到他们不一定非得秉持某些信念或坚持制度化的工作方式。他们新的意识可以带来更棒的选择。

当一个组织发展出对文化的意识，它就可以探索向什么方向转变。启动这一过程的一种方法叫作"三种分类练习"（Hawkins，2017a：95），这个练习要求团队或员工团体创建以下三份清单。

1. **持续**：当组织向前发展时，什么需要保护、培养并坚守？
2. **停止**：什么是可以抛弃的、不恰当的，或者是过时没有用的？什么是减慢变革速度的包袱？
3. **开始**：什么需要融合、获取和更弦易辙？

这个练习是进行文化转换的第一步。持续的文化变革是一个漫长且艰巨的过程，远远超出本书所关注的范围，彼得在其他地方有过描述（Hawkins，2012；Hawkins and Smith，2013）。尽管如此，我们依然建议，所有助人行业都需要摆脱上述形式的功能障碍，转向更为深入的学习和发展文化。

创造一种学习和发展文化

督导在不断学习和发展的文化中最能发挥作用。它建立在这样一个信念体系之上：在所有助人行业中，大量工作都是为了营造一种环境和关系，让当事人了解自己及其环境，让他们比刚来求助时有更多的选择。此外，如果助人从业者得到支持，让自己不断地学习和发展，那么他们才能更好地促进他人学习。一个自上而下持续学习和发展的组织更可能满足当事人的需要，因为它也能满足员工的需要。彼得对其他地方的学习文化进行了广泛研究和著述（Hawkins，2012，2019c），在此，我们总结了这种文化的主要特征及其对督导的影响。

- 学习和发展被视为持续不断的终身过程。因此，在这种文化中，最有经验和最资深的员工也要确保他们有持续被督导或被指导的机会，而非将督导视为只是针对未经培训和缺乏经验者。资深管理者的行动比政策更有说服力，重要的是，他们必须以身作则，体现学习型文化的方式，就是为了资深团队的发展，而自己接受指导或督导。

- 学习型文化强调，所有工作环境中都有能够让个人和集体学习的地方。学习不仅仅发生在课堂上或培训项目中，而且是植入工作的方方面面。

- 对个人和组织而言，问题和危机都可以被视为重要的学习和发展机会。重大危机是成长点，在这个文化环境里，冒险是安全的，失败被视为可以从中学习的事件，而不是个体受惩罚的证据。所谓"困难的当事人""不可能的老板或同事"及"能力不足的员工"都可以重述为学习机会，要求我们找到新的相处方法。

- 好的实践既不是从总是处理"救火"问题和危机行动的文化中产生，也不是源于为了编写理论政策文件而脱离实际问题的理论文化。良好的实践来自员工、团队和部门，他们在学习循环的各个部分都能保持平衡，即从行动到反思，到新的思考，到规划，然后再回到行动（见第二章）。

- 这意味着督导不是要寻找快速的解决办法，或者在抽象的理论中迷失，而是要从反思具体的经验开始，并尝试通过经验来挑战自己看待和思考世界的方式，从而得到一种理解。督导决不能只停留在新的领悟上，而应该利用这种新的领悟产生新的选择，评估这些选择，并选择新的策略落地实施。这一新的行动需要在后续的督导中检视，这样学习循环就不会变成一个单回路过程（见第二章）。

- 学习本身成为一种重要的价值。督导师的态度是"在这种情况下，我如何帮助这些受督导者最大限度地提高他们的学习能力，以便他们也能帮助当事人学习"，而非"我如何才能确保受督导者不犯错误，并以我认为正确的方式行事"。

- 个人和团队会抽出时间反思他们的效能、学习及发展。在一种学习型文化中，有团队指导和团队发展会议，可能还有"团队中的团队"发展活动（见第十一章；Hawkins，2017a，2018）。

- 360度全方位员工考核超越管理者对员工绩效进行评分。考核涉及与员工合作的全过程。首先员工评估自己的发展、自己的优劣势，然后从同事、管理人员和向他们汇报的人那里得到关于自己评价的反馈并进行完善。此外，还有为资深团队的运作情况开展360度全方位反馈（见第十一章）。

- 一个好的评估体系不仅要聚焦于员工和团队的表现上，还要关注员工学到了什么，他们是怎么发展的，以及他们的学习和发展在未来如何继续和培养。

- 不仅有来自同辈的，还有来自组织内部各层级之间的高水平持续反馈。鼓励与工作团队或组织相关的人（如客户、服务用户/当事人、当地社区、其他助人组织、专业网络、政治家和其他利益相关者等）提供反馈。

- 时间和注意力将放在个人的转换阶段：如何欢迎新员工加入团队和组织；如何帮助他们经历从岗位上离开及在组织中地位发生变化。在团队会议和个人督导中都会为解决这些事情分配时间。
- 定期回顾和讨论员工在组织中的角色。角色的分配不仅基于效率，还基于每个角色在其任期内为员工提供的潜在学习机会。这也包括督导师的角色，这个角色不仅仅是阶层体制内自动分配给组织中的资深人员的。
- 在这样一种文化中，学习不仅仅停留在可能离开的个人身上，而且渗透在组织过程的方方面面。这就确保学习发生在团队和组织层面，在发展的文化中记录和存在。

让督导成为组织和专业人员的学习动力

当组织面临使督导功能丧失的文化模式并需要发展更健康的学习和发展的文化时，个体可能会更有效地学习和发展。但这还不够，因为存在这样一种危险情况，即所有个体虽然能够学习，但组织本身却止步不前。

在具体的专业发展和组织生存与发展方面，督导能提供非常关键的帮助。长期以来，我们把督导的概念简化为文化社会化的过程，在这个过程中，专业团体的前辈塑造学徒和见习生的实践、行为、理解、感知、情感和动机。

上述文化模式中讨论的所有方法都是从督导师到受督导者的学习流动。学习就是要遵守已经制定好的成文或不成文的职业规范和准则。虽然认识到质量控制和将新人引入专业团体的智慧都是督导的重要方面，但如果督导仅限于这两个方面（通常情况都是如此），我们就会创建一个自我强化的专业团体，停止学习和发展。最终，这个专业团体会变得僵化，越来越循规蹈矩。

大卫·博姆（David Bohm）是一位杰出的核物理教授，也是精神导师克里希那穆提的追随者。他讲到了在组织、专业领域和社会中创造自我更新文化的挑战。

> 关键问题是：是否可能有一种不断创新的文化？一旦你建立了一种文化，它的意义就变得重复，并开始妨碍你。尽管如此，我们还是需要一种文化。
>
> 没有人已经解决了如何持续更新愿景的问题。一旦它变得更静止，便更像是一种习惯。事情变成逐渐固定的安排。它就像一种特质，从一代人传给另一代人。接受的人对其理解的方式与传授的人并不一样，因为接受的人只是模仿这种特质，并不理解其意义来源。他们可能理解一部分，但无法像前人理解得那么透彻。每次传递，都会一点点地削弱。

正是这样重复的代际传递，习惯随着陈旧的思维方式、固有的社会关系和文化得到强化。尤其是现在，要使文明得以生存，这个问题必须得到解决。在过去，你可以说"一种文明可能会消亡，另一种文明可能会开始"。但随着现代技术的出现，我们可能会毁掉整个文明。这个问题变得更加紧迫（Bohm，1989：73）。

督导面临的一个关键挑战是超越第五章所提到的"质量、发展和资源"三大核心职能。如果我们要创造不断更新其文化的学习型职业，那么督导就需要成为帮助职业团体学习、发展和文化进化的核心。这不仅需要关注受督导者和督导师的学习，还需要提供一个对话空间，在这个空间里，督导师和受督导者可以相互促进，产生新的学习。督导需要以这样一种方式来实践，即允许学习出现在以下四个独特的经验领域的相互作用中：

- 当事人的情况和背景；
- 受督导者的经验和理解；
- 督导师的经验和理解；
- 更广泛的系统背景下发生了什么（见第六章）。

我们常常看到督导被简化为交换预先存在的思想和知识。受督导者向督导师报告他们对当事人已有的想法和了解，督导师分享他们对类似当事人或过程的已有知识，而不是督导师和受督导者一起产生的新的想法。

回顾在督导中富有成效的学习

检测督导会谈是否提供了生成性学习的最有用的方式就是在督导结束后，提出以下四个问题。

1. 我们学到了哪些我们在督导前都不知道的事情？
2. 我们学到了哪些单靠我们自己学不到的东西？
3. 在督导过程中，我们获得了哪些新的能力和才干？
4. 我们各自获得了哪些新的信念？

这四个问题的答案将展示对话学习的可能结果。对话学习是在我们共同思考和感受的空间中产生的，而不是已经存在的思想和"感觉"的交流所产生的结果。在1990年的一次研讨会上，大卫·博姆将思想和思考的区别定义如下：

> 思考意味着现在时——一些正在进行的活动，可能包括对可能出错的特殊敏感

性。也可能是新的想法，可能偶尔会有某种内在的感觉。在英文中，"思想"是"思考"的过去分词。在我们思考一些事情后，这些想法会逐渐消失。但是思考并没有停止。它以某种方式进入大脑并留下某种东西，即思想的痕迹。思想是对记忆的反应——来自过去，来自已经做过的事情（Bohm，1994：8）。

对一个学习型职业来说，仅仅将督导从思想交流转向对话式和生成性思考是不够的。我们还必须考虑从督导的对话中获得的知识是如何流入组织及更广泛行业的学习和文化演变中的。学习如何为组织和职业命脉提供必要的生命力？

我们相信在助人行业中，任何组织或专业都需要创造学习路径，用于在督导环节中学习，并将这种学习纳入新的集体实践和标准中。这样的学习路径包含以下内容。

- 对督导案例进行回顾，形成学习行动的设置。
- 举行督导研讨会，以便进行学习交流。
- 举行关于新型实践工作的会议。
- 运用督导中的个案并对相关信息进行恰当处理，形成新论文、文章和专业实践工作指南。
- 督导师与研究者合作，促进督导实践及其与当事人的工作。
- 欣赏式的询问方法，聚焦于起作用的因素，并在此基础上发展，而不是聚焦于不起作用的因素和问题解决（Cooperrider et al.，2000）。
- "获取式学习"的方法，即在组织中工作的所有督导、教练和团队教练聚集在一起，以保密的方式反思组织中所有督导和教练课程中体现的集体文化模式。这样，社区和组织的高级管理人员之间或在专业会议上可以进行有益的、促进性的对话（Hawkins，2012）。

结论

在本章中，我们试图展示督导不仅仅是一个独立的事件，而且是一种持续的过程，应该渗透到任何有效的助人组织的文化中。几乎所有的组织文化都会混合了我们所描述和夸大的几种组织功能失调。科普兰（Copeland，2005：118）将组织文化描述为"复杂、矛盾的现象"，并建议督导可以为员工应对组织文化中的困境提供一种重要的对抗文化的活动。

我们还没有遇到一个理想的完全符合学习型和发展文化的组织。一些组织确实在创造这样环境的道路上走了很长的路。苏格兰的丁格尔顿医院就是一个例子，可惜它不再以同样的方式运作了。在琼斯（1982）所写的文章中可以找到该医院是如何运作并逐渐形成一种学习型文化的。霍金斯（2012）还提供了一系列组织形成教练文化的例子，这些例子来自不同的国家和不同类型的组织，包括一些助人行业的组织。

第十三章将探索如何在你所在的组织或其他组织中发展督导。制定督导政策和实践应包括关注组织文化，帮助其从本章所描述的一些模式转变为学习和发展的文化。在这样的文化中，学习和发展是工作场所各个方面所固有的部分。最终，我们相信，所有助人行业的当事人能够获得最佳学习、发展和治疗效果的地方，是那些员工和整个组织都在不断学习的地方。

导论

在第十二章中，我们探索了助人行业中不同的组织文化类型，并倡导组织文化需要向学习和发展的文化转变。我们认为，督导是这种文化的核心。在许多培训和会议中，来自不同行业的专业人员都会问我们："我该如何在组织中开展督导实践？"这从来不是一个容易回答的问题，主要有以下几个原因：

- 每个组织都不尽相同，而且有不同的需要；
- 这取决于你从哪里开始；
- 组织变革是一个复杂的过程，照搬他人的简单做法或解决方案是很危险的。

但是，通过与各种各样的组织合作，发展组织的督导政策和实践，听取各方意见，阅读更多材料，彼得已经能够觉察出达成这种发展的模式或地图。希望这张地图能帮助避免简单的做法，指出一些沿途的陷阱，以及对其他人有用的东西。重要的是，地图不意味着疆土领地。在组织发展过程中，引入或发展督导政策和实践有七个步骤：

1. 对当前的督导实践创设欣赏式问询；
2. 唤醒发展督导政策与实践的兴趣；
3. 启动一些实验；
4. 探索并解决变革的阻力；

5. 发展督导政策；

6. 建立让督导师和受督导者能够持续学习和发展的流程；

7. 设置持续检核与回顾的流程。

这些步骤不是线性的过程，而是一个持续的发展循环。

第一步：对当前的督导实践创设欣赏式问询

许多变革的努力产生了不必要的阻力，例如，从一开始就认为自身已有的做法是不够的，变化必须从外部引入。这种方式没有尊重那些已经在组织中提供督导并为之努力的人。

当彼得在 40 年前第一次进入这个领域工作时，督导对所有组织而言都是一个闻所未闻的概念。现在，在大多数组织和国家中已经不存在这种情况了。变革需要从欣赏开始，欣赏那些已有的做法及个人和团队已经达成的成就。这些先驱者可以成为进一步发展组织督导实践的合作伙伴。关于更多的变革中的欣赏式询问方法，请参考库珀里德等人（Cooperrider et al., 2000）和霍金斯（2017a：320-322）的研究。

第二步：唤醒发展督导政策与实践的兴趣

我们在本书前面的部分提到一句格言，即你无法解决一个不存在的问题，对组织变革而言，尝试改变一个不需要改变的组织、部门或团队是徒劳无功的。利德比特（Leadbeater，2008）写过一篇关于"顺势"的文章，指出了可持续性的变革应该从现有的状态着手改变，培养改变和从组织内部发展的动机。如果员工认为没有问题或挑战，那么他们也不会寻找解决办法。外部人员，无论更高级的管理人员、督导，还是外部顾问，都可以帮助组织或部门发现其自身的优势和问题、未利用的能力和资源、对其产生影响的环境变化及自身对现状的不满。他们所不能做到的是创造对变革的承诺，这个承诺只能从组织内部产生。

鼓励致力于发展督导的两个最有效的方法是，证明没有督导的代价和良好督导的益处。我们仍然缺乏强有力的研究证据来证明督导对当事人结果的影响，但有不断增加的一些研究是关于督导对员工留任和恢复复原力的积极影响。研究表明，参加督导与低水平的工作倦怠、病假及员工流动有关。我们也有证据表明，督导有助于提高专业胜任力

（见第十五章）。

对于变革过程，我们需要得到对组织变革拥有权力或权威的人的承诺。改变组织的一部分会影响到另一部分，这两部分或其他部分都可能产生阻抗，从而使变革的努力遭到破坏。因此在变革开始前，找到所有相关的利益群体（即那些会受变革影响的群体），以及找到如何使他们参与到变革中的方法至关重要。

从事全球组织变革工作的鲍勃·加勒特（Bob Garratt，1987）建议问三个问题，以确保来自更广泛的网络的对变革工作的政治支持最大化。

- **谁了解？** 谁掌握了关于问题的信息？这里不是指意见、观点、半真半假的流言、官方政策，而是可以确定问题范围的确凿事实。
- **谁关心？** 谁对创造变革有情绪上的投入？再次强调，这不是指谁在谈论问题，而是指谁参与变革并对结果做出承诺。
- **谁可以？** 谁有权力可以重新分配资源使变革发生？当面对事实、承诺和精力时，谁有权力说"是"？

当与组织合作开展督导实践时，我们经常被问到是采取"自上而下"的变革更好，还是采取"自下而上"的变革更好。我们的回答是两者兼顾，而且还需要中间层的改变。最快的改变发生在以下几种情境中：

- 高层创造变革的环境和框架，其他人可以跟随并促使改变发生；
- 那些处于基层的员工从抱怨缺乏督导转向更专业、更主动地阐明督导的必要性；
- 中层管理人员负责协调整个组织的变革过程，并承担相应责任。

第三步：启动一些实验

在大多数组织中，不仅有良好的实践（见第一步），而且也有一小部分人希望并致力于推动事情的发展。变革不是从组织的中心或上层开始的，更有效的方式是从中间的那些有创造性力量的群体开始改变。找到一个单位或部门，他们愿意走在变革的前端并尝试新的实践。这些单位或部门的资深员工接受外部培训项目，从而可以产生超越自身部门边界的兴趣。

这种操作方式存在一种风险，即这个变革部门由于变得精英化或特殊化而招致他人的嫉妒和抵扣。规避这种风险的方法是有两到三个部门同时进行，每个部门投入自己的督导实验中，或者保证这个部门的实验和询问过程持续包含其他部门的参与。

以下是一个成功的案例，艾斯琳的同事安妮·麦克劳夫林（Áine McLaughlin）将团体督导引入其工作场所中。

与无家可归的家庭开展工作的社工已经有了自己的个体督导。作为一位项目负责人，安妮认为，团体督导能够为员工提供额外的学习、支持和联系，因为他们的工作涉及当事人的复杂需求，且长期面临资源有限的状况。尽管如此，安妮意识到，在提供服务的过程中设置团体督导会制造焦虑及对保密性、暴露和判断的恐惧。在咨询过高级管理层并得到其支持后，安妮开始计划在其员工团队中开展团体督导的试点。安妮花时间向员工解释并让他们参与这个督导试点项目，在团队会议和个人会议上促进大家讨论所关注的问题，并分享关于如何运转团体的决定。有一半以上的员工（25 人中有 14 人）自愿成为试点团体的一员，对这个试点项目表示大力支持。

安妮对这次试点团体的经验发表了一篇反思的文章（用七眼督导模型和循环模型描述它的价值）。正如在紧张的工作环境中所预料的那样，团体也面临着挑战（例如，影响团体工作能力的"消极"二元关系；迟到 / 缺勤），但是团体成员对团体的重视程度较高，他们表示感到更多的支持、更有动力、与同事和当事人有更多的联结。用安妮自己的话说："反思共同经历使员工产生了同理心，员工在团体督导过程中调动了自己协作支持的能力。事实证明，这不仅能有效地促进团队成员的自我觉察、复原力和知识的获得，另外非常重要的是，这有助于确保我们继续向与我们合作的每一位当事人提供尽可能好的服务"（McLaughlin et al.，2019：293）。在这一试点项目取得成功之后，管理层决定在整个服务中推行团体督导。

第四步：探索并解决变革的阻力

即使在一个组织中已经成功完成了以上步骤，变革仍会产生阻力。不同的是，在这样的组织中，我们有更好的机会排除阻力。许多因素助长了对变革的抵制和不愿意从事新行为：

- 对未知的恐惧；
- 缺乏信息；
- 错误的信息；

- 历史因素；

- 对核心技术和胜任力的威胁；

- 对地位的威胁；

- 对权力基础的威胁；

- 没有感知到益处；

- 组织内缺乏信任；

- 关系不好；

- 对失败的恐惧；

- 对显得愚蠢的恐惧；

- 拒绝试验；

- 墨守成规（Custom-Bound）；

- 不愿意放手；

- 较强的同辈群体规范。

凯根和拉希（2009）已经开发了许多有用的方法来理解和处理阻力，其中包括探索我们的核心信念、我们对当前工作方式的依恋和"回报"。他们指出，需要发展新的语言来改变我们的思维方式和社会安排。

库尔特·卢因（Kurt Lewin，1952）将物理学中的一条定律应用于人际关系领域："每一种力都产生相等的反作用力。"换言之，你越推动变革发生，就越会产生阻力。在个体工作者或组织中创造任何形式的改变，都会导致阻力，推动改变越用力，就会产生越大的阻力。卢因（1952）建议通过"力场分析"来停下来并关注造成僵局的因素。这包括在纸上画一条线，线的一边列出支持变革的所有力量，另一边列出抵制变革的所有力量。然后，为了改变现状，找到应对阻力的方法。如果阻力能够得到重视并被重新引导，那么改变将会发生且无须太多努力。

表 13-1 提供了一个新的团队领导试图将督导引入团队的力场分析的例子。在这里，团队领导对督导的热情，甚至是他试图说服团队成员相信督导对他们有多好，这些可能只会增加团队成员对团队领导试图让他们做什么或团队领导如何判断他们做法的偏执想法。明智的团队领导者会转而寻求理解、尊重和重新引导团队成员的阻力。也许他会给他们时间谈谈他们以前在督导方面的不好体验，或者让他们为这个特别的团队规划最好的、最具时效性的督导体系。

表 13-1 力场分析：将个人督导引入团队

驱力	阻力
员工想要更多支持 ──────────▶	◀────── 员工害怕被评估
团队领导的热情 ──────────▶	◀────── 员工对团队领导动机的偏执想法
团队领导有权力建立和发展督导实践 ──────▶	◀────── 员工觉得自己没有选择或不能控制督导的引入
员工想要时间进行反思和职业发展 ──────▶	◀────── 督导是额外的时间承诺，而且是一种压力
督导能帮助团队领导更好地理解员工的问题 ──────▶	◀────── 一些员工先前有糟糕的督导经历

在处理阻力的时候，我们也要意识到阻力是随着时间的推移而经常变化的。组织、团队和个人在变革的过程中通常要经历以下四个阶段（Kubler-Ross，1969；Fink et al.，1971；Bridges，2017）：

- 震惊；
- 防御性退缩和可能的否认；
- 承认；
- 适应和改变。

在**震惊**阶段，人际关系变得支离破碎，决策分析瘫痪且沟通混乱。这会导致**防御性退缩**：个体变得自我保护，团体退回他们自己的领地并变得封闭，决策更加独裁，沟通更加形式主义。在**承认**阶段，个体和团队开始承认有些事情需要改变，可能变得更支持，同时也更能面对。当达到**适应和改变**的这一阶段时，个体和团队之间的关系变得更加相互依赖，个体之间和跨团队边界的交流更多，更愿意探索和尝试其他操作方式，交流变得更加直接和开放。

因此，为人们的未来构建一个美好场景可能会适得其反。他们需要参与对变革的思考和计划，以便有机会做出反应，了解改变的需要，然后适应未来的需要。我们很容易认为因为我们已经解决了问题并提出了一个行之有效的解决方案，他人只需要接受正确的解决方案即可，无须自己多加思考。

第五步：发展督导政策

所有组织都需要一份明确的督导政策声明。在肯沙尔（Kemshall，1995）的基础上，我们建议这样的政策需要明确说明以下内容。

1. 督导的目的和功能。

2. 督导如何有助于机构的总体目标。

3. 督导内容和行为的最低标准。

4. 督导协议的最低要求，包括频率和日程设置。

5. 反歧视的实践的声明，促进多样性、包容性和跨文化胜任力的声明。

6. 督导如何被记录，以及督导记录的情况。

7. 明确督导与评估关系的清晰声明。

8. 督导师和受督导者的权利和责任。

9. 在过程中解决分歧和 / 或破裂的方法。

10. 保密界限和豁免。

11. 明确说明员工所需要的胜任力，如何处理"表现不佳"和认可"表现良好"。

12. 督导应该聚焦的领域。

13. 相对其他任务，督导的优先顺序是什么。

组织中的督导政策可以作为督导师和受督导者之间正式协议的基础。莫里森（1993）、克里纳（Creaner，2014）、伯纳德和古德伊尔（2019）及许多专业机构都提供了协议范本。

第六步：建立让督导师和受督导者能够持续学习和发展的流程

在第九章中，我们概述了我们认为督导培训所必需的总体课程。不过，我们也要提醒大家，不要把学习和行动分开，即认为学习是在工作之外的培训课程中进行的，而实践则是在工作中进行的（见第二章和第十二章）。虽然我们相信每个助人组织都应该促进和支持员工按照我们所讲的方式接受正式的督导培训，但我们也相信，最佳的督导学习方法是亲自参与督导。

因此，成为技术娴熟的督导师的第一步是接受好的督导。如果未经历这个基础步骤，那么督导师既缺少好的榜样，也对有益的督导如何影响一个人的职业生涯缺乏有力的内在体验。第二步是，随着时间的推移，接受不同督导师的督导，这样一个人就可以发展出一系列的角色榜样，并从中发展出自己的风格。

在还没有建立好与经验丰富的督导师开展督导的传统组织中，这种基础学习是困难的。因此，在进行更好的实践的早期阶段，可以利用一些策略：

- 为资深从业人员寻找外部督导；
- 从那些督导体系比较完善的机构招募新员工；
- 为那些第一次接受督导培训的人安排同辈督导；
- 为督导提供督导（见第九章）。

接受良好的督导还需要学习成为一个好的、积极主动的受督导者（见第三章）。认为督导培训只应针对督导师是错误的。为所有员工举办的关于督导的工作坊和会议，包括关于如何从自己的督导中获得最大利益的工作坊，可以为提高组织的督导实践水平提供动力。有一些课本专门关注受督导者的技能和发展（Carroll and Gilbert，2005；Creaner，2014；de Haan and Regouin，2018；Turner et al.，2018）。

在为组织中的员工规划督导培训时，最后一个错误观点是认为完成一个培训计划就可以了，为培训签个字就算完成了。督导学习是持续的，需要不断更新，所以请预约督导。督导培训课程的性质随着我们对督导实践知识的发展而变化。此外，资深的督导从业者需要较少的结构化输入，需要更多的空间来反思其督导实践中出现的问题，并探索新的挑战。这些可能包括督导来自不同文化（见第七章）、不同职业和不同取向，遇到新的伦理问题（见第八章），或者专业实践方面的变化。

建立一种机制非常重要，组织能够从督导中吸取经验与教训。在第十二章中，我们列出了一系列可以在组织中创建学习路径的过程，从督导实践经验的分享到在整个组织中收集关于督导和有效实践的集体知识和智慧。

第七步：设置持续检核与回顾的流程

正如个体督导师的发展是一个持续的过程一样，督导实践和督导政策在组织和行业中的发展也是一个持续的过程。组织每年应对其督导实践进行某种形式的检核。如果不能每年进行一次全面检核，那么可以每三年进行一次全面检核，另外两年进行一次中期检核，作为组织规划和检核流程的一部分。回顾和检核应包括以下内容。

- 督导地点、督导内容和督导频率。
- 员工对督导质量的满意度。
- 对督导实践影响的评估。
- 接受过培训的督导师人数，以及培训到什么程度。

- 组织内部最佳督导实践的说明。

- 与更广泛行业中的最佳督导实践进行比较。

- 在督导和组织中如何关注多样性、包容性和权力？

检核的好坏取决于它对实践产生的改变。全面的检核和回顾应使政策、培训、实践指南和实际做法发生变化。督导应尽可能通过以下机制纳入到组织的日常工作中：

- 入职培训计划；

- 招聘和晋升标准；

- 员工评估，包括提供和接受的督导；

- 工作描述；

- 员工胜任力框架；

- 一般的检核和对实践的回顾。

在一些国家（如英国、爱尔兰和澳大利亚等），针对一些学科（如心理治疗、咨询和教练等），专业机构要求其有资质的成员提交定期参加督导的证明，以便重新获得认证。例如，英国职业教练与督导协会的再认证不仅需要申请者提供接受督导频率的签字声明，还需要督导师为其做相关证明。此外，为了保持作为督导师的资格，一些专业机构要求成员定期从事与督导相关的持续职业发展活动。例如，爱尔兰咨询和心理治疗协会要求每年有 10 小时持续职业发展，以维持督导师的职业资格。督导资格在专业和法定上的要求在国际上和助人行业中不断得到发展（见第十四章），这意味着组织越来越需要为其员工制定强有力的督导实践和政策。

结论

最初的热情过后，在组织中建立的督导机制很容易动摇。我们曾经有过几次成功举办督导培训的经验，参加培训的人员都非常投入。但我们亲眼见证他们的热情变成了挫败感，只因为组织中的其他人没有以他们预期或希望的方式做出回应。

如果对整个组织过程进行精心设计和监控，那么督导就可能更具有可持续性。这种需求包括预计可能遇到的潜在的个人、文化和组织阻力，并找到方法来满足反对者的隐藏需求。

我们在此概述的制定督导实践和政策的七步循环方法，与任何组织的变革过程都相关，也可以为正在开展督导的员工（他们在引领变革）提供一些有用的想法。

第五部分

督导的发展

导论

20 世纪初，弗洛伊德在自己家中进行精神分析案例讨论的小组成为助人行业督导的最早记录（1914/1986）。一百多年后，督导被公认为是众多助人行业培训的核心部分，通常被称为"标志性教学法"（Bernard and Goodyear，2019：2）和"专业发展的基石"（ibid：162）。关注职业生涯全程的督导在国际上和在不同助人行业中也变得越来越普遍，这既是为了持续的职业发展，也是为了作为临床管理和保障公共服务质量的重要组成部分。越来越多的专业人员相互学习最佳的督导实践方法，本章也旨在鼓励这一趋势。

鉴于这些发展，我们在最新版本的书中包括了全新的一章，以提供对国际上一些助人行业督导的简单概述。我们很高兴在这一章中为读者带来其他的声音和经验。我们邀请了各个实践领域的督导专家和倡导者撰写了短文，主要涉及以下领域。

1. 在你的专业领域中，督导在国际上的成长、传播和发展。

2. 在你的专业领域中，有哪些专业标准、政策和 / 或指导方针来指导最佳督导实践。

3. 在你的专业领域中，督导及其发展面临的最大挑战。

4. 未来需要什么。

你将会看到，在一些行业和一些国家，督导实践深深植根于专业文化中，而在其他行业和国家中，督导才刚刚兴起。我们粗略地按照发展阶段——从完全建立到刚刚开始发展对有关贡献进行了排序。

社会工作

利兹·贝多（Liz Beddoe），新西兰奥克兰大学社会工作学教授
阿莉森·戴维斯（Allyson Davys），新西兰奥克兰大学高级讲师

自 19 世纪后期社会工作专业发展以来，督导一直是社会工作教育和实践的重要组成部分。从最初对没有接受过正规教育的新手社会工作者给予"学徒制"支持开始（Tsui，1997；Busse，2009），督导就已经嵌入到社会工作专业化的进程中。巴斯（2009：160）将督导描述为社会工作的"助产士"，因为其工作目标是致力于提高职业的认可度。随着社会工作正式规范化在世界范围内铺展开来，督导已将重点放在培养和维护职业认同、价值观和技能上（Beddoe，2015a）。在许多国家，督导已作为申请社会工作注册或许可证的必要部分，并且社会工作者整个职业生涯都需要接受督导。社会工作者的督导可能由雇用机构提供，许多社会工作督导的一个特点是，督导师兼有督导师和管理者双重角色。当然，督导师也可以是专门从事督导工作的私人从业者。

在发展历程中，社会工作督导借鉴了在特定时期流行的临床实践方法，如发展模型、心理动力学、任务中心、焦点解决和优势取向的方法（Beddoe and Davys，2016）。研究督导效果（Carpenter et al.，2013；O'Donoghue and Tsui，2015）、探索督导动力与当前实践（Hair，2014），以及研究督导对增强专业实力的贡献（Karvinen-Niinikoski et al.，2017）越来越成为社会工作督导研究的主题。

尽管在社会工作领域中开展督导已经被行业长期接受，但督导很容易被管理层利用。不同背景下的评论家都对社会工作督导表示担心，特别是新自由主义政策对督导服务产生了影响，督导已经从注重发展性和反思性的实践，转向更加注重规避公共服务中的行政问责风险（Noble and Irwin，2009；Beddoe，2010；Adamson，2011）。然而，值得注意的是，尽管福利紧缩政策导致许多国家削减了社会服务资金，但督导仍然是社会工作的核心实践。贝恩斯及其同事（Baines and colleagues，2014）研究了加拿大、澳大利亚、英国的苏格兰地区和新西兰非营利部门社会工作者的经验，他们发现，在特别强调管理主义环境和市场化的非政府部门中，督导是支持机构服务社区这一核心使命的重要部分。督导被证明在几个方面承担了重要的中介角色，包括支持社会工作者坚持原则，避免在限制及严格审查的压力下工作所产生的负面影响。

　　然而，尽管社会工作督导在社会工作实践中有着稳固的地位，但也有一些批评的观点："督导过于嵌入社会工作，以至于无论在哪里实践，它都成为语言景观的一部分，并且都假定其是有益的"（Beddoe，2015b：151）。在推进监督的过程中，督导面临的挑战是，能否保持其核心依然聚焦于反思实践（Beddoe，2010），目前的当务之急包括以下几点：开发更多非西方的督导实践模式；当出现管理者／督导师双重角色时，对于权力动力可能会限制督导有用性有更多的觉察；以及那些正在持续进行研究的议题。

心理治疗

罗莎琳·麦克尔瓦尼（Rosaleen McElvaney），爱尔兰都柏林城市大学博士

安妮·科尔根（Anne Colgan），爱尔兰心理治疗委员会

　　无论在培训期间还是在心理治疗师的整个职业生涯中，督导都被视为专业实践的基石，也被认为是一项伦理责任，并且需要专业机构的持续认证。督导实践的标准通常被纳入各个认证机构的伦理规范中。欧洲心理治疗协会（EAP，2013）特别指出，督导实践是心理治疗行业的核心竞争力，也是"确保高标准反思性学习"的重要机制（EAP，2018）。合格的心理治疗师应定期接受督导，督导的频率和性质取决于工作量和工作性质（EAP，2013）。恰当的督导涉及就明确的规范达成共识，包括频率、各自的角色、目标和保密限制，在适当的情况下，还包括成本和责任安排。同时还强调心理治疗师要对胜任力和督导的需求保持开放，重要的是要认识到，督导的目的是提高为当事人提供的心理治疗服务的质量。

　　提供督导传统上是基于学徒制模式，经验丰富的从业者被认为是基于其已有经验的"合格"的督导师。近年来，心理治疗督导培训项目有所发展，同时，达到督导培训和特定教育标准的专业注册督导师也发展起来。这些标准通常由国家或国际专业机构根据特定的模式制定（如认知行为治疗法、家庭治疗等）。爱尔兰整合心理治疗协会的注册督导师需要至少有 5 年从事心理治疗师的工作经验（包括 1 200 小时的心理治疗实践），并成功完成 100 小时的督导培训计划和 50 小时的督导实践。但是督导培训计划在一些国家以多种形式提供。例如，在芬兰，心理治疗高级专家认证与督导培训结合并纳入其课程中，而在爱尔兰和英国，督导培训项目在研究生中提供（Creaner，2014），国际上尚无对这类培训达成共识的标准化指导方针。

　　该行业在督导方面有着诸多挑战，众多挑战之一就是需要制定以下方面的指导方针：

- 督导师有责任监督受督导者的伦理实践，并对受督导者的当事人负有关照的义务；

- 管理双重关系（如管理者和督导师等）；
- 维持督导实践和个人治疗之间的界限；
- 适当利用互联网技术促进督导会谈，发展通过录音或录像收集的督导会谈数据的保护和分享机制；
- 对高质量培训项目的标准达成共识。

此外，还需要开展量化研究，采用严格和多样化的研究方法（包括重复和追踪研究），评估目前的督导模式、督导理论及最佳督导方法，从而为该领域的最佳实践提供信息。

心理学

C. 爱德华·沃特金斯（C. Edward Watkins），美国北德克萨斯大学心理学系博士

在心理学中，对督导最简单、最真实的说法可能就是：尽管督导一直以来在心理学中都被认为是重要的，但是现在才被认为确实重要。20 世纪 80 年代，督导像是缓慢燃烧的火焰，如今却在全球范围内爆发了一场"督导风暴"。澳大利亚、英国和美国似乎是心理学领域最强大的督导实践和学术中心。但在其他许多国家，也有大量证据表明督导正在发展。我们在国际上并不缺少心理学的"督导崛起"。

今天，心理学中最能定义督导的词语是基于胜任力的、基于证据的实践活动。在过去的 20 年中，全球范围内建立了实质性的、明确的基于胜任力的督导框架，该框架已经在全球范围内被用以指导督导实践。

这些框架如今已密不可分地交织在督导结构中，并会对未来所有的督导概念和行为产生相当大的影响。心理学中的督导也坚持以下观念（或信念）：（1）证据很重要；（2）询证督导反映了最佳实践；（3）如果有可能，在理想情况下，督导应该成为基于询证的现实。这些信念及其可操作性也越来越多地融入督导的结构中，并且一定会在未来心理学督导的愿景中发挥不可分割的作用。我们高举理想信念，努力实现真正的、基于胜任力的、基于询证的督导方式。

督导在心理学中最大的挑战或许可以归结为"建立一个极具坚实的督导研究基础"。尽管几十年来研究进展明显下降（例如，我们现在可以说，督导是有效的，至少对受督导者是有效的），但许多实证问题仍然迫切需要答案，包括以下几点：

- 效果（督导是否影响当事人的咨询效果）；

- 评价 / 评估（为研究性学习和受督导者评估制定可靠 / 有效的测量方法）；
- 多元文化问题（研究多元文化对督导的影响）；
- 干预措施（研究督导中的干预效果）；
- 机制（督导的作用机制是什么）。

基于已经确定的需要注意的领域和研究局限性，一些改进督导研究的措施和建议被提了出来，如使用多地点、多方法和多特征的研究方法（Watkins and Callahan，2019）。逐步有意义地满足这些需要，并成功地解决研究的局限性，仍然是未来心理学督导面临的一个严峻挑战。

但是，除了具有首要地位的证据、询证和发展坚实的研究基础，我看到了另一个心理学督导的重大挑战：我们如何快速地将我们的督导研究及其证据应用于督导从业者？我们如何有意义地将我们的实证证据转化为实践相关的结果？我们如何架起督导研究与实践的桥梁？在我看来，这些问题尚未得到明确的答案，值得我们认真关注，这也对今后的心理学督导工作提出了又一个严峻的挑战。

护理

格雷厄姆·斯隆（Graham Sloan）博士，苏格兰奥奇尔特里戈万帕克诊所心理治疗顾问

"临床督导"这个术语及其在护理实践中的应用可以追溯到近 100 年前（Burns，1958）。然而，只是在最近 30 年里，其发展才更加明显，并得到了研究的支持（Cutcliffe et al.，2018）。不幸的是，有人认为其仍然缺乏广泛的应用和认可（Driscoll et al.，2019）。在世界范围内的护理环境中，大多数护士无法得到充分或有效的临床督导。尽管有悠久的历史和令人钦佩的实践尝试，但护理临床督导仍然缺乏专业标准、能力框架或认证流程（Cutcliffe and Sloan，2018）。

有人认为，很少有国家制定了临床督导的正式规则、国家标准或资格要求（Jolstad et al.，2019）。在英国，护理和助产委员会（政府监督机构）为注册护士提供的重新登记程序将临床督导作为其持续专业发展的范例。尽管进展是积极的，但这种发展并没有使临床督导成为护士申请注册的一个基本标准，或者之后作为支持其重新登记的依据。

有些重大挑战阻碍了临床督导的有效参与及其在护理领域的持续发展，这些挑战在护理文献中被反复引用。一些人强调临床督导缺乏一致的定义，其描述和目的也存在很大差异（Pollock et al.，2017），另一些人指出临床督导缺乏胜任力框架（Cutcliffe and Sloan，2018）。有几位作者证实了管理监督是以临床督导的名义进行的（Yegdich，1999）。也许这些挑战使不同工作环境和国家的督导师和受督导者同样面临多样化的评判标准（Sloan and Fleming，2011）。最终不出意料，没有实证证据支持护理中的临床督导实践（Pollock et al.，2017）。

从本质上说，上述挑战的反面是护理需要什么，以促进提供有效临床督导的机会。这一点的基础是认识到情绪劳动对护士福祉的影响。正如耶格迪奇（Yegdich，1994）明确指出的那样，人类的苦恼影响着护士的思考能力和随后的反应能力。因此，在这个基础上，我们需要做到以下几点：

- 在护理专业中，对临床督导形成一致的定义；
- 一个护理领域中临床督导实践的胜任力框架；
- 为从事临床督导的人员（包括受督导者和督导师）提供培训计划；
- 认可临床督导在护理专业中的作用；
- 发展护理督导的认证流程；
- 每个国家的护理监管机构均将接受临床督导作为护理注册和重新登记的标准；
- 有对有效的、清楚确定且有目的的临床督导的参与及结果进行评估的研究。

医学

海伦娜·加利娜·尼尔森（Helena Galina Nielsen），丹麦哥本哈根大学全科医学研究所退休全科医生，巴林特小组组长和研究员

医学专业的临床督导在培训期间是必需的，有时现场督导是临床工作的一个组成部分。近几十年来，对认证医师的临床督导越来越引起关注。基于精神分析实践和理论的巴林特法（Balint method）可能是第一种医生督导小组的形式（Owen and Shohet，2012）。在一些国家，巴林特小组被引入医学教育。例如，在德国，参加巴林特团体作为"心身治疗学"课程（心身学的基础培训）的一部分，是几个医学专业的必修课。在英国，巴林特小组是精神病学中心理治疗培训的一部分，临床督导是本科生和研究生医学培训课程的一部分（Kilminster，2010）。督导实践在国际上各不相同。在丹麦，团体督导在综合实践中有着悠久的传统（Nielsen and Tulinius，2009；Nielsen，2011；Nielsen and Söderström，2012；Nielsen et al.，2013；Nielsen and Davidsen，2017），并且是全科医生职业培训最后一年的必修课。

在第一批巴林特团体中，督导的重点是医患关系。而现在，医生生活中的其他困难

也会被加以讨论。自巴林特小组创立以来，随着心理治疗督导的发展，又产生了其他几种督导方法，这些方法通常聚焦于提高全科医生处理心理健康问题的能力。在丹麦，自1992 年以来，从医学教育中发展了一种督导方法，其涉及同辈小组，主要是通过视频来回顾和改进医疗会商过程（Nielsen and Davidsen，2017）。有一些基于实证的有效督导指导既可以帮助受训医生和督导人员发展其实践，也可以用于对已经合格的医生进行督导（Kilminster et al.，2007；Kilminster，2010）。

区分医学教育中的教育督导和作为持续专业发展一部分的临床督导是很重要的。许多其他活动，如教练（Coaching）和指导（Mentoring）都是相关的（Sommers and Launer，2013；Launer，2019）。欧洲全科医学教师学会（EURACT）提出的在欧洲开展全科医学 / 家庭医学专业人士的培训建议便包括了临床督导。所有国家医学委员会都为医学专业制定了包括督导在内的课程大纲，各专业学院也明确了各自专业的督导要求。

医疗行业的督导发展也面临着一些挑战。例如，即使医学继续教育和持续专业发展中的许多学习是以小组为基础的，但对有经验的从业者而言，在督导小组中分享专业中的困难可能也是一种挑战。全科医生重视自治，因此信任和保密是开展有效督导的前提。此外，时间限制和繁重的工作量通常是不参与督导的原因。总体而言，医学专业人员面临着越来越大的压力，压力和倦怠可能在他们上医学院时就已经显现出来了。团体督导不仅能提高沟通技巧和共情能力，还可以防止压力和倦怠，因此我建议在医学院尽早引入团体督导。有效的临床督导培训应得到各医学专业院校和国家卫生系统的支持。在澳大利亚，督导师的专业发展可能是一个好的方向。

相邻行业的研究可能在增长，但在医疗行业，我们需要持续开展研究，用督导的清晰定义加强督导实践的实证基础。

健康相关专业

所有的健康相关专业，包括物理治疗、矫正与运动按摩、言语治疗、职业治疗、社会护理、艺术治疗、游戏治疗、戏剧治疗和音乐治疗等，提供的督导都有所增加。我们介绍其中两个行业的贡献，即社会护理和职业治疗，这两个行业在督导政策和实践方面都有一些新的发展。

社会护理

艾琳·奥尼尔（Eileen O'neil），爱尔兰独立培训师和顾问，专门从事健康和社会保健方面的专业督导和员工发展随着社会护理专业的发展，对专业督导的可用性和使用的期望也在不断提高。社会护理（在欧洲被称为社会教育学，在加拿大、南非和美国被称为儿童与青少年关怀）被认为是需要情绪投入且有压力的（Grant and Kinman，2012；Casey，2014）。在爱尔兰，获得社会护理资格需要三年或四年的学习，其中包括至少两年受督导的实践。在其他一些国家，包括澳大利亚、丹麦和德国等，将督导实践作为研究生培训和初始培训的一部分。

不同国家、行业和组织的法规、标准和政策都会影响在社会护理认证实践中对定期正式督导的期望和要求。例如，在澳大利亚，《南阿德莱德健康相关临床督导框架》（South Adelaide Allied Health Clinical Supervision Framework，2014）认可了定期、正式督导对健康相关人员的价值，并提供了相关指导。在爱尔兰，对合格社会护理工作者的督导正从经常与问题联系在一起，或者仅作为对危机回应的特殊经验，转变为一种宝贵的资源，从而有助于医疗从业者在"各个阶段、各个级别"开展反思性实践（Health Service Executive，2015：0.7）。爱尔兰健康与社会保健专业最近开发了一项由国家资助的、为期四天的督导培训项目，这是一项重要的工作，表明人们越来越认识到督导的重要性。

社会护理专业的督导仍然存在着挑战。有些组织的高层对有效督导的意义和价值缺乏理解，过分强调问责制和合规性（Laming，2009；Munro，2011）。我们需要认识到，使用督导促进反思性、支持性和学习的文化氛围，有利于提供安全、有效的服务。如果没有这样的认识，督导就有可能失去其反思性，成为结果中心的管理性监督（Carpenter et al.，2012）。贝恩斯及其同事（2014）发现，良好的督导可以缓解结果驱动的文化对社会护理从业者的负面影响。从单纯的个案管理转向提高受督导者及其实践（包括个案管理）的反思性和整体性是社会护理行业需要应对的挑战。

对从业者和管理人员日益增长和相互竞争的要求也可能对确保定期且有计划的督导成为规范构成挑战。社会护理经常是在满足紧急需要的情况下提供的，并且是在日常环境中，对处于极度脆弱情况下的人立即做出反应。这增加了社会护理的压力，因为社会护理不像其他助人行业一样可以定期预约（如心理学、物理治疗和社会工作）。

为了在社会护理专业中更充分地利用督导，需要注意以下几个方面。

- 认识到需要有受保护的时间和空间，以便开展聚焦性反思，特别是对管理人员而言，需要融入组织文化中。
- 多学科工作的增加对跨学科/跨专业督导的价值提出了有用的问题，但并没有削弱自己学科内督导的重要性和必要性。
- 对督导师开展体验式培训和有质量的督导应是督导的首要和先决条件。
- 需要进一步考虑认可团队和团体督导的价值，尽管一对一督导的益处不应该被忽视。集体督导（团体督导或团队督导）需要被视为个人督导的有益补充，而非替代。

尽管督导越来越受到重视，但社会护理督导的询证研究依旧有限，因此需要跨多个领域进行，且包括以下内容：

- 良好的督导如何影响对当事人的效果；
- 社会护理中组织文化对督导的影响，以及良好的督导对组织文化的影响；
- 通过督导管理危机情况；
- 社会护理管理者的督导。

只有通过一系列纵向和横向研究，社会护理督导才能成为一种更具询证的实践，以确保其进一步发展，使受督导者、团队、组织和服务使用者获益。

职业治疗

萨曼莎·阿什比（Samantha Ashby），博士，澳大利亚纽卡斯尔大学职业治疗高级讲师

在国际上，职业治疗师应定期接受督导，并为同事提供督导。传统上，督导是由雇主提供的，尽管那些受雇于规模较小的组织和独自开业者往往寻求其他资源，如督导顾问。督导的需求持续增长，因为在大多数工作场所，督导模式侧重于管理、规范或质量标准，以确保遵守专业领域的要求和提供服务的要求。对于应届毕业生，督导为其提供机会去讨论其教育和发展的机会需要，以确保他们能够实现行业规范中的案例管理和工作场所提出的关键工作绩效（Melman et al.，2016）。然而，经验丰富的从业者认为，有效的督导结合定性、形成性和恢复性的方法，是保持职业弹性和职业认同的重要保护因素，其与职业寿命有关（Ashby et al.，2013）。

督导的持续增长和发展得到注册机构的支持，注册机构规定了每年督导的最低小时数。例如，澳大利亚健康相关专业注册机构要求每年至少有 30 小时的督导出勤记录。这个方面在澳大利亚职业治疗委员会（2018）指南中得到了加强。此外，大多数国家的专业协会都制定了专业督导标准指南（American Occupational Therapy Association, 2014; College of Occupational Therapists，2014）。

我们面临的挑战之一是，职业治疗师以单一角色工作，其管理和督导往往来自专业外人员。虽然来自其他专业人员的有效督导也是可能的，但我认为，确保积极体验的最有效方式是由另一位职业治疗师提供的形成性和恢复性的督导，这样就提供了一个机会，在讨论职业健康观点时，对个案负荷和专业推理进行反思。威尔丁和怀特福德（Wilding and Whiteford，2008）认为，重要的是，从业者沉浸在医疗环境中，主导话语和重点在其中通常是生物医学护理模式，从而在精神和心理健康实践中采用心理治疗存在压力（Ashby et al.，2017）。

另一个挑战是，经验丰富的职业治疗师往往很难在工作场所找到"了解自己专长"的人。瑞典的调查研究强调了这一问题，调查发现，25% 的从业者报告，他们在心理健康实践中没有督导（Eklund and Hallberg，2000）。即使在有督导的澳大利亚，2017 年的一项调查发现，13% 的从业者没有接受督导，在接受督导的从业者中，超过 27% 的从业者在过去六个月没有接受督导（McGlashon et al.，2019）。经验丰富的从业者强调，在他们的机构中，督导和时间并不总是可以获得。他们解决这个问题的办法是从工作场所以外或其他地方的人那里寻求同辈或团体督导，以发展他们的实践社群。

为了让职业治疗师重视督导，需要进一步强调形成性和恢复性的督导模式如何通过提供机会，反思对职业的认同，并指导其在组织内倡导职业治疗服务的策略，延长职业寿命和工作满意度。这就需要把重点从"管理"形式的督导转移出去。督导应继续被纳入注册政策中，最低标准和所需的小时数似乎能有效确保从业者寻求督导。

教练

伊芙·特纳（Eve Turner），英国南安普顿大学和亨利商学院客座研究员
米歇尔·莫拉尔（Michel Moral），博士，法国塞尔吉 - 蓬托瓦兹大学

21 世纪，督导在教练中变得越来越重要。然而，这在全球范围内并不普遍，督导实践更多地植根于欧洲国家。这在某种程度上是因为许多欧洲的教练专业机构都支持使用督导，并引入了认证的督导要求：教练协会（Association for Coaching，AC）、职业经理人教练和督导协会（Association for Professional Executive Coaching and Supervision，APECS），以及欧洲教练和指导理事会（European Mentoring and Coaching Council，EMCC）。同时，督导人员培训也在激增，全球范围内的培训机构大多来自英国和法国。拥有数千名成员的全国性教练和督导组织协会（ANSE，2019）也发挥了重要作用，并为包括社工在内的各个部门提供合格的督导培训计划。虚拟督导可用性的增长也有助于其发展。

2006 年，欧洲开展了两项重要活动。成立了一个由主要教练专业机构——AC、APEC、EMCC 和国际教练联合会（International Coach Federation，ICF）参加的英国圆桌

会议，并组成了一个督导战略指导小组，工作领域涉及研究督导的意义和益处、实践水平，并对督导胜任力进行界定。同时，霍金斯和施文克（Hawkins and Schwenk，2006）为英国特许人事与发展协会（UK-based Chartered Institute of Personnel and Development，CIPD）承担了第一个教练与督导的研究。研究表明，尽管督导被广泛提倡（88%的结构教练和86%的教练），但督导很少被实践（44%的教练）或被机构提供（23%的机构）；霍金斯和特纳（2017）在2016年再次进行了这项研究。

2018年，全球督导网络（Global Supervisors' Network，GSN）成员的两次虚拟讨论凸显了全球形势。研究结果（Whitaker and Crabbe，2019）显示，尽管水平依旧参差不齐，但随着督导人员培训的增加，督导人员的增长很快。虽然在美国，教练督导的需求受到了一些抵制，但现在大约有200名接受过训练的督导师，而且对督导的使用正在增加。一个持续的挑战就是ICF（2019）的地位，该机构是北美主要的教练职业团体。特卡奇和迪吉罗拉莫（Tkach and DiGirolamo，2017）的研究发现，ICF支持但不要求教练督导，他们认为没有证据证明督导的有效性。在亚太地区，督导正在发展。然而，督导使用的变化，要求我们思考当地文化的关键因素，如"丢面子"的概念。在北非便存在对督导的阻力，部分原因是对所涉及的权力动态有着特殊的看法，而在督导已经得到了很大发展的南非，部分应归功于南非教练与导师专业团体的工作（COMENSA，2019年），其实践守则要求从业者接受督导。越来越多的教练指导书籍正在以各种语言编写，最初由英国牛津布鲁克斯大学牵头的专门针对督导的会议也在增加（see，for example，Americas Coaching Supervision Network，ACSN，2019）。

以欧洲为基础的教练专业机构的地域扩张鼓励了督导的参与。教练督导协会（Association of Coaching Supervisors，AOCS，2019）、GSN、ACSN和新成立的说法语的网络组织都支持这一点。另一个特点是，在实践准则范围内外，大家越来越强调系统工作（e.g. Moral and Angel, 2019; Hawkins and Turner，2020）。

《督导宣言》（*Manifesto for Supervision*）（Hawkins et al.，2019）提出了教练督导领域的十个行动要点，其针对的对象是教育工作者、行政领导和从业者。这包括委托和参与研究，以便更好地理解督导的益处，督导对实践的贡献和影响，机构之间及机构与专业组织之间的合作，发展对教练督导的共识（see also Turner and Palmer，2019）。

教练督导正在演变得越来越强调共同反思、共同建构、共同创造和共同责任。督导必须适应新的教练形式，包括团队教练、组织教练、内部教练、督导的督导、高成长环境的教练、自然教练和认同感教练等。随着技术的进步，教练督导也需要考虑人工智能的作用（Lewis and Clutterbuck，2019）。

教育

蕾切尔·布里格斯（Rachel Briggs），教育硕士，英国布里斯托教练及博士研究员，社会、情感和心理健康需要的专门教师

除非教师认识健康和社会护理等部门的专业人员，在一般情况下，提到对教师的督导，他们更可能将督导与监控绩效目标联系起来，而不是与支持性过程联系起来（Lawrence，2019）。此外，督导还与惩罚性行动和潜在的失业联系在一起，导致教师会投射出一个角色，其中的脆弱和挣扎更可能被隐藏而不是被表达出来（Robertson，2008）。因此，教育行业的语言和文化可能与有效的"帮助者"的督导原则背道而驰。也就是说，许多国家的经济紧缩措施意味着，学校教职工被期待参与那些传统上与其他助人专业相关的活动（O'Hara，2014；Schepers，2017），语言和实践越来越渗透到职业的边界内。

虽然之前基本上未被考虑，但教育工作者对学生的逆境和创伤的暴露现在得到了更广泛的认可，同时也承认他们无法避免受相关情绪风险的影响（Caringi et al.，2015；Forbes，2019）。尽管一些教育工作者已经接受了多年的督导，学校提供的临床和安全督导也越来越普遍，但督导仍然是个例外，而不是规则。督导往往仅限于那些担当特定角色的人，例如，与儿童保护有关者，或者是帮助有额外需要和残疾学生者，或者是从事幼儿工作者。虽然相关研究很少，但基本上都支持督导（DuBois，2010；Alila et al.，2016；Reid and Soan，2019），然而，到目前为止，还没有与督导教育从业者相关的指导方针或专业标准，只有那些可能通过与教学之外的专业机构有个人联系，适用于任何督导人员的指导方针或专业标准。

督导越来越被推荐成为支持教育者发展和福祉的一种手段，然而，在接受督导方面仍存在许多实际障碍（Haywood er al.，2016）。这些包括但不限于以下几点：何时何地进行督导；如何资助督导；督导是只提供给某些个体，还是在自愿或强制性的基础上提供给所有人；督导的频率及督导师的选择。除此之外，还有涉及对教育者督导的更广泛的问题。教师通常不是接受过培训的社会工作者或心理健康从业者，因此需要考虑针对教育者角色的督导职能，培训的级别和类型及督导师的背景，例如，他们应该是具有临床背景的，是具有督导实践资格的人，还是具有教育背景的人，还是具有督导实践资格的人？是在学校内部开展督导，还是在学校外部开展督导？同样，在这种情况下，督导师的管理和评估督导有效性的方法也需要考虑。

尽管存在许多障碍，但一些学校已经成功地克服了这些障碍，督导在支持学校员工的有效性和福祉方面都扮演着关键角色（DuBois，2010；Reid and Soan，2018；Willis and Baines，2018）。然而，为了让督导的潜力被更广泛意识到，我们需要解决教育督导

中的监督和指责文化，学校员工，包括学校领导，需要理解专业督导的目的，并认识到专业督导的益处，参与开发满足教育督导特定需求的框架（Lawrence，2019）。为了达成这个目标，我们可以通过与其他有深远督导文化行业中的专业人员合作，探索促进、讨论和应用督导实践的机会，以支持学校员工的专业发展和心理安全感。

其他健康专业

在过去的 20 年里，其他健康专业有了很大的发展，如顺势疗法、整骨术、脊椎推拿、草药疗法、灵气疗法、针灸、反射疗法和指压按摩等。我们看到，这些领域的高级从业者接受督导培训的人数越来越多，督导实践也越来越多地融入这些行业中。正如彭妮·斯特林（Penny Stirling）在下文中谈到有关顺势疗法督导时所强调的，我们认为，督导除了可以让受督导者继续学习有关方法，还可以提供空间让受督导者反思自己与患者的关系，这一点很重要，这也与其他健康专业人员的督导相呼应。

顺势疗法

彭妮·斯特林（Penny Stirling），英国顺势疗法学会注册会员，英国顺势疗法学院主管

毕业后，我们不强制顺势疗法从业者接受督导。顺势疗法协会是英国最大的顺势疗法督导机构，我们建议成员寻求定期督导。注册会员须每两年提交一份专业继续发展计划，但不用提交督导证明。如果发生了违反伦理准则的行为，督导可能会被作为一种补救/惩戒措施，强制执行一段时间。

近年来，顺势疗法遇到了一些医疗机构的抵制，英国国家卫生局也撤回了对顺势疗法的支持。因此，新的合格会员很难建立和维持实践。督导的成本太高，在从业者最需要的时候，督导的费用消耗了从业者本来就很少的资源。寻求定期专业督导的顺势疗法从业者通常动机很高，相对成熟，有些人有其他收入可以用于支付他们的督导费。多数新注册的顺势疗法从业者会使用同辈督导（见第十章）。

虽然顺势疗法在英国、澳大利亚、美国和加拿大都出现了信任危机，但顺势疗法在印度的地位却有所提高。在印度，顺势疗法被公认为国家医疗体系之一，是第三大受欢迎的医疗方法（仅次于对抗疗法和印度韦达养生学）。印度有超过 20 万名注册顺势疗法的医生，并且该数量每年都在增加（Ghosh，2010）。在印度，顺势疗法的医生率先研究了新的处方原则和系统化材料媒介，包括迄今为止未经证实的更大范围的治疗方法，他

们用这些方法取得了一些显著的疗效。印度的顺势疗法培训非常严格，以机械式学习和学徒制为基础。督导是在工作中进行的，而不是正式的，高级医生不断观察初级医生的工作，给出反馈，并对同一病人以不同工作方式进行示范。同样，在集体实践中的医生们不断观察、交流，并对每个人的病理给予相互反馈。

印度首创的新方法现在已经渗透到西方，许多英国的顺势疗法从业者飞往印度，向先进的印度顺势疗法从业者学习。荷兰、以色列和德国的顺势疗法也开始发展与此类似的交流方法。

尽管顺势疗法需要对患者的经验有更微妙和主观的理解，但督导仍倾向于模仿印度为培训传统医生而发展的学习方式。我们接下来的挑战是既要满足顺势疗法的学习需求，也要为反思与患者的关系留出一些空间和时间。

法律

克里斯·米尔斯（Chris Mills），英国伦敦和巴斯的临床和组织督导师

传统上，律师在受训期间和职业生涯的早期阶段都会接受督导。然而，这种督导主要是"质量监控"，侧重于确保"最佳实践"。2014 年，英国发生了重大变化，律师监管局（Solicitors Regulatory Authority，SRA）发布了新的律师持续专业发展指南。律师不再像过去那样只需完成规定的持续专业发展小时数，而是需要通过引用一系列技能来证明他们持续的工作能力，这些技能类型在相关网站可以获得。律师必须能够证明他们已经评估了自己的胜任力，考虑了自己的培训需求，并采取了措施来保持自己在以下四个主要领域的胜任力：

- 伦理、专业精神和判断力；
- 技术性的法律实践；
- 与他人合作；
- 管理自己和自己的工作。

这一变化的目的是鼓励律师发展一种反思性的方法去学习和发展，并将其作为日常实践的核心部分，而不是赶在最后期限前完成持续专业发展的要求（Laver，2014）。越来越多的人认识到，作为一名好的律师，需要同时具有关系和情感能力，以及法律专业知识。这对那些在家庭法范围内工作，应对有精神创伤的难民及精神健康或精神能力问题的人而言，尤其如此。克里斯·米尔斯是我的一位心理治疗同事，他描述了为家庭律

师发展自我反思督导的过程，这不仅显示了督导将其工作范围扩展到法律专业中，而且也是一种跨专业的学习。

作为一位心理治疗师，我从 2007 年开始与家庭律师合作，帮助我们共同的当事人制定非对抗性离婚程序。我逐渐清楚地意识到，我的律师同事们承受了巨大的压力，在大多数情况下，他们在为一位高度情绪化的当事人群体辩护时，并没有充分了解他们所涉及的主体间动力（Intersubjective Dynamics）。他们在试图应付当事人的混乱状态，这些混乱状态通常表现为愤怒、退行性恐惧，以及强迫性的反复呼救，律师们常常感觉自己束手无策，是个失败者，羞愧地躲在"专业人员"的面具后面，试图通过过度工作来证明自己的价值，并将自己的"工作小时数"作为衡量成功的无可辩驳的标准。我的同事们渴望了解对他们有帮助的心理学知识或见解。我错误地认为，作为一位心理治疗师，我接受的督导对律师而言是一个陌生概念。但是，当我向伦敦一家备受推崇的家庭律师事务所的创始合伙人提供免费的试督导时，她立即接受了，并向她的合伙人和同事推荐了我的服务。

从那以后，吉利恩·毕晓普（Gillian Bishop），这位最初的伦敦受督导者和我一起，在英国各地举办了许多培训活动。其中最成功的包括现场督导的演示，紧接着进行现场公开讨论。由于这些演示，一些个人律师和家庭大律师都接受了督导。我在《真正吸引我的个案——家庭法督导导论》（*The Case that Really Got to Me: An Introduction to Family Law Supervision*）一书中提供了一系列与虚构的家庭律师进行督导的对话（Mills，2018）。吉利恩·毕晓普和我还为家庭律师开发了三模块的培训项目，让他们成为自己专业的督导师，我们还准备为其他行业已经具备资格的督导师开展为期两天的"转化"培训，让他们成为家庭律师的督导。

最直接的短期挑战是如何产生足够多合格的督导师，以满足家庭律师对督导的高涨兴趣。从长远来看，我觉得一个可能的挑战是保持我们所教授的基于人际心理学的督导的完整性，并探索如何在国际法律职业中开展督导培训。我预感其他司法管辖区对我们在英国提供的督导方式也有强烈的需求。

结论

我们意识到，由于篇幅限制，有许多职业没有包括在内，如牧师关怀人员、精神教师、感化官及社区工作者等。然而，我们认为本章所涵盖的范围提供了很好的多样性，所提出的问题与其他许多问题也是相关的。

在对来自不同行业、不同国家的督导师的反思进行回顾时，我们注意到一些共同的主题。

1. 督导已逐渐从只聚焦于受训者和经过培训初入职的专业人员，转变为将督导视为职业生涯中持续个人发展和专业发展的关键部分。

2. 传统上，督导更注重于质量监控，以确保正确且有效的实践。现在，发展和资源方面越来越成为同等重要的核心，部分原因是回应环境和实践的快速变化，以及对所有助人行业人员不断提升的需求。

3. 已经有很多关于督导的跨专业影响和学习，我们尤其欢迎更多的专家、基于知识的专业以知情同意的方式与更多的心理学方法相结合，这些方法包括提升关系性参与、提升情商，并在工作中探索对自我的运用。

4. 越来越多的行业正在提供（有些正期待着）接受过专门督导培训的督导师，他们认识到，从业者的经验不足以胜任督导工作。

大多数专业人员都强烈主张加强督导方面的研究，尤其是督导对当事人利益的影响。一些专业人员正在积极参与研究，但迄今为止，大部分研究都是关于受督导者所感知到的益处，我们将在第十五章中进行探讨。

我们从"督导"中学到了什么——基于研究证据的回顾

导论

  一旦我们开展督导，无论作为受督导者还是督导师，我们都在以这种或那种方式参与研究。在督导过程中，我们反思在工作中发生了什么，并探索如何改进它。好的督导本身也包括督导师和受督导者对督导过程本身的反思，以及如何改进督导。有两种研究，分别是行动性研究（Reason and Bradbury，2008）和形成性研究，都是过程导向的，均聚焦于找出有待改进的领域（Patton，1994；Beyer，1995）。督导师和受督导者对总结性研究的贡献也很重要，这类研究评估我们工作的有效性，比较不同背景下的督导过程，从而使整个领域得到发展（Patton，1994；Brown and Gerhardt，2002）。

  在第十二章中，我们认为，对督导双方和团队在实践方面的严格反思需要网络化并进行共享，这样督导就会被定义为各种组织和助人行业的学习命脉。同样重要的是，这些更大规模的研究应该反馈到受督导者和督导师及督导培训师的实践中，使各方不断了解什么可以使督导更有效，我们如何增加督导的影响，增加督导对受督导者和督导师及督导服务的所有利益相关方（如当事人、未来当事人、团队、组织、社区和专业等）所创造的价值。在你阅读本章时，我们希望你可以把从各种不同研究中获得的见解和新的可能性应用到你接受和提供的督导过程中，以提高督导对各方的有效性。

在准备本书前一版时，关于督导的研究很少，但自前一版以来，关于督导不同方面的研究有了极大的增长。这是值得欢迎的，因为在公共服务需求更大、期望更高、资源更少的时代，研究证据可以确保督导能获得的时间和分配更多的资源（见第一章）。我们仍处于做出明确结论的早期阶段，本章回顾了我们认为的关于督导实践的五个关键研究领域：

1. 助人行业参加督导如何使当事人受益；
2. 督导对提升专业能力的贡献；
3. 督导对员工留任、员工幸福感和心理弹性等方面的影响；
4. 督导中可能出现的问题；
5. 良好的督导实践。

在回顾这些领域的研究之前，我们先回顾不同形式的研究与评估，并概述督导研究的发展。

不同形式的研究和评估

早些时候，我们区分了形成性研究和总结性研究，但了解研究聚焦的不同领域也非常有用。在彼得·霍金斯和伊芙·特纳 2020 年所著的《系统教练：提供超越个人的价值》（*Systemic Coaching: Delivering Value Beyond the Individual*）一书的第十二章中，彼得概述了四个研究的重点领域框架，即投入、产出、结果和价值创造。这一框架建立在柯克帕特里克（Kirkpatrick and Kirkpatrick，1994，2005）关于评估组织培训的开创性工作的基础上，他们提出了四个水平的影响力。彼得进一步发展了这一点，以包括与督导研究相关的领域，并为更广泛的利益相关者带来益处。这四个重点研究领域分别如下。

- **投入**：督导过程的要素，最重要的有受督导者及其工作和生活中的挑战、督导师、督导过程和干预措施，以及协议和更广泛的背景。
- **产出**：包括由督导产生的学习、发展和变化，主要体现在受督导者身上。
- **结果**：这些是受督导者在他们的工作和生活中由于督导而发生的变化。
- **价值创造**：这些是督导结果，是督导为受督导者、他们当前和未来的当事人、他们的组织和更广泛的利益相关者（如当事人的家庭和社区、服务资助者和行业等）创造的利益。

这四个研究领域可以进一步划分为每个研究重点关注的方面（见图 15-1）。在图 15-2

中，我们将概述四个研究领域中的每个研究可以用来衡量什么。

督导研究不仅需要研究督导价值创造的各个方面，而且需要找到方法来显示从投入到产出、结果和价值创造的持续性影响。下面我们将简单回顾督导研究取得的进展，特别是在过去10年里所取得的进展。

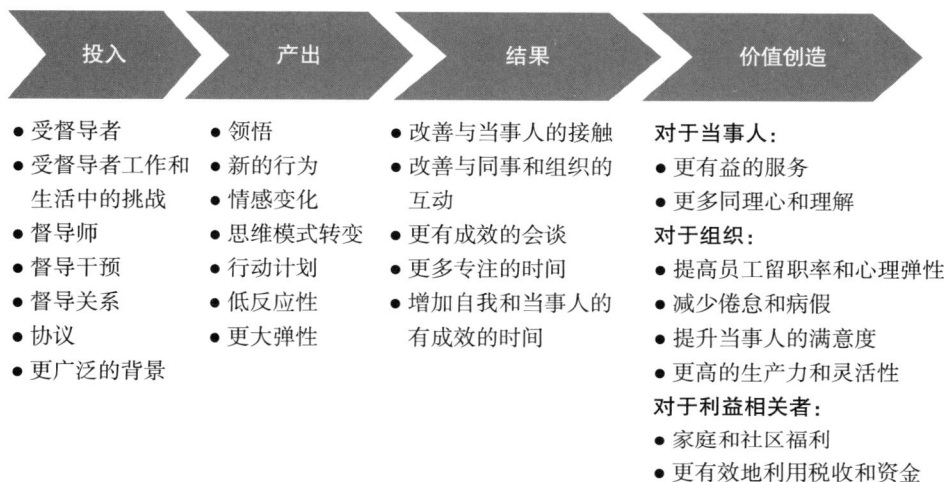

投入	产出	结果	价值创造
● 受督导者 ● 受督导者工作和生活中的挑战 ● 督导师 ● 督导干预 ● 督导关系 ● 协议 ● 更广泛的背景	● 领悟 ● 新的行为 ● 情感变化 ● 思维模式转变 ● 行动计划 ● 低反应性 ● 更大弹性	● 改善与当事人的接触 ● 改善与同事和组织的互动 ● 更有成效的会谈 ● 更多专注的时间 ● 增加自我和当事人的有成效的时间	对于当事人： ● 更有益的服务 ● 更多同理心和理解 对于组织： ● 提高员工留职率和心理弹性 ● 减少倦怠和病假 ● 提升当事人的满意度 ● 更高的生产力和灵活性 对于利益相关者： ● 家庭和社区福利 ● 更有效地利用税收和资金

图 15-1　督导研究关注的四个关键领域

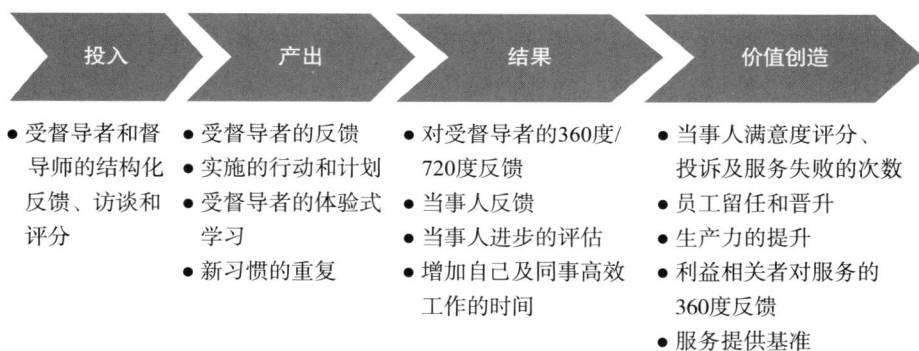

投入	产出	结果	价值创造
● 受督导者和督导师的结构化反馈、访谈和评分	● 受督导者的反馈 ● 实施的行动和计划 ● 受督导者的体验式学习 ● 新习惯的重复	● 对受督导者的360度/720度反馈 ● 当事人反馈 ● 当事人进步的评估 ● 增加自己及同事高效工作的时间	● 当事人满意度评分、投诉及服务失败的次数 ● 员工留任和晋升 ● 生产力的提升 ● 利益相关者对服务的360度反馈 ● 服务提供基准

图 15-2　督导中的研究和评估：可以衡量什么

督导研究的发展

督导实践可以追溯到100多年前（Watkins，2011），但督导研究进展缓慢，远远落后于其他各种助人行业的研究。关于心理治疗，戴维（2002：225）提出，我们大多数人都将在一个使"真理统治"（Regime Of Truth）（Foucault，1977，1979）永久化的背景下接受训练和发展，督导是重要、必要且有益的，尽管研究和反思的优先级低于治疗本身。

费尔特姆（Feltham，2000：21）也写了一篇支持督导实践的"情感修辞"，虽然法兰德（Falender，2014）怀疑督导可能实际上是"皇帝的新衣"，但这两件事情都引发了他们对其有限证据基础的担忧。

众所周知，在社会科学领域开展研究比在物质科学领域开展研究更加困难，因为人们如何管理自己的情感、社会或心理世界是多层次的——简单的因果研究在真实世界的研究中几乎不太可能（Robson and McCartan，2016）。考虑到督导具有复杂的三位一体的特点（包括督导师、受督导者和当事人／服务使用者），研究督导还存在额外的困难（Eagle and Long，2014），事实上，督导对受督导者在各种环境下的行为的潜在影响可能会持续很长时间。督导研究也受到缺乏明确定义及督导实践方法论的阻碍，这导致很难产生可检验的假设（Milne，2009；Watkins，2019）。

尽管存在这些困难，但在过去的 10 年里，有关督导的研究文献依然有了显著的增加。最近一次在数据库中搜索已经发表的关于督导的研究的时候我们发现，2000 年至 2008 年间，发表的文章不到 50 篇，其中只有略高于 1/3 是研究论文；但在 2008 年至 2016 年间，关于督导的研究论文增加到 300 多篇，超过一半是研究成果（Pelling et al.，2017）。伯纳德和卢克（2015）在另一项对 2005 年至 2014 年间咨询期刊发表的督导研究的 10 年回顾综述中，发现了近 200 篇文章，其中不到一半是研究。

到目前为止，大多数研究都来自咨询、心理治疗和心理学领域，在这些领域，督导更为成熟，尽管研究仍在其他行业发展，特别是在护理（Pollock et al.，2017）和社会工作（O'Donoghue and Tsui，2015）领域。来自美国的研究成果最多，其次是英国和澳大利亚，尽管在其他国家，尤其是加拿大和新西兰，这方面的研究也在不断增加（Pelling et al.，2017）。许多已发表的研究，还有大多数关于督导的硕士和博士论文，都集中在研究督导体验上，而非研究督导会谈对从业者／受督导者后续工作的影响和连锁反应。虽然自我报告及对督导师和受督导者的访谈研究更容易设计和操作，但我们需要更具有创造性和协作性的努力，以便研究督导工作的详细过程，并评估其产出和结果。

自本书上一版面市以来，关于督导的研究不断增加，因此除了本章聚焦于研究综述外，我们在许多章中都纳入了最新的研究成果，以告知和说明督导理论、培训和实践的各个方面。接下来，我们将探讨我们确定的五个研究领域，这五个领域是提高督导知识和实践的核心。

助人行业参加督导如何使当事人受益

这项任务的难度甚至让法兰德（2014：144）认为，其可能是督导研究的圣杯——"一直追求但从未找到"。长期以来，确定督导对当事人的益处被认为是对督导的"严峻考验"（Ellis and Ladany，1997：485）。让我们回顾一下有关当事人结果与三个领域之间联系的研究：督导出勤率、在督导中使用当事人的反馈，以及督导关系的性质。

1. 督导出勤率和当事人的改善效果

在对督导出勤率与当事人效果的联系进行的研究中，只有少数被认为是方法论合理的。在一项备受推崇的模型研究中，127 位抑郁障碍患者在澳大利亚精神科接受了 8 个疗程的问题解决治疗，患者被随机分配给 127 名或接受督导或不接受督导的治疗师（所有人都是接受了治疗方法培训的合格精神健康从业者）（Bambling et al.，2006）。被督导的治疗师也被随机分配到 8 个聚焦工作联盟的督导环节中，这些督导要么以认知行为治疗技能为重点，要么以心理动力学过程为重点。在减少抑郁症状、减少治疗退出率（有督导的比例为 6%，无督导的比例为 31%）及对他们的治疗和他们与治疗师之间的联盟关系满意度方面（督导类型之间没有差异），接受督导的治疗师，其当事人的改善表现明显更好。不管其理论框架如何，以工作联盟为核心的督导似乎提升了当事人的参与度和改善效果。这对于督导实践是一个积极发现，我们饶有兴趣地等待丹麦正在重复这项研究设计的结果（Nielsen et al.，2019）。

两项进一步的研究探讨了精神科护士的督导出勤率与当事人的改善效果之间的联系，结果喜忧参半。在英国，精神分裂症患者在接受心理社会干预培训后，与每两周接受一次督导的护士一起工作（与那些在接受培训后没有接受督导的护士对比；Bradshaw et al.，2007），其精神病症状得到了更大的减轻。然而，澳大利亚的一项研究却发现，与没有接受过督导的护士相比，接受为期一年督导的护士，其患者对护理质量或治疗满意度并没有得到改善（White and Winstanley，2010）。督导的"剂量"可能与这些研究的不同结果有关（see Watkins，2011）：在班布林（Bambling）及其同事的研究中，督导是针对个体的，每周一次；在布拉德肖及其同事的研究中，督导是成对进行的，每两周一次；但在怀特和温斯坦利（White and Winstanley）的研究中，督导是在由 6 至 9 位受督导者组成的团体中进行的，仅仅每个月一次。后一项研究中的受督导者可能并没有体验过足够的直接督导，因此无法对他们的工作产生积极影响。

一项研究采用另一种方法，对美国一家临床心理诊所的录像进行了回顾，以便确定参加特定督导师的督导对当事人的改善效果是否有影响（Callahan et al.，2009）。结果发现了一个重要的联系：在考虑了症状严重程度和治疗师特征之后，个别督导师被预估可以导致 16% 的当事人的改善效果差异（通过当事人自我报告的症状来衡量）。在进一步的研究中，重复发现了这一关联，对那些近期完成自己了心理学训练的督导师来说，这一差异将更加显著（涉及 23 位督导师、75 位受训者和 310 名当事人；Wrape et al.，2015）。作者认为，这可能是因为近期人们更加关注询证实践和督导，并且把督导作为特定的专业胜任力。

然而，在加拿大一个社区咨询中心（涉及 23 位督导师、172 名治疗师和 6 521 位当事人）（Rousmaniere et al.，2016）对当事人的改善效果进行的一项为期 5 年的更大规模的研究中，没有发现督导师对当事人的改善效果产生显著影响，只能解释当事人不到 1% 的结果变异（再次用当事人自我报告的症状来衡量；这项发现最近被惠普尔等人重复检验过）。鲁斯马尼埃（Rousmaniere）及其同事对心理咨询、社会工作和婚姻家庭治疗领域的受训者和合格咨询师都进行了研究。结果显示，咨询师的理论取向、资历地位和经验水平对当事人效果没有影响。但是研究人员指出，这家诊所的所有督导师和受训者都持续收到当事人的结果反馈，这对督导产生的影响可能会遮蔽个体督导师之间的差异。

2. 在督导中包含当事人反馈及督导对当事人的改善效果的影响

研究聚焦于当事人的反馈在治疗师的督导中得到关注时，当事人是否因此受益（在自我报告的症状改善方面）。在美国的一家培训诊所和大学咨询中心的研究发现，与普通的督导相比，在督导中回顾当事人的反馈回顾，与更好的当事人的改善效果相关（Reese et al.，2009）。研究督导师的报告提到，对当事人反馈进行回顾和反思，会使当事人的反馈更具有挑战性，但是，即使在督导中纳入这样充满挑战性的当事人，受督导者对督导师或和督导师之间关系的满意度方面，并未与之前有任何差异。这表明，引入更多的挑战并不会像督导师担心的那样产生负面影响。

然而，在后来的一项规模更大的研究（涉及 18 位督导师、44 名受训人员和 138 位当事人）中，无论在督导中是否回顾当事人的反馈，当事人的改善效果都大致相同（Grossl et al.，2014）。在这项研究中，对当事人的反馈进行回顾，与受督导者对督导的高满意度有关（尽管它同样不影响督导关系），一些受督导者报告，他们因不能与督导师讨论其当事人的反馈而感到受挫。

鉴于这些结果有矛盾之处，所以需要进一步研究如何在督导中更好地利用当事人的反馈，以便使当事人的潜在利益更清晰。

3. 督导关系和当事人的改善效果

也有一些研究对督导关系与当事人的改善效果之间是否存在联系进行调查，结果好坏参半。一项针对 166 名美国康复咨询师的研究发现，督导工作联盟（根据受督导者的评分）与当事人的改善效果（在满足其职业目标方面）呈正相关，但仅适用于在工作场所工作不到两年的新手咨询师（McCarthy，2013）。

相反，一项针对 55 名美国受训咨询师的研究发现，更好的当事人的改善效果（当事人报告的症状改善）与被受训者评价的更消极的督导关系相关（一个很小却显著的关联；

Bell et al.，2016）。然而，这项研究中所使用的督导关系测量侧重于促进性品质（罗杰斯式的尊重、共情、无条件接纳和一致），因此督导关系中的其他因素（如挑战、反馈或教学）可能与受训者的当事人的改善效果更相关。为了证明这一点，美国一项针对青少年反社会行为服务的大型研究（涉及 1 979 位当事人和 429 名临床医生）发现，督导师对受督导者的发展给予结构性的关注，坚持使用一种治疗模型（多系统治疗），能够预测以青少年的行为变化为指标的当事人的积极结果（Schoenwald et al.，2009）。

在这一点上，是否可以得出督导对当事人的改善效果有作用的结论呢？我们仍有一些互相矛盾的发现，显然这需要我们开展更多的研究（寻找圣杯的工作仍在继续……）。然而，有迹象表明，要使督导有助于取得积极的当事人结果，可能需要督导更规范、更频繁，要有结构而不仅仅是支持，并聚焦于具体的治疗技能或治疗联盟的发展。此外，这些因素对受训者的当事人、学习新治疗模式的人及在新的工作环境中工作的人尤为重要。

督导对提升专业能力的贡献

显然，继续研究督导对当事人的改善效果的贡献很重要，但有人认为，研究督导如何有助于提升从业人员的专业能力是一个更容易实现的研究议程，这会为当前和未来的当事人带来好处（Wampold and Holloway，1997；Reiser and Milne，2014）。

1. 从业人员通过督导获得专业发展的体验

在许多研究中，督导参与者提到了很多参与督导的好处，包括技能和知识的提高、自我效能和自我意识的提高、职业的认同感，以及与当事人关系的加强等（as summarised in research reviews：Wheeler and Richards，2007；Watkins，2011）。

支持这一观点的不同背景下的研究不断涌现。例如，新加坡 21 名学校咨询师参加了一个 12 周的督导小组，结果是，他们的咨询自我效能感（即对自己咨询能力的信心）显著提高（Tan and Chou，2017）。一项针对爱尔兰 431 名心理学家的调查发现，令人满意的督导与更大的治疗信心显著相关，一位心理学家将她强大信心的源头归结为"拥有高质量的督导、包容、支持和挑战"（McMahon and Hevey，2017：201）。一项针对近 1 300 名教练开展的全球调查还报告了参加督导的各种专业益处，包括"应对当事人的挑战"（得到 74% 的认可）、"使我有空间获得更高的清晰性"（得到 73% 的认可）、"发展我的教练技能"和"从督导师的经验中学习"（均获得 65% 的支持）（McAnally et al.，2019）。

2. 接受督导后可观察到的专业胜任力的改善

上述研究清楚地表明了从业者接受督导的益处，但也有人努力直接评估作为督导结果的从业者胜任力的改变。在英国认知行为治疗实践的单个案研究中，对 10 次督导会谈和 10 次受督导者随后的治疗会谈的录像进行了分析（Milne et al.，2003）。分析表明，从接受督导到治疗之间有显著的迁移，特别是在提供信息、议程设置和会谈管理方面。

　　一些设计良好的研究为认知行为疗法实践督导的益处提供了证据。曼尼克斯等人（Mannix et al.，2006）在英国 20 名临终关怀从业者的录像中观察他们认知行为疗法技能的提高，这些从业者在认知行为疗法培训和最初三个月的督导期后，每两周接受一次团体督导，而他们观察到那些没有继续接受督导的从业者其技能（及信心）下降（这些专业人员被随机分配到再接受六个月的团体督导，或者在没有督导的情况下继续独立执业）。研究人员得出结论，督导对保持从业人员的胜任力来说是必要的。同样，一项对俄罗斯和乌克兰 61 名治疗师开展的基于网络 CBT 培训的研究发现，与只接受培训而不接受督导的人相比，那些在培训后接受 Skype 督导（包括个案概念化和角色扮演）的人，在记录的治疗会谈中表现出更强的胜任力（Rakovshik et al.，2016）。另一项最近发表的研究评估了 6 名瑞典心理治疗师在 12 周内的 126 次治疗，比较了他们在接受督导和不接受督导情况下的实践（评估者不了解督导的情况）。与之前的研究一样，与不接受督导者相比，当从业者每周接受一次督导时，认知行为疗法实践的胜任力显著提高（Alfonsson et al.，2020）。此外，值得注意的是，所有的督导会谈中都包括了技能示范，大多数督导还包括角色扮演，证明督导中体验学习的价值。关于这一点，下文将进一步讨论。

3. 督导和实践能力方面经验性、具体化的学习

　　许多研究已经证明了接受记录的实践反馈对于提高治疗技能的价值。例如，78 名接受培训和对录音工作进行反馈的美国临床医生，在结构化角色扮演方面表现出比那些只接受手册式培训的人有更强的认知行为疗法胜任力（Sholomskas et al.，2005）。在一项对新墨西哥州 140 名专业人员进行动机式访谈技能培训的研究中（Miller et al.，2004）发现，只有那些接受了后续教练或实践录音录像反馈的人才能在培训后保持胜任力。事实上，对 21 项有关动机式访谈培训研究的元分析发现，随着时间的推移，随后的教练或实践反馈会导致技能的小幅度提高，而培训后不接受这种指导会导致能力的降低（如从实践录音中所观察到的）（Schwalbe et al.，2014；similar to Mannix and colleagues' findings above）。

　　另一项针对 40 名美国心理健康受训人员的研究，调查了两种不同团体督导方法的影响，由研究助理充当当事人（Bearman et al.，2017）。在接受认知行为疗法技能培训后，受训者要么参加通常的督导，包括个案概念化、讨论治疗联盟、计划及个案管理；要么参加包含体验学习策略、技能示范、角色扮演和回顾会谈记录给予反馈的督导。那些参加包含体验式学习和回顾记录模式的督导受训者，在每次督导会谈后都表现出认知行为

疗法技能的提高，而那些参加通常督导的受训者，其认知行为疗法技能没有提高，仍然保持在培训后的水平（没有达到熟练水平）。不过，研究人员观察到，两个督导组的受训者在确认和肯定当事人方面的技能都有所提高。

正如我们所看到的，以及许多关于从业者从督导中受益匪浅的报道，我们有越来越多的证据表明，督导能够保持和提高职业胜任力。我们也有证据表明，将体验式和具体化的学习方法纳入督导，如角色扮演和对记录实践进行的回顾等，对专业技能发展特别有帮助。

督导对员工留任、员工幸福感和心理弹性的影响

督导对于保持员工心理弹性的重要性可以从一位在爱尔兰公共卫生服务机构工作的临床心理学家的话中看出：

> 没有良好的督导，我无法生存……我的意思是，我所做的治疗工作质量会慢慢开始变差……我真的看不出如果没有督导，你怎么做我们做的工作（McMahon，2018：223）。

督导被描述为一个重要的“专业注水口”（Professional Watering Hole）（Grant and Schofield，2007：11）。作为一项专业活动，受到帮助的专业人员通常对督导给予高度评价。督导被美国心理治疗专业人员评为对专业发展有正面影响的三大来源之一（与当事人体验和个人治疗并列）（Norcross，2005）。据报道，定期和良好的督导是英国心理学家保持持续性职业发展需要的首要因素，也是吸引和留住心理学家的关键因素（Lavender and Thompson，2000；Golding，2003）。

通过对美国儿童福利从业人员所进行的 21 项研究的回顾发现，对他们来说，机构对督导的承诺和提供支持性的督导师，与他们决定是否留在这个工作场所有关（Carpenter et al.，2013）。这项研究还发现，有督导或更频繁的督导与更高水平的工作满意度有关。对 33 项涉及护理、医疗和相关卫生专业人员研究的进一步回顾发现，参与督导会得到更多益处，包括提高工作满意度、改善情绪健康和减少倦怠感（Dawson et al.，2013）。在一项针对 71 名挪威护士的研究中发现，与接受督导的护士相比，接受督导与减少焦虑和增强控制感有关（Begat et al.，2005）。

两项大规模的研究进一步证明了在工作场所开展督导的价值。在英国推出针对社区卫生当事人的个人和团体督导的实质性举措之后，2 500 多名工作人员的工作倦怠和压力显著降低——据一名工作人员报告，在接受督导后，他们“感觉更强大，思维能力更强”（Wallbank，2013：23）。在芬兰一家医院引入团队督导后，督导也对员工的幸福感和生

产力产生了实质性的影响——经过三年的评估发现，员工的病假减少了，患者满意度和患者治疗人数都增加了（Hyrkäs et al.，2001）。

虽然大多数研究报告了接受督导对员工的积极影响，但也有一些警告。一项针对879 名美国社会工作者开展的调查研究发现，只有在督导被视为支持性的情况下，工作倦怠的减少才与督导相关（Poulin and Walter，1993）。同样，在一项针对 71 名美国咨询师的研究中发现，更牢固的督导关系预示着更高的工作满意度和更低的工作压力（Sterner，2009）。进一步的研究表明，虽然牢固或积极的督导关系与更高的受督导者工作满意度、幸福感及更多的应对资源相关，但消极的或不稳固的督导关系可能产生相反的效果，并会造成受督导者更高的压力、疲惫和倦怠（Watkins，2014）。

工作场所的督导也会带来挑战——在丹麦一家医院针对 22 名精神科护士开展的研究中发现，工作中的团体督导被认为是令人不安的暴露（Buus et al.，2010）。通过对 1 272 名在医院和社区工作的护理和相关卫生专业人员的研究数据进行整理，发现在工作场所之外进行督导时，员工最满意（Winstanley and White，2014）。同样，在艾斯琳对 431 名爱尔兰心理学家开展的调查中，2/3 的人希望将他们的一线管理与临床督导分开，近1/3 的人表示在督导中感到压力，更高的督导满意度与工作场所以外的督导呈显著相关（McMahon and Errity，2015）。

显然，工作场所的督导可能面临挑战，消极的或不稳固的督导关系需要加以监测和处理。然而，证据表明，督导可以是保持从业人员心理弹性、幸福感和工作满意度、促进雇主留住员工等方面的重要因素。

督导中可能出现的问题

正如我们所看到的那样，大多数助人专业人员从督导中获益，并将督导视为提供职业可持续发展的支持和资源。然而，研究发现的两个问题值得我们注意：一是不恰当和伤害性的督导实践，二是受督导者在督导中隐瞒或不表露相关信息。

1. 不恰当和伤害性的督导

大约 20 年前，一些研究提高了人们对心理咨询和心理学专业中不良督导的认识。研究人员对 11 名经验丰富的咨询师进行访谈，了解他们经历的无效督导经验，得到了"糟糕的督导"的描述，其中涉及的督导师被认为在职业上冷漠、缺乏培训、缺乏技能和职业成熟度，且对受督导者的职业和发展需求不敏感（Magnuson et al.，2000）。除此之外，对 13 名心理学受训者的访谈还描述了过度工作、缺乏督导支持、极端压力和自我怀疑，以及与"愤怒"的督导师之间持续的权力斗争等问题（Nelson and Friedlander，2001）。在其他访谈研究中，也提到了其他困难的督导经验（Wulf and Nelson，2000；Gray et al.，

2001）。此外，一项针对 126 名心理学学生和实习生开展的调查研究发现，大约 1/5 的人经历过他们认为是负面的督导事件，最常见的原因是督导师的人际交往方式存在问题（Ramos-Sánchez et al.，2002）。例如，一位督导师被描述为"一般都很挑剔，没有意识到她提供督导的方式如何影响治疗和信心"（2002：200）。

　　最近有人对伤害性督导和不恰当督导进行了区分，伤害性督导是指督导师的作为或不作为对受督导者造成明显伤害（可能包括恶意、疏忽或违反伦理），不恰当督导是指督导师没有履行其基本责任，但不会对受督导者造成明显伤害（尽管他们的当事人可能会感到痛苦）（Ellis et al.，2014）。根据这些定义，一项针对 300 名美国和爱尔兰心理健康专业人员的调查发现，在这两个国家，近 1/4 的人提到经历过伤害性的督导，约 2/3 的人报告经历过不恰当的督导（Ellis et al.，2015）。这些数字清楚地表明了不良督导的普遍性。

　　2017 年，《临床督导师》（*The Clinical Supervisor*）杂志特刊刊登了关于有害督导的叙事性文章，这些故事是所有督导师的警示读物。与该期社论的标题一致："所有督导师都可能有潜在的伤害"（Ammirati and Kaslow，2017）。该期杂志强调了作为督导师，我们如何能够意识到督导关系中通常存在的权力失衡，如何打破固定或僵化的工作方式，我们的反馈如何被体验为破坏性，以及使用幽默和双重关系（如与受督导者的社会交往）如何会给我们的受督导者带来困惑和不确定性。

　　综上所述，这些研究结果让我们认识到正规督导师培训和专业发展工作坊的重要性，因此作为督导师，我们要不断提高我们的胜任力和意识。

2. 受督导者在督导中隐瞒或不表露相关信息

　　现在来看看"硬币"的另一方面，把关注点放在受督导者的行为（或不作为）上，我们有一致的证据表明，受督导者经常向督导师隐瞒相关信息。在对 108 位受督导者开展的早期里程碑式的调查中，97% 的人承认这样做过（Ladany et al.，1996）；不表露的常见问题包括对督导师的负面反应（90%）、个人问题（60%）、临床错误（44%）、评价问题（44%），以及对当事人的负面反应（36%）。平均而言，受督导者在每次督导师会谈中报告的不表露情况不到三次（Mehr et al.，2010）。在整个研究中，不表露某件事的原因包括认为它不重要、感觉不充分、害怕被批评或缺少逻辑性、觉得说它无济于事、害怕伤害督导师，以及感觉其过于个人化（Ladany et al.，1996；Yourman and Farber，1996；Hess et al.，2008；Mehr et al.，2010）。以下是一些其他示例。

　　　　"我不知道我的督导师是否喜欢我这个人，担心她认为我做了一件非常愚蠢的事，总是害怕我达不到期望。"

　　　　"感到不足，对如何处理当事人感到迷茫，我觉得好像不知道自己在做什么，缺乏信心，担心会对剩下的培训时间造成潜在影响，我害怕给督导师反馈带来的影响。"（Mehr et al.，2010：108-109）

消极的督导关系也与受督导者大概率不表露问题有关（Hess et al.，2008；Mehr et al.，2010），最近的一项研究发现，尤其与受督导者拒绝就督导经验或关系提供反馈有关，而不是与临床资料有关（Gibson et al.，2019）。在一项针对 6 名爱尔兰心理治疗师的深入访谈还发现，受督导者将督导关系视为"不安全"的经历是受督导者不愿意表露的关键因素，受督导者对评估和判断感到焦虑（Sweeney and Creaner，2014）。正如一位受督导者所说：

> 我觉得表露某些问题是很困难的，因为我在这段关系中感觉不太舒服，所以很难说"我不喜欢那位当事人"，或者"在我见到那位当事人之前，我真的很紧张"，或者一些其他想法。因此，表露某些问题真的很困难，因为我总是害怕得到负面反应（2014：217）。

辛格·皮利和卡特赖特（Singh-Pillay and Cartwright，2019）对 8 名南非心理学家受训者的访谈研究也报告了类似的结果。他们发现这些受训者对他们在督导中表露的内容进行了控制，作为一位受训者，这是一种管理无力感和脆弱感的方式，正如一位参与者所分享的：我不知道他们是否知道自己拥有的权力……你不希望你犯了个错误（2019：86）。更高的安全感和更充分地表露信息的能力似乎与受训者对权力差异的感知相关较低——在这项研究中，这比一个好的督导联盟更重要。在斯威尼和格里纳（Sweeney and Creaner，2014）的研究中，感知到能够使受督导者更加开放的因素包括更安全的督导关系、更开放和不太正式的督导师，以及督导师提供了更多关于如何使用督导的信息。梅尔及其同事（2010：111-112）也为督导师提供了一套有用的建议，因为受督导者不表露的情况非常普遍：

- 表现出对反馈的开放性和改变的意愿；
- 拥有你的权力且赋权给受训者；
- 讨论一下评估工作……他们已经在考虑这些了；
- 培养受训者的自信心；
- 有时，沉默是金（例如，关于如何驾驭权力或与私人问题有关的事情）。

良好的督导实践

可以确定的是，现在已经有很多效果好的督导实践，例如，体验式学习和嵌入式学习，在可能的情况下对记录的工作进行回顾，注意督导关系中的权力动力等。我们也有大量的研究凸显了发展良好督导关系的重要性。我们已经看到了它对受督导者的幸福感、应对资源、工作满意度和在督导中的开放性等方面的贡献。此外，对 40 项研究的回顾可以得出结论，积极的督导联盟与受督导者自我效能感、对督导的满意度和感知有效性，以及对多元文化问题的更多关注均高度相关（Watkins，2014）。

这就引出了一个问题：督导师如何帮助发展和维持积极的督导关系？对受督导者的研究强调了督导师的重要性：值得信赖，支持和关心，可以使用但有边界感，对受督导者的需求敏感，并能够创造一种安全的氛围，在这种氛围中感知到的错误可以表露并从中获得学习（O'Donovan and Kavanagh，2014；Beinart and Clohessy，2017）。一位受督导者对良好督导关系的描述是："这种关系中存在信任，让我能够真正做自己"（McMahon and Errity，2015：269）。积极的人际关系也与督导师的关系技能、人际敏感的督导风格及经常且适当的督导师的自我表露有关（Watkins，2014）。此外，当受督导者认为他们的督导师在督导中更频繁地关注督导中的关系动力［例如，探索督导（模式 5）和治疗（模式 3）关系，包括关注平行过程和反移情（模式 4，见第六章七眼督导模型中的不同模式）］时，他们对督导关系的评价更积极（Shaffer and Friedlander，2017）。

好的督导师被受督导者感知为能够熟练和尊重地提供反馈（O'Donovan et al.，2001）。有研究报告，受督导者希望得到定期的和平衡的反馈（Heckman-Stone，2004）。然而，我们有证据表明，由于担心扰乱督导关系，督导师可能会对提供矫正性反馈感到焦虑（Borders et al.，2017）。当他们认为受督导者缺乏开放性或督导关系不牢固时，他们会避免这样做（Hoffman et al.，2005）。

对 16 位督导师在管理困难和提供挑战性反馈的经验开展的深入研究是很有帮助的（Grant et al.，2012）。初始访谈探讨了存在问题的督导经验，第二次访谈则观看了一位督导师记录的督导会谈，并讨论了如何对督导中出现的困难进行管理。能确定识别到的困难包括：受督导者的胜任力和伦理行为问题、受督导者的具体特征（如防御、傲慢等）和督导师的反移情（如无聊、愤怒等）。研究人员发现，成功管理这些困难需要督导师具有高度的自我反思性，以开放的心态承认自己在任何困难中的作用，并考虑到受督导者的需要和性格特点，形成协调一致的关系立场。这些经验丰富的督导师往往从关系或反思策略着手，来解决问题或向受督导者提供关于这些困难的反馈，但如果需要，他们会转向更具挑战性的方法——因此，不会避免冲突，也不会选择冲突作为第一策略。正如一位督导师所描述的：

是的，我可以命名它……这就是我所注意到的；这就是我正在经历的。让我们花点时间一起想想……我们之间可能发生了什么事，有没有你想要却没有得到的东西，有没有我正在做的却不是特别有用，通过以一种真诚、互惠的方式敞开讨论冲突，这实际上是我的问题，也是他们的问题（Grant et al.，2012：537）。

这位督导师的关系取向在她录制的会谈中便有体现，可以看到她是如何就受督导者与当事人的工作提出挑战的：我想跟你分享我的困境，我希望你和我一起思考……这是否符合他的最大利益，或者这是否是一个共同制定的法规……（2012：537）。这种方法使受督导者和她的当事人之间的关系不是让人感到羞耻的，而是互相探索的，并且可能会促进受督导者的工作。这些例子说明了在七眼督导模型（见第六章）中，使用模式 6 来分享我们作为督导师看法的价值，然后积极地将其与模式 5（督导关系中发生的事情）和模式 3（治疗关系）中可能发生的事情联系起来。

这种深入研究为我们提供了一个宝贵的渠道，让我们了解专家督导师在关注当事人福祉和受督导者发展的同时，要保持对督导关系的关注。对记录的督导实践的观察研究很少，但近年来出现了一些有趣的研究（尽管这些研究仍主要在美国进行，并与咨询和心理治疗实践有关）。这些研究包括对认知行为治疗督导（Breese et al.，2012；Dorsey et al.，2018）、咨询督导（Gaete and Strong，2017；Li et al.，2019）和三元同伴督导（Avent et al.，2015）记录的研究，以及艾斯琳目前关于七眼督导模型、督导胜任力和督导干预的研究（McMahon and Jenning，in prep a and b；McMahon et al.，in prep）。持续分析记录的督导实践，并在不同的情境下，跨多种专业，将有助于更好地阐释督导工作，包括其存在的挑战和获得好督导的潜在方法。

结论

尽管在拓展督导研究的广度和深度，以及探索和阐明有时相互矛盾的研究结果方面仍有许多工作要做，但值得赞扬的是，近年来，督导研究取得了迅速发展。根据目前的研究结果，我们向受督导者、督导师、培训者和研究者提出以下建议。

基于研究的对受督导者的建议

- 与你的督导师共同承担建立有效的协议和工作联盟，包括定期回顾你们是如何一起工作的，并在你们的关系中建立必要的心理安全感（见第三章）。
- 定期在督导会谈中讨论你的专业发展需要，以及督导会谈中结构和支持的平衡性，这样你就不太可能经历督导不当的情况。
- 如果可能，在你的督导会谈中回顾你记录的实践工作（见第三章）。

- 考虑使用当事人的反馈测量措施，并在督导中对其进行回顾。
- 在你的督导过程中，经常使用积极嵌入式学习的方法，包括角色扮演、空椅子和快速排练（见第五章）。
- 与你的督导师讨论你觉得在督导中什么样的问题最难谈论，可以如何共同努力实现更大的开放性。
- 定期关注督导中的关系动态，包括与督导师、当事人之间的关系。

基于研究的对督导师的建议

- 与你的受督导者共同承担建立有效协议和工作联盟的责任，包括定期回顾你们一起的工作，并建立必要的心理安全感（见第四章）。
- 定期讨论受督导者的专业发展需求及督导会谈中结构和支持的平衡性，这样他们就不太可能经历督导不当的情况。
- 如果可能，与你的受督导者一起在督导会谈中回顾你们记录的督导实践（见第三章）。
- 在可能的情况下，与你的受督导者一起回顾其当事人的反馈。
- 在你的督导过程中，经常使用积极的嵌入式学习方法，包括角色扮演、空椅子和快速排练（见第五章）。
- 要注意督导过程中的权力失衡，以及受督导者在督导中隐瞒信息的频率——与受督导者讨论他们认为在督导中最难谈论的问题，以及如何共同努力实现更大的开放性。
- 当你使用模式6对督导过程进行干预时（见第六章），把你自己作为探索领域的一部分，用一种基于好奇而探究的干预方式，而不是批判性判断的干预方式。
- 定期关注督导中的关系动态，包括督导双方的关系，以及你的受督导者及其当事人之间的关系。
- 不要把研究只交给学者，而是探索你自己如何参与其中。探索与其他专业人员建立网络的可能性，以便开发基于实践的研究项目——这可能是本地的，也可能涉及跨国或跨文化的合作，因为我们的网络连接更广泛的专业社区。与学术型同事联系，就研究过程提出建议并组织伦理审批。

基于研究的对督导培训师的建议

- 培养受训督导师学会处理督导关系的知识和技能，包括签订协议、提供反馈和鼓励受督导者更具安全感和开放性。

- 设置一次关于不恰当和有害督导的研究会谈，要求受训者提出应对和避免这两种情况的做法。
- 在督导过程中应用体验式实践，包括角色扮演和进行记录。
- 讨论"督导价值链"，让受训督导师学习如何在自己的实践中不断评估和发展投入、产出、结果和价值创造。
- 探索督导如何成为行动探究和合作研究的一种形式，并鼓励受训督导师积极参与实践者和研究者之间的双向对话。

对相关学者和研究人员的建议

- 由于迄今为止的大多数研究都涉及受训者和自陈量表（Wheeler and Barkham，2014），因此我们努力利用记录开展更多的观察性研究，以便更详细地了解督导实践的过程（see also recommended by Watkins，2014；Bernard and Luke，2015；Goodyear et al.，2016）。
- 由于一次性研究设计占主导地位，尝试组织更多的纵向研究来跟踪长期督导，并在不同的专业环境和文化中重复研究结果，以便使我们建立可靠的背景知识。
- 如上文所倡导的，开展更多的研究，展示督导投入与后续产出、结果和各利益相关者价值创造之间的因果关系。
- 与从业者建立研究合作，因为需要更多基于实践的证据（Barkham et al.，2010）。苏·惠勒及其同事在英国咨询和心理治疗协会（Wheeler et al.，2011）建立了一个督导实践研究网络（SuPreNet），他们推荐了在日常实践中使用的测量工具（e.g. the Leeds Alliance in Supervision Scale：LASS，Wainwright，2010；the Helpful Aspects of Supervision Questionnaire：HASQ，adapted from Llewellyn et al.，1988）。其他常规使用的有用测量工具包括华莱士和库珀（Wallace and Cooper，2015）的督导个性化表格（Supervision Personalisation Form）和简短督导关系问卷（Short Supervisory Relationship Questionnaire）（Cliffe et al.，2014）。

　　总之，有关督导的研究仍处于起步阶段，如果有更多的从业者参与研究，所有人都有可能获得潜在的高回报。在促进获得更广泛的专业知识的同时，对研究实践的定期批判性反思可以立即回报给督导师和受督导者，鼓励他们更加自觉地尽力完成最佳督导过程。

第十六章

结论：以开放的思想和心态工作

直到最近，格拉斯哥还有一位全科医生，他的病人会排三个多小时的队去看除他以外的其他医生。他缺乏关爱和敏感，对自己"照顾"多年的病人感到厌烦，并最终疏远了他们。直到他的孙子被发现患有白血病，慢慢地，通过自己的伤痛、痛苦和愤怒，他能再次与他的病人接触。为什么那些我们期望他们理解痛苦、疾病甚至死亡的人，往往会放弃他们的职业，直到他们自己也遭受了类似的创伤？

《卫报》（*The Guardian*）"明天的社会"，1986 年 10 月 1 日

对许多助人专业人员而言，从社会工作者到其他医疗从业者，从医生到教师，从护士到关系咨询师，最困难的工作，也是最简单的工作，就是与处在痛苦和无助中的当事人见面。一些专业人员，如上面《卫报》引文中提到的那位医生，正在逃避自己的痛苦，因此不得不在自己和当事人的痛苦之间建立巨大的屏障。其他专业人员则将自己的痛苦投射到当事人身上，并让当事人变得更好，从而缓解自己的痛苦。

当与当事人走得太近时，医生可能会伸手拿他的处方本，社会工作者可能会给出建议，感化官可能会计划一份协议，或者心理治疗师会给出一个巧妙的解释；每个人都以自己的方式试图消除痛苦。有时这是必要的，因为患者身上的痛苦和伤害对他们而言已经无法控制，他们需要暂时的缓解，然后才能面对自己内心的创伤。然而，专业人员很快就能找到更好的方法，满足他们自己的需求，因为忍受痛苦的是他们，而非当事人。我们经常提醒受督导者，他们的当事人已经忍受了很多年的痛苦，而当事人忍受痛苦的能力可能比他们强得多。许多心理治疗师已经展示了与正在发生的事情"待在一起"的方式。内维尔·赛明顿（Neville Symington，1996：53-54）写道：

一个人要忍受精神上的痛苦，必须有人能与他一起忍受。从根本上说，这不是一个说正确的话的问题，而是需要意识到他人的痛苦，不是说一些让我们和患者免于痛苦经历的话。

温尼科特（1969：711）也曾写道："只有我们（治疗师）能够等待（并抵制个人解

释的需要），患者才能达到创造性的理解。"

世界上有太多的痛苦和伤害，如果我们陷入这样一种信念：我们必须英雄般地让一切变得更好，那我们就会让自己变得不堪重负。然而，如果我们以专业的防御来回应这个现实，我们可能会治疗这些症状，但我们无法满足和支持他们，他们是通过这些症状进行沟通的。中间立场意味着我们要面对自己的阴影、恐惧、伤害、痛苦和无助，并承担责任以确保我们的实践是我们所宣扬的那些。这意味着管理我们自己的支持系统和资源系统，找到朋友和同事，他们不仅会让我们安心，而且会挑战我们的防御，帮助我们走出"戏剧三角"进入"有益三角"（见第七章），找到一位督导师或一个督导团体，在督导中帮助我们关注我们可能用来抵抗或防御的方式，这些方式与和我们工作的那些对象的全部真相有关。

通常，我们有过与一位陷入困境、不确定下一步如何应对当事人的受督导者一起工作的经验。受督导者可能开始会从寻找更好的答案和技巧来管理当事人，但真正的转变是当他们开始审视自己的内心，审视自己对当事人的反应时。他们可能会发现，他们害怕当事人所代表的他们自己的一面，当事人让他们想起自己生活中的某个人，重新激起他们过去的痛苦，或者产生对他们自己问题的强烈反作用。

当探索到这一点时，受督导者通常会报告，在他们的下一次会谈中，有些神奇，他们不需要使用任何新的策略来管理当事人，因为"好像当事人已经听到了督导师的话，并且在下一次会谈中更自如了"。有些人可能会称之为"缺席的治疗"，但在一个更简单的层面上，我们相信，在当事人意识到从业者已经准备好倾听他们需要分享的内容时，他们会很快做出反应。

扬波尔斯基（Jampolsky，1979：124-126）讲述了一个故事，他自己通过自我督导对当事人产生了立即直接的影响。

这一事件发生在 1951 年当时位于旧金山的斯坦福巷医院。

当时，我感到自己被恐惧所困，动弹不得。我感到情绪上的痛苦，觉得自己受到了潜在的身体痛苦的威胁。过去的事情确实影响了我对现在的看法。

一个星期天的凌晨 2 点，我被叫去看一位被锁在精神科病房里的患者，他突然变得狂暴起来。我以前没有见过这位患者，他前一天下午被诊断为急性精神分裂症入院。大约在我看见他的 10 分钟前，他已经把门周围的木框拿掉了。我通过门上的小窗户往里看，看见一个身高约 1.9 米、体重 100 多千克的人。他光着身子在房间里跑来跑去，手里拿着一大块钉在外面的木头，嘴里不断胡言乱语着。我真的不知道该怎么办。有两名看起来都不到 1.6 米的男护士，他们说："医生我们就在你身后面。"然而，这并不能让我安心。

当我继续通过窗户往里看的时候，我开始意识到患者有多害怕，然后我开始意识到我有多害怕。突然间，我意识到他和我有一个共同的纽带，可以让我们成为一体。也就是说，我们都很害怕。

我不知道还能做什么，隔着厚厚的门大喊道："我是扬波尔斯基医生，我想进去帮助你，但我很害怕。我害怕我可能会受伤，我害怕你可能会受伤，我禁不住想知道你是否也会害怕。"说完，他停止了胡言乱语，转身说："你说得对，我很害怕。"

我继续对他大喊，告诉他我有多害怕，他也在大喊他有多害怕。在某种意义上，我们成了彼此的治疗师。在交谈的过程中，我们的恐惧消失了，我们的声音平静下来。然后他让我一个人进去，和他聊了几句，给了他一些口服药，之后我便离开了。

扬波尔斯基（1999）还写了一本书，关于在所有治疗工作中宽恕自己和他人的重要性。

我们在介绍本书时，探讨了督导的性质，并讨论了在一个更加动荡、混乱和脱节的世界中，所有助人行业都面临更大需求、更高期望和更少资源的巨大挑战，督导如何变得对他们更加重要。这种背景会推动过度工作、成瘾和危机管理的文化（见第十二章），除非组织和员工都努力保有高质量反思的空间。

在第一部分（第二章和第三章）中，我们概述了我们认为所有助人从业者都必须具备的七种核心能力——学习与反学习、反思、具体化学习、建立关系、合作、维持复原力，以及了解自己更深层的动机。然后，我们展示了如何利用这些能力积极承担我们的支持和督导需求。我们强调发展技能是成为一位有效督导师的基础。

在本书的第二部分（第四章至第九章）中，我们讨论了作为一位督导师所涉及的许多过程，其中包括了解督导实践时可用的地图和模型，对七眼督导模型的详细描述；有效督导所需的一些技能，包括管理督导关系的边界，以及以多样性和文化意识工作；我们还探索了一些督导中的关键伦理和法律问题，以及一些常见的具有挑战性的情况。我们还研究了在为督导师设计和开办培训课程时需要考虑的问题。在整个探索过程中，我们并没有局限于一种方法，而是提出了每位督导师在建立个人督导风格的过程中需要考虑的各种选择和问题。所选择的风格需要与专业、管理机构、受督导者的发展水平和需求及督导师的个性相适应。

在第三部分（第十章和第十一章）中，我们探讨了团体督导、同辈团体督导和团队督导。我们考察了使用这些督导形式相对于个人督导的优势和劣势，并提出了与团体和团队动力工作以促进发展的方法。

然而，督导并不是孤立进行的，我们在本书的第四部分（第十二章和第十三章）中，专门讨论了督导的组织和专业背景。我们罗列了观察组织"文化"的方法，以及在助人机构中普遍存在的一些典型的文化功能阻碍。我们研究了建立学习型文化的重要性，以提供支持和可持续督导的氛围，不仅以正式会谈的方式，同时也作为工作环境的一个组成部分。我们还提出了将督导政策和实践引入机构和管理变革过程中的方法。

洛德·拉明（Lord Laming，2009：30）在关于英国几起备受关注的虐童丑闻的社会工作报告中写道：

> 有人担心，由于过分强调过程和目标，深思熟虑、反思性的传统社会工作实践正受到威胁，导致社会工作者失去信心。至关重要的是，社会工作要在一个支持性的学习环境中开展，这种环境积极鼓励专业判断和技能的不断发展。

社会工作，特别是儿童保护工作，通常是此类公众询问的第一道防线，在这种情况下，管理利益相关方经常相互冲突的需求的复杂性尤其具有挑战性。然而，劳尔德·拉明所写的大部分内容同样适用于所有其他助人行业。这就是为什么我们一直在确保本书将个体督导、团队督导和组织督导、学习和发展的方法结合在一起的原因。

在第五版全新的第五部分（第十四章和第十五章）中，我们回顾了国际上不同助人行业的督导政策和实践，并概述了与督导相关的研究进展。自从我们撰写第四版以来，这个领域已经大大扩展了，涉及更多的职业和国家，研究和实证证据也在迅速增加。

在撰写本书的过程中，我们也继续强调需要整合情感与理性，个人与组织，以及发展、资源和督导质量。这种整合不可避免地提供了一种创造性的张力，这种张力必须不断地被理解和处理。

我们的工作方式遵循并发展了由埃克斯坦和沃勒斯坦（Ekstein and Wallerstein，1972）首次提出的过程中心的督导方法，并在过去的40年里，在彼得的各种著作中得到了发展。在这种方法中，重点是当事人、员工和督导师之间的互动，我们避免了只关注当事人或受督导者的两极分化，而是关注受督导者与当事人之间的关系如何在督导会谈中出现，包括受督导者带来的内容和挑战，以及受督导者和督导师之间的关系是在过程中呈现的。

在本书中，我们意识到，我们一直在某些假定下行动——最核心的假定是，督导是值得的。我们已经详细回顾了一些研究证据，这些研究证据表明，督导对受督导者的工作满意度、留任、幸福感及提高受督导者的胜任力方面都有益处。然而，我们还没有明确的证据证明督导对当事人的益处，里奥奇及其同事（Rioch and colleagues，1976：233）的评论仍然适用：

> 我们无法逃避这样一个事实：在帮助他人的过程中，我们实际上无法计算成本或衡量结果……事实上，我们在履行一种信任的行为——信任我们的当事人和我们

的受督导者。不管是偶尔的失误，还是因为经验或技能的问题，我们不止一次地失败，但这些都不重要。

我们相信，这种对真相的承诺比所有的技术和理论方法都重要。有时，我们不得不从内心深处采取行动——可能是由于危机，可能跟考验我们的当事人有关，可能和与我们非常相似的当事人有关。在这种情况下，正确的做法可能与我们以前的信念或理论相悖。定期督导是至关重要的，可以确保我们充分了解自己，同时在经受考验时，确保我们的直觉性实践是有根据的、尊重他人的和诚实的。

霍金斯和史密斯（2013）详细描述了督导教练和导师所需的技能和能力。他们强调最重要的品质是"无畏的慈悲心"，即一种既能说出真相，又能尊重和同情他人的勇气。南非大主教德斯蒙德·图图（Desmond Tutu）就是一个感人的例子，他在20世纪90年代南非发生变化后担任了真相与和解法庭（Truth and Reconciliation Tribunals）的主席。2006年3月，英国广播公司播放了三部名为《面对真相》（*Facing the Truth*）的电影，影片中，德斯蒙德·图图"督导"了北爱尔兰新教徒和天主教徒的首次会面，其中一方谋杀了另一方的同伴。在这些会议上，图图不断地展示着无畏的慈悲心。他的整个生命只是爱和尊重。他很欣赏这些人在同一个房间里讲他们的故事。他没有议程——他没有获得改变或结果，但人们要说出真相。他完全了解双方及其关系中令人痛苦的真相。

我们相信，良好的督导，就像无畏的慈悲心，不能仅从培训课程中学到，因为它需要个人和专业的不断发展。我们在本书中提供的理解、地图和技巧，不能/也许不应该用于保护受督导者和督导师免受自我质疑和怀疑。正是他们之间已经建立起来的督导关系质量，在危机和怀疑的时刻支撑和支持着受督导者。我们个人如何与督导师和受督导者建立关系远比单纯的技能更重要，因为所有的技巧都需要嵌入良好的关系中。我们同意亨特（1986：20）的说法："似乎无论使用何种取向或方法，最终决定督导是否有效的是督导师与受督导者之间关系的好坏。"已有大量证据表明，关系的质量在督导（Watkins，2014）及与当事人的工作（Fluckiger et al.，2018）中都至关重要。

这种关系为助人者提供了容器，并构成了我们在第一章中提到的帮助三人组（Helping Triad）的一部分。像其他任何关系一样，这种关系也会遇到困难，但如果没有它，我们与当事人的工作就不完整。正如玛格丽特·塔内斯曼博士（Margaret Tonnesmann，1979）在纪念唐纳德·温尼科特工作的演讲中所强调的：

> 人类在助人行业中的遭遇本身就是一种压力。所引起的压力可以被调整并用于理解我们的病人和当事人。但是，如果人类的遭遇在我们工作的机构中不能被包容，我们的情感反应将会减弱。防御策略将开始启动，这将阻碍治愈过程，即使治疗可

以通过科学方法、技术技能和组织能力来维持。相比之下，如果我们能够与当事人和我们自己的情感现实保持联系，那么人们的邂逅不仅可以促进一种治愈的体验，而且可以为他们和我们提供一种丰富的体验。

良好的督导关系是我们对自己和当事人保持开放的心态，并在工作中不断学习、发展和茁壮成长的最佳方式。督导是受督导者和督导师在应对工作和生活中所面临挑战的一种合作性实践，它为不断学习和发展提供了一个必不可少的平台。督导实践是为从业者的学习和发展及资源配置、为当事人提供服务的质量、助人行业的发展、机构的效益及所有相关人员的利益服务的。

伊萨克（Issacs，1999：79-80）将实践定义为：

> 你反复做的一些活动，以帮助你获得某种特别的体验。实践通常是以理论为基础的，源于深刻的原则，它会随着时间的推移而发展。从这个意义上说，与其说它是一种食谱，不如说它是一种冥想：它需要多年的不断重复，并且要明白，一个人永远都在学习。最后，实践通常出现在社区背景下；一群人建立了获取这种知识的传统。社区强化了实践的必要性，并支持不断反思和改进。

在资源捉襟见肘、从气候危机到流行病的挑战不断增加、规模和复杂性不断增加的情况下，如果人类要保持和发展照顾社会最脆弱成员的能力，督导实践将变得越来越重要。

我们衷心希望本书的第五版继续为支持和发展世界范围内的督导实践做出贡献，以有益于提高所有助人行业的服务质量。

译者后记

在中国心理学会临床与咨询心理学注册工作委员会组织的学术会议上，我有幸认识了人民邮电出版社的编辑柳小红女士。我们就心理咨询与治疗的图书聊了很多，颇有点相见恨晚的感觉，所以她问我是否有兴趣翻译一本"督导"的图书时，我便欣然答应了。

第一次接触临床督导是我在香港中文大学读博士的时候，当时有一门课程就是"临床督导"。在这门课程中，我们一边学习督导理论，一边给硕士研究生做督导。那时，我就深感督导对于培养新手咨询师的重要性。此次与我的研究生一起翻译《助人专业督导》一书，对我而言是一次重新学习的过程。同时，我也看到督导理论和实务工作在过去 20 年中的蓬勃发展。本书不仅介绍了督导理论、督导模型、督导形式和督导伦理，还介绍了督导研究的最新进展，以及督导在世界各地的发展。可以说，这是一本非常实用的教科书。

作为一名督导师，一名培养新手咨询师的教授，我在翻译和校对本书的过程中，对督导工作有了更进一步的理解。我非常喜欢书中的"七眼指导模型"，该模型提供了一个系统性的框架，让我们能够从不同的视角看待督导工作，更深入地理解对当事人、咨询师（受督导者）、督导师及他们所在机构。该模型还提供了一个关系的视角，可以帮助我们看到在督导过程中所涉及的人员之间的关系，以及人员与近端环境的关系。该模型不仅仅适用于临床督导，还适用于其他督导关系。

本书翻译出版有赖于我的专硕研究生璟泽、赵彦寒、谢莎、乐康博、陈靖州、徐嘉伟和王炜然的共同参与。他们都是北京师范大学心理学部临床与咨询专业的硕士研究生，他们在学习过程中都亲身体验了新手咨询师和受督导者的角色，对于督导有着切身体会。翻译对于他们而言也是一个重新学习和整理的过程。由于时间紧迫，本书的译稿难以做到真正的信、达、雅，期待读者在阅读过程中提出宝贵意见。

非常感谢台湾新竹教育大学的王文秀教授为本书作序。我们在翻译本书第五版时发现，台湾早在 2003 年就已经翻译了本书的第二版，而王文秀教授就是该书的总校阅。同时，王文秀教授还是北京师范大学心理学部临床与咨询项目的总督导，而且最近我们还有幸与王文秀教授合作举办了北京师范大学珠海校区的第一期督导培训课程。这一切都是缘分使然。

我衷心希望本书的翻译出版可以为中国临床与咨询行业的督导工作做出些许贡献，也希望我国的临床督导工作有更大的发展。

侯志瑾

北京师范大学心理学部教授、博士生导师、心理学部临床与咨询学院副院长

中国心理学会临床与咨询心理学专业委员会委员

中国心理学会临床心理学注册委员会委员、注册督导师（D-06-019）

国际应用心理学会咨询分会候任主席

2022 年 4 月于珠海